Gerald Moore:
Bin ich zu laut?
Erinnerungen eines Begleiters

Deutsch von Else und Walter Winter

Bärenreiter
Verlag

Deutscher
Taschenbuch
Verlag

Für Enid

Im Text ungekürzte Ausgabe
November 1976
Gemeinschaftliche Ausgabe:
Bärenreiter-Verlag Karl Vötterle KG,
Kassel · Basel · Tours · London, und
Deutscher Taschenbuch Verlag GmbH & Co. KG,
München
Lizenzausgabe mit freundlicher Genehmigung des
Rainer Wunderlich Verlages, Tübingen · ISBN 3-8052-0139-7
Titel der englischen Originalausgabe: ›Am I too loud?‹
Umschlaggestaltung: Celestino Piatti
Gesamtherstellung: C. H. Beck'sche Buchdruckerei,
Nördlingen
Printed in Germany · ISBN 3-423-01217-X (dtv)
ISBN 3-7618-0560-8 (Bärenreiter)

Das Buch

»Der Titel ist eine Fangfrage: Selbstverständlich ist Gerald Moore nie zu laut, sonst wäre er nicht ein so prominenter Pianist bei Liederabenden oder Kammermusikveranstaltungen geworden. Was er hiervon erzählt, gehört zu den reizvollsten und reichsten Schilderungen, die es von einem Musiker überhaupt gibt ... Moore hat die berühmtesten Solisten der Welt begleitet. Wie er zu ihnen kam, wie er mit ihnen musizierte und was er außerhalb der Arbeit mit ihnen erlebte, ist hier so fesselnd erzählt, daß man nicht nur ein Lesebuch aus der Welt des Konzertpodiums, sondern eine kleine, höchst eindringliche Folge von Musikerporträts erhält, die weit mehr, als es Selbstporträts vermögen, und fast mehr, als es ›Unbeteiligte‹ – im Vergleich zu Moore – erreichen, den geistig-seelischen Untergrund einer Musikerpersönlichkeit freilegen sowie erkennen lassen. Die Fülle der Begegnungen in jahrelanger Tätigkeit als Begleiter hat Moore kritisch, doch nie lieblos werden lassen. Wie er, fast ein Vierteljahrhundert älter als sein neuer Partner, mit Fischer-Dieskau in Kontakt kam und mit ihm arbeitete, ist eines der schönsten Momente in diesem Buch – wie da mit einer bemerkenswerten Bescheidenheit, zugleich aber auch mit Kenntnis und Können geurteilt, betrachtet und nachgezeichnet wird, ist ausgesprochen lesenswert. Und das Beste des Buches: Unvermittelt ersteht vor uns das Bild des Erzählers selbst.« (Wolf-Eberhard von Lewinski)

Der Autor

Gerald Moore wurde am 30. 7. 1899 in Watford, Hertfordshire, geboren. 1913 wanderten seine Eltern mit ihren drei Söhnen nach Kanada aus. 1919 kommt Gerald nach London, um sich zum Konzertpianisten ausbilden zu lassen, entscheidet sich dann aber für die Laufbahn des Begleiters, eine Kunst, die nicht zuletzt ihm, einem der besten Begleiter unserer Zeit, das Ansehen und den Rang verdankt, die sie heute wie selbstverständlich besitzt. Moore veröffentlichte ferner: ›The Unashamed Accompanist‹ (1943, ²1959; dt. ›Freimütige Bekenntnisse eines Begleiters‹, 1961), ›Singer and Accompanist‹ (1953), ›The Schubert Song Cycles‹ (1975; dt. ›Schuberts Liederzyklen‹, 1975).

Inhalt

An Gerald Moore:
»Bist du bei mir, geh ich in Frieden!«
– Auf Flügeln des Gesanges

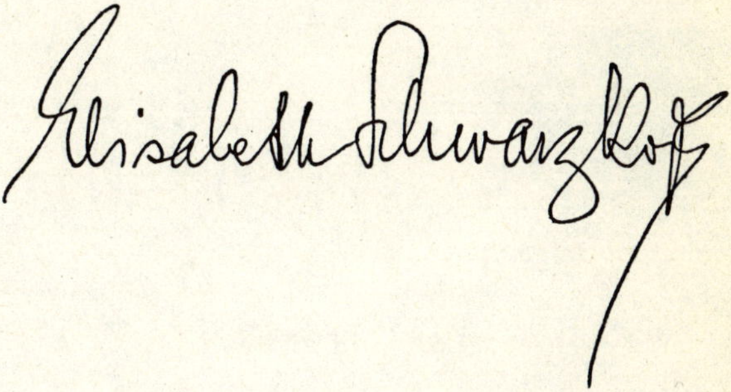

Geburt und Herkunft

»Weiß der Himmel, was aus dem Jungen werden soll! In der Schule taugt er nicht viel, im Sport ist er nicht gut. Er scheint nicht einmal irgendein Hobby zu haben.« Solche Worte richtete meine Mutter, diese unerschütterliche Frau, des öfteren an meinen Vater – in meiner Gegenwart natürlich! Ich weiß wohl, wie recht sie hatte. Meine sorgenden Eltern überhäuften mich, trotz ihrer zunehmenden Geldnöte, von meinem neunten bis zu meinem vierzehnten Geburtstag mit allerlei Handwerkszeug; mit Laubsäge-, Schreiner-, Mal- und Modelliermaterial; sie schenkten mir eine Laterna magica, Briefmarkenalben und so weiter, und so weiter. Ich sehe mich noch diese Sachen im Kinderzimmer auspacken – dabei mit offenem Mund atmend, weil ich Polypen hatte –, sie mit glanzlosen Blicken betrachten und dann den ganzen, mich verwirrenden Kram still und geduldig wegräumen – aus meinen Augen.

Aber das »nicht gut im Sport« entfachte in meiner trägen Natur doch einen Funken Ehrgeiz zu heißem Bemühen. An einem Weihnachtsfest war ich mit einem Paar Schlittschuhen bedacht worden und zeigte nun sehr auffallend meine Entschlossenheit, hängte sie mir an einem kalten Januarmorgen, bereit, Leib und Leben zu wagen, über die Schulter und marschierte durch die Straßen Watfords dem Teiche zu, von dem man mir gesagt hatte, er sei vollständig zugefroren. Meine Wallfahrt blieb nicht unbeobachtet, denn die glänzenden neuen Schlittschuhe hatten die Neugier zweier Bengel erregt, die mir nun in respektvoller Entfernung folgten. Spottrufe, wie »Angeber« und »Schaut doch den an!«, begleiteten mich, und als ich bei dem verflixten Teich anlangte, hatte ich statt der beiden ersten Gassenjungen eine ganze Schar ähnlicher Typen beiderlei Geschlechts hinter mir, die mit höhnischen Ratschlägen nicht sparten. Vorsichtig näherte ich mich dem Rande des Teichs und probierte – mit dem einen Fuß wohlweislich auf festem Boden bleibend – mit dem anderen die Eisdecke aus. Sie war ungefähr einen halben Zentimeter dick und hätte nicht einmal das Gewicht einer Katze getragen. Als Edmont Dantès seinen Schatz auf der Insel von Monte Christo ausgrub, hat er seine Augen wohl kaum dankbarer zum Himmel erhoben als ich damals in meinem Gefühl göttlicher Befreiung. Schweratmend und mit dem Mut der Verzweiflung packte ich die verdammten Schlittschuhe, wirbelte sie wie eine Schleuder um meinen Kopf und stürzte mich auf meine Peiniger, die auseinanderstoben wie die Philister vor Samson. Die Schlittschuhe gingen in dem Handgemenge verloren. Bis zum heutigen Tage kann ich mich rühmen, nie mehr ein Paar an den Füßen gehabt zu haben.

Meine Karriere als Fischer war ein ebenso totgeborenes Kind wie die als Eisläufer. Eine Angelrute, die ich sofort nach Erhalt in die Tiefen eines Schrankes versenkt hatte, wurde eines Tages wieder ans Licht gezerrt. Man riet mir dringend, sie zu benützen. Ich sammelte Würmer im Garten – vor denen fürchte ich mich nicht, vor Würmern bin ich ein Löwe –, dann übte ich mit ungewöhnlichem Vorbedacht, die Angelrute zusammenzusetzen, aber ich brachte es nicht fertig. Mein Vater baute sie zu Hause für mich auf. Schlauerweise nahm ich sie nicht mehr auseinander, sondern machte mich sogleich tatenlustig auf den Weg, in der einen Hand eine Büchse mit Würmern, in der anderen die vier Meter lange Angelrute.

Wie kommt es wohl, daß ich die persönliche Anziehungskraft, die ich doch heute für meine Karriere so nötig hätte und als Kind offenbar besaß, inzwischen verloren habe? Kaum hatte ich das Haus verlassen, zog ich wiederum die Aufmerksamkeit einer rauhstimmigen Gefolgschaft auf mich. Fünfzehn Minuten lang mußte ich Spießruten laufen bis zum Fluß Colne, bevor ich endlich meinen Köder in dessen Tiefe versenken konnte. Nachdem dies geschehen war, gab es nicht mehr viel Interessantes zu sehen, und zu meiner Freude bemerkte ich, wie sich mein Publikum rasch verflüchtigte. Darauf hatte ich nur gewartet. Mit offenem Mund war ich mindestens eine Stunde lang am Fluß gestanden, ohne daß sich ein einziger Fisch geregt hätte; ich war nur von dem Wunsch erfüllt, allein zu sein. Welch ein gewaltiger Unterschied zeigte sich da zwischen einem Amateur-Fischer und einem Berufs-Pianisten! Dieser darf seinen Gefühlen nie freien Lauf lassen; ob vor fünftausend oder nur fünfzig Zuhörern, er hat die Situation, wie sie ist, mit scheinbarem Gleichmut zu ertragen; sollte ihn je die Lust anwandeln, seinen Flügel vom Podium in die vordere Parkettreihe hinunterzustoßen, er muß sich beherrschen. Solche Hemmungen hatte ich bei meiner Angelrute keineswegs. Kaum waren die letzten Zaungäste – oder *the dead heads,* wie man in der englischen Musikerwelt die Freikartenbenützer nennt – verschwunden, warf ich die Rute ins Wasser und stahl mich davon. Sie, die zwei Jahre lang in der pechschwarzen Dunkelheit einer Schranktiefe geruht hatte, durfte genau eine

Stunde und zwanzig Minuten frische Luft genießen, bevor sie in ihre letzte Ruhestätte versank.

Im Sport war ich am besten in *Fives* (dem Handballspiel) und gar nicht so schlecht beim Fußball und Kricket. Ich glaube immer noch, daß ich für Kricket sogar mächtig begabt war und mich bei richtigem Training zu einem zweiten Jack Hobbs hätte entwikkeln können. Ein Kricketspieler ist für mich ein Gott; alle Schauspieler, Staatsmänner und Wissenschaftler können mir daneben gestohlen werden. Noch heute sitze ich im *Long Room* bei Lord's und lasse kein Auge von den Spielern, die an mir vorbeiziehen: Denis Compton, Tony Lock, Evans, May – ich brauche nur meine Hand auszustrecken, um sie zu berühren, und kann mich kaum zurückhalten, es zu tun. Die Behauptung C. B. Fry's, daß ein Kricketspieler, wenn er eine Maus wäre, nicht einmal in sein eigenes Loch zurückfinden könnte, lehne ich mit Verachtung ab. Ein Kricketspieler ist ein Kind der Sonne. Ein vornehmer Besucher der *Rossall School* sah einmal den Namen Thomas Beecham auf der Liste der Kricket-Captains und erkundigte sich ungläubig, ob das der berühmte Dirigent sei; als man seine Frage bejahte, hörte man ihn vor sich hinmurmeln: »Hm, dann muß schließlich doch etwas an ihm dran sein.« Als ich hingegen vor einiger Zeit Yehudi Menuhin vor seiner Reise nach Südafrika erzählte, daß sich unter seinen Reisegenossen auf dem Schiff auch Englands Kricket-Team befinden werde, begriff er überhaupt nicht, wovon ich sprach. Ich glaube, Kricket ist eine Manie. Meine Gattin Enid sagte, als ich sie zum erstenmal zu Lord's mitnahm, nach einer Viertelstunde, sie sei zur Erkenntnis gekommen, daß – außer ihr selbst – auf diesem Platz lauter Irre seien.

Obwohl ich eine ausgesprochene Niete darin bin, habe ich immer gern Sport getrieben. Mit dem Pianisten Solomon, diesem herrlichen Menschen, der seit vierzig Jahren mein intimer Freund ist, pflegte ich zwei- bis dreimal wöchentlich um sieben Uhr morgens eine Stunde Tennis zu spielen. Er war ein ausgezeichneter Spieler, und manchmal gelang es ihm, mich andauernd zu schlagen. Mit den fortschreitenden Jahren trat Golf an die Stelle von Tennis. Da wir beide mitten in London wohnten, hieß es früh aufstehen, wenn wir noch vor dem Frühstück in achtzehn Löcher treffen wollten, und wir waren bekannt dafür, während der Sommermonate gleich nach Tagesanbruch zum ersten Abschlag zu erscheinen. Heute habe ich auch Golf über Bord geworfen, und meine sportliche Betätigung beschränkt sich auf Zuschauen beim Kricket, auf Bridge und auf Gartenarbeit.

Aber wenn ich zurückdenke, muß ich ehrlich sagen: ich kann mich nicht erinnern, daß es eine Zeit gab, da ich nicht Klavier spielen konnte. Ich habe zwar den Ausdruck »am Klavier«, den man so häufig auf Plakaten und Programmen liest, nicht besonders gern, doch in meinem Fall ist er gar nicht fehl am Platz. Es kommt mir vor, als wäre ich, kaum daß ich die ersten Babyschritte tat, buchstäblich gepackt und ans Klavier geschleppt worden. Die ersten Klavierstunden erhielt ich mit sechs oder sieben Jahren. Alles, was ich heute erreicht habe, verdanke ich einzig und allein der eisernen Entschlossenheit meiner Mutter, denn wie alles andere faßte ich auch diese Sache recht flau an. Wie ich je etwas lernte, ist mir unbegreiflich – beim Üben war ich störrisch wie ein Esel. Meine Mutter, Gott hab' sie selig, überwachte mich dabei, und ich spielte mit geheucheltem Eifer drauflos, sonst hätte sie mich von der Klavierbank weggejagt. Mein *Nunc Dimittis,* die Entlassung aus diesen peinlichen Sitzungen, kam wie das Licht am Ende des Tunnels in Sicht, wenn es hieß: »Spiele diese Seite nochmals und atme durch die Nase.«

Doch es wäre dumm, zu leugnen, daß ich Talent hatte. Schon während der Schulzeit entdeckte man mein absolutes Gehör – ich erfaßte und behielt Musik bemerkenswert rasch im Ohr und im Gedächtnis. In den Ferien nahm man mich manchmal zu einer Gilbert-Sullivan-Operette oder zu einem Gastkonzert mit, und wenn ich nach Hause kam, spielte ich die gehörten Melodien, nicht bloß die Töne mit einem Finger zusammensuchend, sondern harmonisierte sofort ohne Schwierigkeit. Diese Gabe hatte ihre Nachteile. Es fiel mir leichter, Mr. Wallis Bandy, meinem Lehrer in Watford, beim Spielen eines Musikstückes zuzuhören und es dann nachzuspielen, als in das Heft zu schauen und die Noten zu lesen. Meine Ohren waren besser als meine Augen – ich war ein schlechter Blattleser. Aber ich liebte Musik, und in meinem Kopf schwirrten alle möglichen Melodien herum, gute, schlechte und belanglose. Wäre nicht meine Mutter beim Lernen eines neuen Stückes unbarmherzig neben mir gesessen, so hätte ich die ganze Zeit, anstatt zu üben, fröhlich improvisiert, wofür ich so begabt war. Man konnte mich wohl für einen durchschnittlichen, quengeligen Schulbuben halten – gewiß nicht für ein Wunderkind –, doch ließ sich immerhin sagen, daß ich eine ungewöhnliche Leichtigkeit auf den Tasten besaß.

Der Impresario Harold Holt, persönlich ein reizender Mann, der aber Musik weder verstand noch liebte, pflegte zu sagen, gute Begleiter würden nicht gemacht, sondern geboren. Diese abgedroschene Phrase, die andauernd auf jedermann und jede Laufbahn angewandt wird, ist meines Erachtens blühender Unsinn. Es wäre genauso albern, von jemandem mit Absolutheit zu behaupten, er sei ein geborener Diplomat, eine Führernatur oder ein Trinker. Milieu, Ausbildung, Erfahrung schaffen die Voraussetzungen, welche den Menschen formen. Der Nutzen, den er aus diesen Einflüssen zieht, entscheidet, ob er Diplomat wird oder zu den schwindelnden Höhen des Begleitens emporsteigt. Meine Neigung zur Kunst pflegte ich genauso wie ein Gourmet seinen Geschmack an guten Weinen und Zigarren.

Ich wurde im Jahr 1899 in Watford, Hertfordshire, geboren und kann mich rühmen, unter sechs Herrschern gelebt zu haben. Watford war damals ein kleiner Marktflecken, angrenzend an Bushey, Cassiobury Park, Aldenham und Elstree, wo man schöne Spaziergänge machen, radfahren und picknicken konnte. Ist es eine Alterserscheinung, wenn ich behaupte, daß die Dinge nicht mehr so sind, wie sie in jener fernen, grauen Vergangenheit waren? Heute bin ich froh, wenn ich diese Stadt umfahren oder sie von einem Schnellzug aus betrachten kann. Sie ist von Fabriken und großen Autostraßen umgeben, aus den Feldern und hübschen Fußwegen sind Wohnviertel geworden.

Es wird immer behauptet, daß die Waliser eine angeborene Musikalität besitzen, aber wenn ich ehrlich sein soll, kann ich meiner Mutter, außer der Tatsache, daß sie aus Wales stammte, keine besonders große Liebe für diese göttliche Muse nachrühmen. Wieso war meine Mutter doch so besessen davon, mich ans Klavier zu treiben? Da ich ihr alles zu verdanken habe, klingt die folgende Bemerkung vielleicht boshaft; aber die Tochter einer unserer Nachbarsfamilien war recht begabt fürs Klavierspiel, und ich glaube, daß meine gute Mutter vom Ehrgeiz gestochen war, mit Mrs. Allen Schritt zu halten. Zwischen den beiden Müttern bestand eine enge Freundschaft, aber unter der Oberfläche auch eine heftige Rivalität. Bald gewann die eine, bald die andere Partei die Oberhand. Unsere Seite verlor beträchtlich an Gesicht, als ich – damals achtjährig – zum erstenmal öffentlich in der Musikschule unseres Städtchens auftrat. Eine Zuhörerschaft von mindestens zwanzig Seelen, Schüler und deren Anhang, versammelte sich zu diesem wichtigen Ereignis. Schließlich ertönte die Ansage: »Master Gerald Moore spielt nun eine Sonatine von ...« (war es Gurlitt, Dussek, Loeschhorn?) Damals war ich noch keine Primadonna; als ich meinen Namen hörte, brach ich in Tränen aus. Mit freundlichem Lächeln, das von seinem kalten Blick Lügen gestraft wurde, verkündete der Direktor nun, daß Master Moore vielleicht einverstanden wäre, später zu spielen. Meine unerbittliche Wächterin murmelte mir zu: »Täusche dich nicht, du wirst spielen!« Vielleicht, wenn ich jetzt überlege, war ich doch schon eine Primadonna und fühlte instinktiv, daß das Auftreten im späteren Teil des Programms taktisch wirkungsvoller sei. Wie es aber auch gewesen sein mag, ich erwies mich des Anlasses nicht würdig; als mein Name zum zweitenmal aufgerufen wurde, war mein Schluchzen deutlich vernehmbar, zur allgemeinen Erheiterung aller – mit Ausnahme von zwei Personen, die sich jetzt erhoben. Das heißt, die eine erhob sich, packte die andere beim Kragen und am Hosenboden und schleppte sie aufs Podium, wo die Sonatine ordnungsgemäß ausgeführt wurde. Es war wie auf einem Tandem – ich steuerte, von hinten angetrieben. Das war in der Tat ein Rückfall für die Moores. Meinem Vater wurde am Teetisch erklärt, wir seien das Gelächter der ganzen Stadt und – »kannst du dir vorstellen, was Mrs. Allen dazu sagen wird?«

In meinen Kindergarten fuhr ich in einem Pferdebus mit strohbedecktem Boden und freute mich während jeder Fahrt, unsere hübsche Lehrerin wiederzusehen; sie hatte schwarze Haare – eine Fülle davon –, blaue Augen, rosige Wangen und war leider schon eine alte Dame von einundzwanzig Jahren. Ich liebte sie. Sie teilte mein Herz mit einem der älteren Schulmädchen, einer Neunjährigen, die im Gegensatz zur Lehrerin – heute ist mir das bewußt – keineswegs hübsch war. Ich sehe sie im Geiste noch vor mir, mit ihrer Stupsnase, ihrem roten Gesicht und den unregelmäßigen Zähnen. Aber oh! wie aufregend war ihre Nähe! Wenn wir »Fangen« spielten, ließ ich mich, nur um des Vergnügens willen, von der Bezaubernden berührt zu werden, immer erwischen. Es scheint, daß die amouröse Ausstrahlung jener *Edwardian*-Epoche sogar auf ein Kind wie mich damals ihre Wirkung nicht verfehlte.

Um diese Zeit zog es mich auch mächtig zu unserer Köchin hin, einem Riesenweib, mehr breit als hoch, und so schön »nachgebend«, wenn ich sie umarmte – eine Empfindung, die mich ganz gefangennahm. Welch köstliches Abenteuer, wenn ich frühmorgens erwachte, barfuß über den Korridor schlich und mich in ihr Zimmer stahl. Dann durfte ich zu ihr ins Bett schlüpfen und spürte ihren breiten Rücken wie eine warme Wand. Nur eine Bedingung mußte strikt eingehalten werden: ich durfte sie ja nicht mit meinen eiskalten Füßen berühren. Ich bin überzeugt, daß niemals ein Hauch frischer Luft in ihr Zimmer drang, solange sie bei uns war, denn ihr Fenster blieb im Sommer und Winter fest verschlossen. Der »Mief« war unbeschreiblich. Ich liebte ihn. Doch die Köchin und das stupsnasige Mädchen waren nur Nebenfiguren, es war Miss Griffith, meine Lehrerin mit dem Rabenhaar, die ich wirklich liebte. Bloß die Frostbeulen an ihren Händen störten mich, und während des Winters schwand meine Leidenschaft für sie im gleichen Maß, wie ihre Frostbeulen zunahmen – im Sommer war sie vollkommen.

Natürlich war ich gezwungen, meine geliebte Lehrerin zu verlassen, als ich aus diesem Kinderparadies in die strengere, männlichere Oberschule versetzt wurde. Von dort nach Hause kommend, berichtete ich einmal meiner Mutter, der Sohn von Mrs. Allen (das war die Nachbarin) habe während des Mittagessens in der Schule einen öffentlichen Verweis vom Rektor erhalten, der ihn laut ermahnte, sein Brot nicht abzubeißen, sondern abzubrechen. Eine sehr befriedigende Nachricht für die Familie – ein Pluspunkt für unsere Seite.

Der erste, der in unserem prächtigen neuen Schulhaus in der Rickmansworth Road ein Fenster einschlug, war ich. Eines Abends warf ich beim Verlassen der Schule als letzter – wie meistens hatte ich wegen Unaufmerksamkeit nachsitzen müssen – meinen Tennisball gegen die Hausmauer und schmetterte ihn – o Schreck! – durch ein Fenster. Auf dem Ball stand mein Name, und was die Sache noch schlimmer machte, ausgerechnet in dem betreffenden Zimmer war der Schulwart mit dem Reinigen beschäftigt. Von weitem sah ich den Rektor seinen Rasen mähen. Mit einer wahren Engelsmiene näherte ich mich ihm und redete ihn folgendermaßen an: »Sir, ich muß ein Geständnis machen, ich habe im Physiksaal ein Fenster eingeschlagen.« Ich hatte richtig gerechnet, wurde ob meiner Aufrichtigkeit belobt und nur beauftragt, aus der Bibliothek des Rektors Spenser's ›Faerie Queene‹ zu holen und daraus zweihundert Zeilen abzuschreiben. Meinem guten Stern dankend, daß ich so leicht davongekommen war, holte ich diesen schön gebundenen Band, der mit zahlreichen Randbemerkungen von des Rektors Hand versehen war, nahm ihn mit nach Hause und verschüttete prompt eine Flasche Tinte darüber. Am nächsten Morgen versicherte ich mich zuerst, daß der Rektor anderswo beschäftigt war, brachte das Buch in die Bibliothek zurück und lieferte dann meine Strafarbeit ab. Die Entweihung des kostbaren Werkes wurde erst entdeckt, als zwischen mir und der Schule schon Tausende von Meilen lagen.

Diese Episode hatte einigen Einfluß auf mein späteres Leben. Zwar denke ich voll Scham an mein betrügerisches Verhalten zurück, bin aber doch zu Nachsicht für den Knaben geneigt, der damals schon ein sicheres Taktgefühl bewiesen hat, jenes Taktgefühl, das ihm bei seinem später gewählten Beruf sehr zustatten kommen sollte.

Die tintenbekleckste ›Faerie Queene‹ lastete mir zwar etwas auf der Seele, doch hatte ich weniger Gewissensbisse als Angst vor den Folgen. Meinen Vater allerdings quälten schlimmere Sorgen, da er seit einiger Zeit schwere Verluste bei Börsenspekulationen erlitten hatte. Wir lebten nun über unsere Verhältnisse, weshalb beschlossen wurde, die Zelte in England abzubrechen. Im Jahre 1913 wanderten meine Eltern mit ihren drei Söhnen, Gerald, Trevor und Basil, nach Kanada aus.

Es scheint mir ganz selbstverständlich, mich in einem fremden Land so gut als möglich zu benehmen, besonders wenn man so überaus bescheiden ist wie ich. Man fühlt sich wie ein Neuer in der Schule; man widerspricht nicht. Als ich im Jahre 1953 zum erstenmal Australien besuchte und kaum zwei Stunden im Lande war, brachte mich ein Taxichauffeur aus der Fassung, als er sich zu mir umwandte – das Steuer sich selbst überlassend – und mir erklärte, Sydney sei logischerweise die Hauptstadt des britischen Commonwealth; die Stadt sei geographisch, industriell und kulturell das Zentrum der Welt, und wenn er Winston Churchill wäre, so würde er England evakuieren und die gesamte Bevölkerung nach Australien umsiedeln. Nach einem Viertageflug von England fühlte ich mich viel zu müde, um mich in eine Diskussion einzulassen; eingeschüchtert bezahlte ich bloß meine Fahrt und schickte meinen Missionar weg, in andere, vielleicht ergiebigere Gefilde.

Liebe zur Vaterstadt ist zweifellos ein lobenswerter Charakterzug; sie flammte lichterloh im Toronto des Jahres 1913. Heute ist die Stadt prächtig, und ich mag sie sehr gern, aber in meiner Knabenzeit wurden ihre Vorzüge eher übertrieben. Der Dichter Robert Brooke schrieb damals in seinen ›Letters from America‹, in Toronto sehe man an allen Straßenecken Gruppen von Bürgern und ihre Unterhaltung drehe sich stets um das Thema: *»Oh, what a beautiful city«* (der Anfang eines *Negro-Spiritual*).

Damals waren die Engländer in Kanada nicht beliebt, und zwar aus gutem Grund. Hunderte von Leuten, die anderswo versagt hatten, strömten in das Dominion, und anstatt sich bescheiden anzupassen, waren sie großmäulige Prahler und wollten John Canuck zeigen, wie es John Bull machte. »So tut man das bei uns zu Hause«, sagten sie. Kein Wunder, daß man sie nicht mochte. Wenn ich in den Zeitungen unter *Offene Stellen* nachsah (zu meiner Freude wurde ich nicht mehr in die Schule geschickt, sondern mußte mich zwecks Verbesserung der Familienfinanzen nach Arbeit umsehen), konnte ich immer wieder lesen: »Engländer nicht erwünscht«.

Glücklicherweise hat sich dieser Zustand heutzutage geändert. Der einwandernde Engländer ist weniger überheblich und der Kanadier um vieles weitherziger und toleranter geworden.

Ich bekam eine Anstellung in einem Warenhaus mit einem Wochenlohn von drei Dollar und fünfzig Cents. Damals war ich vierzehn Jahre alt. Offenbar hielt man mein mageres, verhungertes Aussehen für Asketentum, denn man setzte mich in die Bücherabteilung; meine Aufgabe war es, die Einkäufe der Kunden einzupacken und sie ihnen mit dem Herausgeld zu übergeben. Aber ich mußte auch die Gestelle abstauben sowie den Boden kehren, und das war mir höchst zuwider. Ich fand es viel weniger mühsam, mich hinter Bücherstößen zu verstecken und dort nach Herzenslust zu lesen. Rufe nach dem Kassa-Boy überhörte ich, denn ich war vertieft in Charles Dickens. Als mein Versteck entdeckt wurde, mußte ich einen neuen Plan aushekken. Nun schloß ich mich mehrmals täglich in die Toilette ein und blieb dort eine halbe Stunde lang. In ungestörter Ruhe saß ich da und genoß ›Große Erwartungen‹ (von Charles Dickens). Aber »hinausgehen« ist die allerälteste Ausrede für jeden, der sich auf schlaue Art entfernen möchte, und mir wurde leider bald verboten, es zu tun – unter welchem Vorwand auch immer.

Finanzielle Schwierigkeiten brachten meine Mutter nicht von ihrem Entschluß ab, meine musikalische Ausbildung zu fördern. Mit einer ihrer Freundinnen, deren Anwesenheit ich noch bedauern sollte, gingen wir zur Firma Heintzmann in der Yonge Street, um ein Klavier zu kaufen. Der Verkäufer geriet außer sich, als der kleine Junge seine Finger nur so über die Klaviatur auf und ab laufen ließ und seine Vortragsstücke spielte. Er müsse mich unbedingt noch am selben Abend zu Michael Hambourg bringen, der mir sicher ein Stipendium verschaffen würde. Das war das Aufregendste, was ich je erlebt habe. Unglücklicherweise meinte Mutters Freundin jetzt, sich an dem Vergnügen beteiligen zu müssen, und um ihre Freude zu beweisen, fragte sie den Mann mit honigsüßer Stimme: »Sind Sie Engländer?« Ihr Ton sagte deutlich, daß jemand, der so überaus nett sei, Engländer sein müsse. Wie gut, daß wir ein Klavier kauften, sonst hätte unser neuer Freund am Ende an der zwar gut gemeinten, aber so schlecht gewählten Bemerkung derartigen Anstoß nehmen können, daß sich sein Interesse für mich verflüchtigt hätte. So begnügte er sich zum Glück damit, etwas scharf zu erwidern: »Madame, ich bin Kanadier, sollten Sie es aber vorziehen, daß jemand anderer den Jungen bei Professor Hambourg einführt, dann werde ich dafür sorgen.«

Die Brüder Hambourg, Mark, Jan und Boris, waren bekannte Musiker, aber Mark, der berühmteste unter ihnen, war der

Champion der Familie, ein Pianist von internationalem Ruf. Jan, der Geiger, war ein Genießer; seine Interessen verteilten sich in gleicher Weise auf Bach, Burgunder, französische Impressionisten und Rennpferde. Der Cellist Boris, ein Mann von besonders liebenswürdigem, sanftem Charakter, widmete sich der Kammermusik und war Mitglied des Hart House-Streichquartetts. Der Vater der Brüder, Michael Hambourg, war es, der mich jetzt unter seine Fittiche nahm und mir ein Stipendium zu äußerst großzügigen Bedingungen anbot. Ich mußte mich nur verpflichten, während meiner ersten beiden Jahre als Berufsmusiker dem Professor zehn Prozent meines Einkommens zu bezahlen.

Meine Eltern gehörten zu den Menschen, die nie etwas halb machen. Sie nahmen mich sofort aus meiner Anstellung als »Lektor« heraus, damit ich mich ganz dem Klavierspiel widmen könne. Heute weiß ich, daß ihr Opfer kaum gerechtfertigt war, denn ich übte nur zum Schein. Immer noch mußte man mich ans Klavier zwingen. Jetzt, nachdem ich die Sechzig überschritten habe, blicke ich zurück und erkenne, daß möglicherweise ein guter Pianist aus mir geworden wäre, wenn ich damals wirklich gearbeitet hätte. Denke ich an Wunderkinder wie Heifetz, Elman, Menuhin, Josef Hoffman, Solomon, die mit Leidenschaft, entschlossen und konzentriert an ihrem Instrument arbeiteten und arbeiteten, so verstehe ich den Ausdruck »geborener Musiker« immer besser. Michael Hambourg verzweifelte schier an mir und hatte allen Grund dazu. Er konnte mich nicht mit Gewalt zum Arbeiten bringen. In Wahrheit aber rückte bei mir ein anderes Interesse das Klavier an die zweite Stelle. Ich sah mich fast schon im Priestergewand. Ich war von einer Art religiösem Wahn besessen.

Erzogen in der »Low Church of England«, fand ich mit der Zeit heraus, daß der Ritus der »High Church« mehr Glanz ausstrahle und meinem Sinn für das Theatralische näherläge. Mit elf Jahren wurde ich konfirmiert, war bald darauf Ministrant und nie glücklicher, als wenn ich das Kruzifix vor einer Prozession hertrug oder vor dem Altar niederkniete. Der Mantel der Frömmigkeit, mit dem ich mich umhüllte, wirkte so überzeugend, daß der Pfarrer, mein Seelsorger in den damaligen Watford-Tagen, fest an meine Bestimmung für den geistlichen Stand glaubte. Ich spürte bereits einen Heiligenschein um mein Haupt, und zwar einen von beträchtlicher Größe. Meine religiösen Übungen des Abends und des Morgens waren so lang und wurden so oft wiederholt, daß sie mir zur Qual wurden. Oft schlief ich abends in meiner eiskalten Schlafkammer auf den Knien ein, wachte dann mit einem Ruck auf und begann zur Buße alle meine Gebete nochmals von vorne. Bei diesen religiösen oder abergläubischen Exerzitien schlug ich mir mit lautem Weinen und Wehklagen auf die Brust. Zu meinem Ärger betrachtete mein sechsjähriger Bruder Trevor, der mit mir die Schlafkammer teilte, diese Kundgebungen ohne jegliche Anteilnahme. In einer späteren, neuzeitlichen Periode hätte er mich kurz und bündig als übergeschnappt bezeichnet.

Auf der Suche nach einer ähnlichen Art Anglikanischer Kirche, wie ich sie in England verlassen hatte, fand ich in Toronto die St. Thomas-Kirche in der Huron Street. Dort sang ich mit noch ungebrochener gräßlicher Sopranstimme im Chor mit und war bezaubert von den Abendmahl-Kompositionen Stanford's, Macpherson's, Healey Willan's und anderer. Und wieder wurde ich Ministrant.

Unser Musikdirektor in der Kirche, Richard Tattersall, beschloß, mich das Orgelspiel zu lehren. Auch ihm mußte ich nichts bezahlen, sondern mich nur verpflichten, ihn während seiner Sommerferien vier bis sechs Wochen lang zu vertreten.

Gegen Ende 1915 starb Michael Hambourg, der liebe alte Herr mit dem weißen Schnurr- und Knebelbart, eine pittoreske Erscheinung und großherzige, imponierende Persönlichkeit. Er erlag einem Herzschlag, kurz nachdem er mir eine Unterrichtsstunde erteilt hatte. Boris, der Cellist, und Redfern Hollinshead, ein Tenor, hatten mit Michael Hambourg gerade eine gemeinsame Tournee durch das westliche Kanada geplant, und nun wurde ich eingeladen, bei diesen Konzerten als Begleiter mitzuwirken. Froh, die Güte des Professors in irgendeiner Weise vergelten zu können, nahm ich das Engagement für ein Gesamthonorar von vierzig Dollar an. Da wir in vierzig Konzerten spielten, kam pro Konzert ein Dollar für mich heraus. Ich wurde in einen Eton-Anzug gesteckt und als »der hervorragende englische Knabenpianist« angekündigt.

In den Gebieten von Manitoba, Saskatchewan, Alberta kamen wir in Ortschaften, die ich noch auf keiner Landkarte habe finden können. Earl Grey, Lanigan und eine ganze Reihe anderer Siedlungen in der Prärie, alle sahen sie einander ähnlich mit ihren Getreidespeichern, ihren bretterverschalten Häusern inmitten der schneebedeckten Ebene. Ja, und mit ihren sanitären Einrichtungen im Freien. Ein Installateur hätte hier ein glänzendes Geschäft machen können, und ich bin überzeugt, daß mancher gute Mann sich im Schneesturm verloren hat, als er in seiner Not in den Garten hinunter mußte.

Da meine Reise- und Hotelspesen für mich bezahlt wurden, hielt ich mich für den Mangel an Komfort schadlos, wenn wir in größere Städte kamen. In guten Hotels, wie im »Palliser« in Calgari, im »Macdonald« in Edmonton, im »Fort Garry« in Winnipeg, entwickelte ich meinen Geschmack für teure Gerichte. Das *table d'hôte*-Menü lehnte ich ab – alles mußte *à la carte* sein. Einmal, an einem eisigen Februarmorgen – die Erde war so tot und gefroren – verspeiste ich zum Frühstück: Erdbeeren mit Rahm, Cornflakes, Nieren mit Speck und Teekuchen. Mein Mittagessen hierauf bestand aus einem Dutzend Austern, Wildente und Crêpes Suzette. Boris bat mich inständig, meinen Appetit zu zügeln, er untergrabe die Tournee und fresse Löcher in die Einnahmen. Mit Tränen in den Augen beteuerte er, wie schön er es finde, mich mit dabei zu haben – »aber iß nicht soviel, mein Junge«.

Während der ganzen Tournee hielten wir am gleichen Konzertprogramm fest. Ich eröffnete den ersten Teil mit einem Chopin-Scherzo und den zweiten mit einer Liszt-Rhapsodie. Je öfter ich diese Stücke spielte, um so mehr geriet ich ins Hudeln. Ich habe sie seither nie wieder spielen können. Aber das Begleiten der Cellostücke und Lieder bereitete mir große Freude.

Als ich von dieser Expedition heimkehrte, wurde ich recht unsanft in die rauhe Wirklichkeit zurückgeworfen. Von nun an mußte ich selbst für meinen Unterhalt aufkommen.

Am ersten Sonntag nach meiner Rückkehr nahm ich meinen Platz im Chor der St. Thomas-Kirche wieder ein, und in derselben Woche forderte mich der Pfarrer auf, die Leitung des Kirchenchors zu übernehmen. Wer der Meinung ist, daß es in Kanada an Aussichten und Möglichkeiten für die Jugend mangle, dem kann ich sagen, daß ich als sechzehnjähriger Jüngling im Handumdrehen vom Chorknaben zum Organisten und Chormeister befördert wurde. Den ersten Zusammenstoß hatte ich bei der Hauptprobe an einem Freitagabend, als mein Solobassist, ein recht unsensibler Typ, der als Berufssänger bei uns engagiert war, dagegen protestierte, daß ich zu den Tenören und Bässen »Leute« sagte. »Nennen Sie uns bitte ›meine Herren‹«, polterte er mir ins Wort. »Also gut«, erwiderte ich, meinen Unwillen hinter einem Lächeln verbergend, »meine Herren oder – wenn es Ihnen lieber ist – bärtige Knaben.« Gegen diesen rotgesichtigen Streithahn hegte ich schon seit langem eine herzliche Abneigung;

er war es auch, der, als ich Mr. Tattersall während der Sommermonate vertrat, häufig mit seinem Gesangbuch, wie mit einem Dirigentenstab auf und ab schwingend, den Takt schlug, womit er mir und allen Zuschauern zeigen wollte, daß ich die Hymnen zu langsam spielte. Ich war entschlossen, dieses alte Ekel bei nächster Gelegenheit loszuwerden. Sie bot sich mir an einem Sonnabend. Ich saß, nicht ermattet, aber entschieden in keiner guten Verfassung an der Orgel und übte auf Tod und Leben. Wer schlich sich da leise, in dem Getöse, das ich vollführte, ungehört, an mich heran und klopfte mir auf die Schulter, so daß ich wie gestochen in die Höhe fuhr? (Angeblich spukte es in der Kirche, das vergaß ich nie, wenn ich allein drinnen war.) Wer anders als mein schwarzes Schaf. Er trug das verbindlichste Lächeln zur Schau und begann folgendes Gespräch: »Wäre es für Sie nicht von Vorteil, Mr. Moore, wenn Sie mir die Verantwortung, den Chor zu dirigieren, überließen, damit Sie sich ganz Ihrer Orgel widmen können?«

»Aber Sie können ja keine Noten lesen.«

»Mein lieber Junge, bei Ihrem Mangel an Erfahrung werden Sie völlig außerstande sein ...«

»Das können Sie morgen selbst beurteilen, wenn Sie dort unten im Kirchenschiff sitzen.«

»Unten in der Gemeinde sitzen? Was soll das heißen?«

»Das heißt«, sagte ich sehr kalt und ruhig, »daß Sie nicht im Chor sitzen werden.«

Welch wunderbare Tonfülle hatte doch das *Diapason* dieser Orgel! Sie brauste jetzt in einem so mächtigen *crescendo,* daß der Protest ungehört blieb. Natürlich beklagte sich der Bursche sofort bei Reverend C. Ensor Sharpe, aber dieser energische Mann war ganz auf meiner Seite.

Meine offiziellen Titel waren damals, glaube ich: Organist, Chormeister und – ich darf nicht vergessen, es hinzuzufügen – Kirchendiener. Gern hätte ich auf diese letztere Ehre verzichtet, denn sie bedeutete für mich, morgens um halb sieben Uhr aufzustehen, die Kirche für den Frühgottesdienst zu öffnen, außerdem riesige Rasenflächen zu mähen, die Kirche auszukehren und die Kirchenstühle abzustauben. Aber ich hatte nicht den Mut, das Amt abzulehnen, da der Pfarrer wußte, wie nötig ich das Geld brauchte; diesen Dienst mußte ich ohnehin nur während der Sommermonate verrichten.

Zu jener Zeit, als ich mich in einige der wunderbaren Kompositionen für das Heilige Abendmahl vertiefte und während der feierlichsten Momente des Gottesdienstes, Beschwörungen murmelnd, mit heftigen Gebärden und wilden Blicken den Chor anzufeuern suchte, ließ allmählich das religiöse Fieber nach, an dem ich so lange gelitten hatte. Mein Gemütszustand wurde gesünder. Wenn ich mit Reverend Sharpe darüber sprach, gestand er mir, daß es auch ihm schwerfalle, dem ersten Teil des Gottesdienstes seine ganze Aufmerksamkeit zu schenken, wenn er nachher eine Predigt zu halten habe; bevor er die Kanzel besteige, sei er zu sehr damit beschäftigt, im Geiste immer wieder durchzugehen, worüber er sprechen wollte. Jedenfalls war ich jetzt viel glücklicher und nicht mehr von abergläubischer Angst vor Unheil erfüllt, falls ich es versäumte, lange Nachtwachen auf den Knien zu halten. Außerdem fiel es mir nun leicht, abends rasch und ohne jede Sorge ins Bett zu schlüpfen.

Nach einigen Wochen begann ich aber diese Kirchendienerarbeiten mit der Würde meiner Stellung kaum noch vereinbar zu finden. Als ich eines Sonntags die Kirche verließ, nach einem Gottesdienst, den ich mit einem brillant gespielten Orgelsolo von Guilmant oder Widor beschlossen hatte, stürzte sich ein wütender Mann auf mich – er war ein »Stützpfeiler« der Kirche. Bei den Responsorien hinkte er unweigerlich immer einen halben Takt hinter der Gemeinde her und ließ uns so alle merken, daß er da sei – wachsam und kritisch. Sein »Amen« hallte drohend durch die Kirche, mindestens eine halbe Sekunde, nachdem alle anderen sich schon hoffnungsvoll dem nächsten Gebet zugewandt hatten. Am Tage des Jüngsten Gerichts wird er zweifellos zu den Glückseligen gezählt werden. Sollte es im Himmel eine Polizeimacht geben, wird er Hauptmann sein. Jetzt teilte er mir mit, daß der untere Rand seines Zylinderhutes, als er ihn unter dem Sitz hervorholte, voll Staub gewesen sei. Da faßte ich den Entschluß, sofort von meinem Amt zurückzutreten und meine Insignien – Rasenmäher, Staublappen und Besen – in würdigere Hände zu übergeben.

Wieder einmal war mir das Schicksal günstig. Ich bewarb mich mit Erfolg um die Stelle eines Kino-Organisten im Vergnügungsviertel von Toronto. Dieses Engagement war für alle Beteiligten von Vorteil; meine Einkünfte als Kirchendiener wurden reichlich aufgewogen, ich war in meinem musikalischen Kirchendienst nicht behindert, und überdies blieben die Zylinderhüte der Andächtigen nun sauber.

In jenen fernen Tagen des Stummfilms pflegten die größeren Kinotheater ein zwanzig bis fünfundzwanzig Mann starkes Orchester zu beschäftigen, zusätzlich zur überall vorhandenen Kino-Orgel, auf der ich das zu spielen hatte, was komischerweise »Ablösung« hieß. In der Tat war es meine Aufgabe, die Orchestermusiker zwischen ihrem Nachmittags- und Abenddienst abzulösen.

Dieses Marterinstrument, die Kino-Orgel – nicht zu verwechseln mit der Kirchen-Orgel –, nimmt unter den ausgesprochenen Greuel-Instrumenten, dem Jazz-Saxophon, der Mund- und der Zieh-Harmonika, einen Ehrenplatz ein. Alle diese Instrumente können keine anderen als unedle Töne hervorbringen. Aber ich war noch sehr jung und schwelgte zunächst in den billigen Klangwirkungen, indem ich die verschiedenen Register ausprobierte, mit denen es mir gelang, den Klang der Celesta, des Glockenspiels, von Glocken, Trommeln und Pfeifen, von Xylophonen, Autohupen und von was weiß ich noch allem zu reproduzieren [sic]. Ohne mich um den Film zu kümmern, saß ich da und freute mich königlich über die ungewöhnliche Folge und Mischung von Geräuschen, die ich mit meiner Maschine heraufbeschwören konnte. Während einer zarten Liebesszene, von der ich gar nichts merkte, hörte einmal das staunende Publikum ein Trommler- und Pfeiferkorps in tadellosem Rhythmus heranmarschieren und lauter und lauter werden, je mehr es sich näherte; meine Meisterleistung dabei war es, den Eindruck zu erwekken, daß ein Automobil mit ohrenbetäubendem Hupen die Schar auseinandertrieb und schließlich zum Schweigen brachte. Auf diese improvisierte Szene war ich mit Recht sehr stolz. Bei einer anderen, schrecklich spannenden Stelle auf der Leinwand, wo gerade ein Mord begangen wurde, ließ ich mich von Engelsmusik – zusammengesetzt aus Harfe und Celesta – hinwegtragen. Das alles machte mir großen Spaß, bis mir eines Tages eine Stimme ins Ohr zischte: »Ssssst!« Es war der Direktor – wie giftgrün und drohend schien doch sein Gesicht in der unheimlich-düsteren Beleuchtung – »Was, zum Donnerwetter, treiben Sie da?!«

Aber das wichtigste aller Register an dieser gemeinen Trickbüchse ist das *Tremolo*. Die ungeheuren Schwingungen gingen mir derart auf die Nerven, daß ich den schuldigen Knopf energisch hineinstieß und damit dem Gezitter ein Ende machte. Aber wieder kam eine Klage von seiten der Direktion – gingen denn diese Leute nie nach Hause? –, in der man mir zu verstehen gab, daß das *Tremolo* zu allen Zeiten benützt werden müsse. Im Zusammenklang mit der *Vox humana* vollführte es einen Lärm, der wie das Blöken einer Schafherde klang; ich verwendete nun diese Kombination, bis mir fast übel wurde. Da meine Orgelbank in einem schiefen Winkel zur Filmleinwand stand, war es mir unmöglich, die Filme zu sehen oder deren Handlung zu verfolgen; prachtvolle Geschöpfe, wie Theda Bara oder Wallace Reid, wurden unverhältnismäßig lang und dünn wie Streichhölzer. Also blieb ich bei meiner verläßlichen Kombination und las daneben aus lauter Langeweile beim Schein meiner Lampe Romane. Diesen Posten behielt ich während vieler Monate, und alle waren von mir begeistert – mit dem *Tremolo* und der *Vox humana* kann man nicht fehlgehen.

Abgesehen davon, daß ich mich im Kino langweilte, genoß ich mein Leben. Es gab Parties und Bälle mit vielen hübschen Mädchen, für die Toronto berühmt ist, und natürlich war auch immer genug zu trinken da. Ich ließ mich begeistern für die Freuden von Venus und Bacchus.

Ja, wie man trinkt, oder besser gesagt, wie man nicht trinken soll, hatte ich im Wilden Westen gelernt, als ich der »hervorragende Knabenpianist« im Eton-Anzug war. Schuld daran war die Prohibition. Während meiner Vierzig-Dollar-Tournee kamen oft Besucher ins Künstlerzimmer, die eine Taschenflasche mit Whisky hervorholten, davon einen Becher halbvoll gossen, einen Schuß Wasser hinzufügten und mir befahlen, das Ganze hinunterzuschütten. Ich hielt es für männlich, den Befehl auszuführen, aber mein erster Drink riß mich fast entzwei – nur Zeit und Ausdauer halfen mir, die Situation zu meistern.

Nach Toronto kamen damals regelmäßig hervorragende Musiker. Dort hörte ich Paderewski, den König unter den Pianisten, den brillanten Josef Hoffman, den unsterblichen Eugène Ysaye; ich sah die Pawlowa und hörte auch zum erstenmal eine Sängerin, die ich später einmal begleiten sollte, Maggie Teyte. Sie sang in Gounods ›Faust‹, dem abgedroschenen alten Schinken von einer Oper, die mich aber damals faszinierte. Maggie sang wundervoll und ebenso ihr Mephisto, ein spanischer Baß namens José Mardonez. Als hingegen Pablo Casals und Harold Bauer, Künstler mit Namen von großer Anziehungskraft, ein Konzert mit Cello-Klavier-Sonaten in der Massey Hall gaben, die beinahe dreitausend Personen faßt, nahmen sich höchstens fünfhundert Leute die Mühe, ins Konzert zu gehen. Auch das Philadelphia-Orchester unter Leopold Stokowski kam regelmäßig nach Toronto, und dies Spiel war eine Offenbarung für mich. Oft vereinigte sich das Orchester mit dem »Toronto Mendelssohn Chor« zu Aufführungen der ›Neunten Symphonie‹ oder des

›Messias‹ und anderer Oratorien. Der Chor, gegründet und geleitet vom Direktor des Toronto-Konservatoriums, Dr. A. S. Vogt, einem beachtenswerten und verdienstvollen Musiker, bildete einen vortrefflichen Klangkörper. Als sich aber ein reicher Musikgönner dahin äußerte, daß er nicht begreife, warum Herr Paderewski sich die Gelegenheit entgehen lasse, während seines Aufenthalts in der Stadt bei Dr. Vogt ein paar Stunden zu nehmen, wurde mir klar, was man unter »provinzlerisch« versteht. Vielleicht war jener Taxichauffeur, der mir viele Jahre später in Australien erklärte, Sydney sei das Zentrum der Welt, eine Reinkarnation dieses begeisterten Anhängers von Dr. Vogt.

Hier machte ich auch meine erste Bekanntschaft mit Schuberts Liederzyklen ›Winterreise‹ und ›Die schöne Müllerin‹. James Campbell McInnes, ein namhafter Sänger aus England und Freund Hamilton Harty's, ließ sich in Toronto nieder. Als er in der *Hambourg Music School* (sie bestand noch viele Jahre nach des Professors Tod) sich nach einem jungen Pianisten erkundigte, der ihn begleiten könnte, wurde ihm mein Name genannt. Ich glaube wirklich, mit diesen wundervollen Liedern wurde der Grundstein zu meiner künftigen Karriere gelegt. Indem ich sie spielte und sie mir so sehr gefielen, kam mir der Gedanke: »Das ist mein Leben.«

Ich verdiente damals sechzig bis siebzig Dollar in der Woche, und meine Eltern waren froh, daß ich sie etwas unterstützte, aber sie begriffen, daß ich festgefahren war. Sie hielten ihren Sohn für einen werdenden Paderewski, obschon ich selbst heimlich fühlte, daß mein Spiel auf den Hund gekommen war, und sie gelangten zu der wohlbegründeten Einsicht, daß in einer kleinen Stadt wie Toronto von 1919 meine Zukunft als Konzertpianist nicht verwirklicht werden könne. Unter großer Selbstaufopferung beschlossen sie daher, mich an einen anderen Ort zum Studium zu schicken. Man entschied sich schließlich für London. Dort lebte Mark Hambourg, der sich bereit erklärt hatte, mich als Schüler anzunehmen; auch hatte ich dort Onkel und Tanten, die das lang verlorene Lamm mit offenen Armen aufnehmen würden.

Also zog ich von dannen, und als mein *boat train* von Liverpool nach London in Euston Station ankam, wurde ich von einem langjährigen Freund meines Vaters mit seiner kleinen Tochter Enid abgeholt. Dieses neunjährige Kind, das mich so herzlich umarmte und begrüßte, sollte, nach langer Beharrlichkeit meinerseits und nach mancher Abweisung ihrerseits, ein Vierteljahrhundert später meine Frau werden.

In der Viktorianischen Epoche hätten Grundstücksmakler *Upper Norwood,* einen Vorort am Südostrand Londons, als angenehme Wohngegend bezeichnet; noch im ersten Dezennium unseres Jahrhunderts wäre diese Beschreibung nicht unzutreffend gewesen. Dort lebten erfolgreiche Geschäftsleute – *carriage people* (Equipagenbesitzer) genannt – in ihren großen Häusern mit schönen Gärten. Noch immer hege ich eine sentimentale Zuneigung zu diesem Ort, obwohl von den ehemals vornehmen Villen heute nur noch das Äußere übriggeblieben ist; innen wurden sie in Wohnungen oder Pensionen aufgeteilt, und die Gärten sind von Unkraut überwuchert.

Einst war es entschieden eine »bessere« Gegend, doch schon in meiner Jugend klang mir die Bezeichnung *upper* verdächtig – mit einem Anflug von Überheblichkeit; eine jugendlich-naive Ansicht, die viel später einmal bekräftigt wurde, als James Agate in der ›Sunday Times‹ sarkastisch aus Amerika berichtete, bei einer New Yorker Cocktailparty seien »die Damen angezogen gewesen wie bei einem Ball des *Upper Norwood* Tennisclubs«. Besser gefiel mir der Name *Crystal Palace,* dieses großen Glaspalasts auf der Anhöhe von Norwood. Er funkelte hell in der Sonne. Jeder Winkel in den Gefilden dieses Vergnügungs-Etablissements war mir bekannt und vertraut, da Onkel und Tante mich in allen Schulferien zu sich einluden und mir eine Dauer-Eintrittskarte schenkten. Doch der Hauptfesttag jeder Woche war *Brock's Firework Display* im Park des Palastes, mit Raketen, Feuerrädern und dem ganzen Lichtzauber. Aber die großartigste Vorstellung bot das eigene Todesfeuer des *Crystal Palace,* als er in wenigen stürmischen Augenblicken zu Asche herunterbrannte – das stellte alles in den Schatten, was die Herren Brock sich je hätten ausdenken können. Viele Jahre später, als ich 1936 in Bayswater einmal zum Dinner eingeladen war, konnte ich, fünfzehn Meilen entfernt, die Flammen lodern sehen. Ich war leicht gekränkt, als meine Gastgeberin ausrief: »Höchste Zeit! Das ganze Gebilde war wirklich eine Beleidigung fürs Auge.«

Bei meiner Rückkehr nach England empfingen mich die Verwandten wie den verlorenen Sohn. Wie bezaubernd war doch London mit seinen *hansom cabs* und den Omnibussen mit dem offenen Oberdeck. Auf meinen Fahrten zu Mark Hambourgs

Haus am Regentpark saß ich Sommer und Winter, ob schön, ob Regen, dort oben und hatte auch bald den Dauerschnupfen des Engländers erwischt. Mit eisigen Fingern kam ich meistens in die Klavierstunde.

Mark unterrichtete mich während längerer Zeit ganz umsonst. Ich selbst hatte aber immer noch nicht herausgefunden, wie man üben muß, und ließ mich durch nichts aus meinem Phlegma bringen. Um mich aufzurütteln, brüllte Mr. Hambourg – wie ich ihn natürlich anredete – mich oft an; in seinem Bestreben, mich anzuspornen, konnte er sich äußerst ungeduldig zeigen. Ich bin überzeugt, daß er schließlich nur zu meinem eigenen Besten eine nominelle Bezahlung für seinen Unterricht verlangte, weil er fand, daß sich seine Mühe für einen Schüler wie mich nicht lohnte.

Nach ungefähr einem Jahr waren meine aus Kanada mitgebrachten Ersparnisse zu nichts zusammengeschmolzen. Ich brauchte Geld. Junge Leute finden alles selbstverständlich, und ich war keine Ausnahme. »Niemand hilft mir«, war ich fähig zu sagen, »andere Studenten werden von reichen Mäzenen zu Cortot nach Paris oder zu Schnabel nach Berlin geschickt – mir gibt niemand auch nur einen Penny.« Jetzt erst sehe ich ein, für wie vieles ich dankbar sein muß; vor allem für die Opfer, die meine Eltern für mich brachten, dann für den Unterricht bei meinem lieben alten Professor in Toronto, für die Orgelstunden und schließlich für die Großzügigkeit von Mark, unter dessen schroffem Brahms'schen Gehaben das gütigste Herz schlug.

Auf Empfehlung von Mark Hambourg wurde ich für die Tournee mit Max Mossel engagiert. Dieser, ein belangloser Geiger, aber ein erstklassiger Geschäftsmann, organisierte eine Reihe von Abonnements-Konzerten in Birmingham, Cheltenham, Liverpool, Glasgow und Edinburgh, mit denen er ein Vermögen verdiente. Seine Taktik, die er zweifellos auch bei anderen anwendete, bestand mir gegenüber darin, daß er sagte, er müsse draufzahlen, und er engagierte mich für fünf Guineas pro Konzert, wobei ich meine Reise- und Hotelspesen selbst zu tragen hatte. Aber Mossel war eine originelle Persönlichkeit und ein kluger Kopf. Mit Vergnügen erzählte er, wie er einmal Harold Bauer gern für eine Tournee gehabt hätte und, da ihm das Honorar sehr hoch schien, diesem erklärt habe, er werde ihm nach Amerika kabeln, sobald seine Verträge mit anderen Künstlern abgeschlossen seien; dann werde er wissen, ob er sich den großen Pianisten leisten könne. Schließlich telegraphierte er an

Harold Bauer: »Daten wie vereinbart vormerken zu x Pfund. Mossel.« Die lakonische Antwort aus USA lautete: »*Guineas.* Bauer«, und das Rücktelegramm in der folgenden Woche: »*Pounds.* Mossel«. Wöchentlich kabelten die beiden während mehrerer Monate über den Atlantik »Guineas« – »Pounds« – unter beträchtlichem Kostenaufwand.

Aber mir blieben bei diesen Konzerten höchstens ein bis zwei Pfund übrig, und ich war selig, als mir von anderer Seite eine Tournee von vierzig Konzerten zu höherem Honorar angetragen wurde. Da ich für die gleiche Zeit zu einer Tournee mit Mossel verpflichtet war, konnte ich nicht beides annehmen. Ich bat Mossel inständig, mich aus dem Vertrag zu entlassen, doch obwohl ich ihm eine Frist von drei Monaten einräumte, lehnte er wütend ab und machte mich darauf aufmerksam, daß es meinen Ruf untergrabe, wenn ein derartiges Benehmen von mir bekannt würde. Ich war unverschämt genug, ihm zurückzuschreiben: »Sie drohen mir. Deshalb lehne ich es ab, mit Ihnen zu spielen.« Das war natürlich sehr unrecht von mir, und Mossel hat es mir nie verziehen, auch nie mehr ein Wort mit mir gesprochen; wenn wir einander zufällig auf der Straße begegneten, blickte er durch mich hindurch, als ob ich Luft wäre.

Jedoch, es war in einem Max Mossel-Konzert, daß mich Sir Landon Ronald zum erstenmal spielen hörte. Ronald, seinerzeit eine bekannte Persönlichkeit im englischen Musikleben, war Leiter der Guildhall School of Music und ein ausgezeichneter Dirigent. In seinen jüngeren Tagen war er Begleiter gewesen, und das war vielleicht der Grund, weshalb er dem »Mann am Klavier« mit Interesse zuhörte. »Warum muß man Solopianist sein?« fragte er mich. »Die Welt wird von Solisten überflutet. Bleiben Sie beim Begleiten, das ist eine der köstlichsten Aufgaben in der Musik, und Sie scheinen mir dafür besonders begabt zu sein.« Ich habe niemals bedauert, seinen Rat befolgt zu haben.

Ich lebte damals immer noch in den Vororten Londons, was trotz der Anhänglichkeit an meine Verwandtschaft ein Fehler war. Schließlich war ich in die lebendigste Konzertstadt der Welt gekommen, um hier Orchester- und Kammermusik sowie Klavier- und Liederabende zu hören. Deshalb war es so wichtig für mich, in nicht allzu großer Entfernung vom Westend zu wohnen.

Meine erste Bude mietete ich in Swiss Cottage, Hampstead. Einer meiner Hausgenossen war ein Musikenthusiast, um nicht zu sagen ein Fanatiker. Er gab Gesangstunden, bei denen ich begleitete, und bei jeder nur möglichen Gelegenheit, sei es, daß er

Freunde empfing oder besuchte, sang er selbst. Die Stimme des armen Kerls aber bereitete einem direkt Qualen. Auf mich wirkte sie, wie wenn jemand knirschend kaut, oder wie das Kratzen eines Messers auf einem Teller. Interessant war auch seine Intonation; ich würde sie mit der jener reichen amerikanischen Amateursängerin, Mrs. Foster Jenkins, vergleichen, die knallvolle Häuser erzielte mit Leuten, die kamen, um sie falsch singen zu hören. Mein Kamerad und ich gingen zusammen in alle Konzerte, die damals gegeben wurden, doch bekam ich seine Gesellschaft bald satt; für meinen Geschmack war er zu aggressiv, auch sprach er zuviel und zu laut. Er ging mir auf die Nerven, wenn er etwa mit heftiger, immer lauter werdender Stimme sagte: »Stell dir nur vor, ich hätte bei meiner Intelligenz, meinem Temperament und meiner Musikalität noch dazu deine Finger!« und mit funkelnden Augen schrie: »Wäre das nicht blendend?« Ich war nicht begeistert. Ich empfand es sogar als unangenehm. Er seinerseits nahm mir mein lauwarmes Eingehen auf seine Hirngespinste übel. Ich zog weg nach Kilburn.

In dieser anregenden Gegend hatte ich eine freundliche, häusliche Deutsche als Hauswirtin, die mit einem Engländer, dem Sproß einer vornehmen alten Familie, verheiratet war. Auch er liebte die Häuslichkeit und ging nie aus. Als ehemaliger Trinker hatte er sich diese Gefangenschaft selbst auferlegt: »Die Versuchung ist auf diese Art geringer, mein Junge«, pflegte er zu sagen. Körperliche Ertüchtigung war sein Steckenpferd, obwohl er nie an die frische Luft kam. Geschirrwaschen, Möbelpolieren, Holzhacken waren seine Aufgaben, und er pflegte sie zu erledigen, mit nichts anderem bekleidet als mit einem weißen Bart, einer Drahtbrille und einem Lendenschurz. Ohne diese mit Schnur zusammengebundene Brille hätte er direkt aus einem El Greco herausgestiegen sein können. Manchmal band er sich schwere Eisenhanteln um die Taille, schritt barfuß damit schwungvoll an seine häusliche Sklavenarbeit und sang dabei mit lauter Stimme Händel-Arien. Eine prächtige Männergestalt, wenn man sich einmal an seinen Anblick gewöhnt hatte, und obwohl schon siebzig, war er rüstig wie ein Vierziger. Seine Gespräche waren kultiviert, interessant, oft zweideutig. Daß er je gebadet hätte, war niemandem bekannt.

Man mußte sich, wie gesagt, an ihn gewöhnen, aber Laufburschen und ähnliche Leute, die zuerst erschraken, wenn er sie empfing, wurden in seiner Gegenwart erstaunlich ruhig und respektvoll. Als aber ein Arbeiter, der zum erstenmal im Haus war, den Küchenherd reparierte und sah, wie die Putzfrau Hut und Mantel nahm, um wegzugehen, murrte er: »Jesses, wenn Sie nach Haus gehn, verschwind' ich auch gleich – mit dem da bleib' ich hier nicht allein.«

Sogar mir wurde etwas bange, als mein Hausherr, barfuß, ein Küchenmesser schwingend, in mein Musikzimmer eindrang. Aber er kam mit friedlichen Absichten und wollte bloß wissen, ob ich Mozart oder einen frühen Beethoven übe. Ich wich, während ich antwortete, kaum merklich zurück, hielt aber vorsichtshalber ein Auge auf das Messer gerichtet.

Eines Nachmittags gellte plötzlich ein durchdringender Schrei durch das Haus. Mein lieber Gastgeber hatte sich auf eine Woche in sein Zimmer verbannt, um einen Aufsatz über Halbedelsteine zu schreiben. Während dieser Zeit, da er für menschliche Augen unsichtbar blieb (dreimal täglich wurde ein Tablett mit Essen vor seine Tür gestellt), war eine neue Haushaltshilfe angestellt worden. Man hatte es für klug gehalten, diese junge Person noch nicht in die Besonderheiten der *ménage* einzuweihen, und wahrscheinlich dachte sie, der Bewohner des oberen Zimmers sei ein ans Bett gefesselter Invalide. An jenem bewußten Tage wähnte sie sich allein mit mir im Hause und staubte ruhig in der unteren Halle ab. Plötzlich wurde die Stille durch heftiges, lautes Fluchen von oben unterbrochen. Als das Mädchen hinaufschaute, fiel sie vor Schrecken in Ohnmacht. Ich hörte ihren Schrei noch durch mein Üben hindurch, stürzte hinaus und fand sie unten an der Treppe zusammengesunken, wie einst Amy Robsart, die Gattin des Earl of Leicester. Ihre Aufregung war nicht unbegründet. Mein Freund hatte beschlossen, seine Höhle zu verlassen, und wollte gerade den Tisch, den er zum Schreiben benutzt hatte, wieder hinuntertragen. Ungeschickterweise blieb eines der Tischbeine in der Balustrade stecken, deshalb spuckte er Gift und Galle. Da er niemanden außer mir im Hause vermutete, war er splitternackt. Wohl blieb sein Oberkörper und sein Kopf den Augen des Mädchens durch den Tisch verborgen, doch der Anblick, der sich ihr unter dem Tisch bot, brachte sie außer sich. Der alte Herr, stets voller Rücksichtnahme, wickelte rasch ein Handtuch um seine Mitte und half mir, das Fräulein wieder zu beleben. Aber *hélas!* kaum daß sie zu sich kam, erblickte sie als erstes den struppigen Bart, die Stahlbrille, den weißen Torso und flüchtete rasch in eine neue Ohnmacht. Später, als der Haushalt sich wieder beruhigt hatte, warf ich dem alten Knaben vor, daß er sich vollständig »exhibitioniert« habe. »Das kann ich nicht leugnen, mein Lieber«, antwortete er äußerst gut gelaunt, »aber bitte nicht zu vergessen, daß ich es auf Raten tat.«

Meine Wirtin gab zweimal im Jahr eine Gesellschaft. Steif saß man im Zimmer herum, und Freunde des Hauses unterhielten die Gäste mit Liedern, Duetten und ausgewählten Violinstücken. (Wie bezeichnend ist doch das Wort »ausgewählt«!) Im Laufe des Abends wurde Kuchen serviert, der die größte Anziehungskraft ausübte, denn es war fraglos ein köstlicher Kuchen; dazu gab es ein wenig Rotwein. Ich spielte nur ein einzigesmal dort, sonst war ich stets anderweitig vergeben, wenn die Soireen stattfanden. Aber ich hatte ganz das Gefühl, in die richtigen Fußstapfen getreten zu sein, als mir meine Wirtin erzählte, daß – vor Jahren – an einem ihrer früheren Abende Hamilton Harty der Begleiter gewesen sei und sein Honorar eine Guinea betrug.

Diese Idyllen während meines Aufenthalts in den Bezirken von Kilburn Priory sind aber nur Streiflichter, denn während dieser »Höhlenmensch-Periode« kam es in meinem Leben zu wichtigen Veränderungen, und zwar durch drei neue Kontakte, die mir einen gewaltigen Auftrieb gaben: John Coates, der Tenor aus Yorkshire, hörte und engagierte mich; Solomon, der wunderbare Mensch und große Pianist, lernte mich kennen und schenkte mir seine Freundschaft; und schließlich besuchte ich zum erstenmal die Grammophone Company und begann Aufnahmen zu machen.

Die erwähnte Konzert-Tournee durch die britischen Inseln, zu der ich mich trotz der Einwendungen Max Mossel's, ganz gegen die gute Sitte, engagieren ließ, machte ich mit Peter Dawson. Wir wurden gute Freunde, und er engagierte mich bei jeder möglichen Gelegenheit. Peter, mit seinem kräftigen Körperbau und seiner rötlichen Gesichtsfarbe, war der Typ eines Mannes, der sich draußen im Freien am wohlsten fühlt. Das entsprach seiner Natur, und es kam auch in seinem Gesang zum Ausdruck. Er gab wohl ein bis zwei Liederabende in der Wigmore Hall mit mir, an denen er Schubert, Brahms und die guten englischen Lieder sehr überzeugend sang, aber sein eigentliches Gebiet war die Ballade – ›Songs of the Sea‹, ›The Open Road‹, ›The Floral Dance‹. Niemand, glaube ich, konnte sie besser singen als er mit seiner schönen, männlichen Stimme und seiner guten Technik, die er, dank seinem früheren Unterricht bei Sir Charles Santley, besaß. Diese unkomplizierten Gesänge lagen ihm auf eine ganz natürliche Art, ohne daß er lange darüber nachdenken oder viel Zeit für das Studium aufwenden mußte. Er war, vielleicht mit Ausnahme von John McCormack, einer der besten Blattleser, den ich je unter den Sängern kennenlernte. Wenn er die Noten eines neuen Liedes zur Hand nahm, erfaßte er sofort die wesentlichen Züge desselben und war auch schon zur Aufführung oder Grammophon-Aufnahme bereit. Es läßt sich darüber streiten, ob Lieder dieser Art es wert seien, viel Zeit an sie zu verschwenden, aber man muß zugeben, daß ein Sänger, der es wagt, sie so unbekümmert aus dem Stegreif vorzutragen, mit Gewandtheit und Selbstvertrauen begabt sein muß.

Peter war glücklicher, wenn er mit allem möglichen herumtrödeln konnte, als beim Üben; er fand es herrlich, seinen Tag mit Bastelarbeiten in Haus und Garten zu verbringen oder ein Schränkchen zu zimmern. Mit Fleiß und einer reiferen Auffassung hätte er ein ernsthafter Künstler werden können, so aber wurde ein Varieté-Star aus ihm, der rasch und leicht zu Erfolg kam. Ich spielte mehrere Male für ihn im *London Palladium,* und wenn ich dort im Künstlerzimmer, das nicht komfortabler war als eine Waschküche, meinen Aufruf erwartete, kamen mir leise Zweifel, ob ich hier irgendwie vorankäme. Es war aber eine ganz gesunde und strenge Schule, die mir keineswegs schadete – ausgenommen im *Palace of Varieties* in Birmingham, wo ich mein Wochen-Engagement mit einer verletzten Schulter beendete. Im gleichen Programm mit uns trat eine Gruppe von Ringern auf, mit denen wir uns recht gut befreundet hatten und deren Possen und Kapriolen wir aus der Kulisse mit offenem Munde bestaunten. Eines Abends stand ich da, vertieft in den Anblick zweier Riesen, die wie ineinander verknotet waren, als mich von hinten ein kleiner japanischer Jiu-Jitsu-Künstler – nur halb so groß wie ich – packte und über seinen Kopf warf. Lachend und äußerst höflich stellte er mich dann wieder auf die Füße. Es war alles nur Spaß gewesen, und nach einer Woche spürte ich fast nichts mehr.

Der englische Sänger, der mir zu jener Zeit mehr Eindruck machte als irgendein anderer, war John Coates, der Tenor aus Yorkshire. Ich hatte einige Male Gelegenheit, ihn zu hören, als er, brillant begleitet von Berkeley Mason, eine Reihe von Liederabenden in der Chelsey Town Hall gab. Die beiden waren ein merkwürdiges Paar; der Sänger mit seinem pausbäckigen, lächelnden Gesicht, der Begleiter melancholisch, düster und mager. Gab es je einen Sänger, der ein größeres Repertoire hatte als *Arch-Chanter John* , wie Sir Edward Elgar ihn titulierte? Er war gleicherweise zu Hause bei Liedern von Beethoven, Schubert und Schumann wie bei den frühen englischen Liedern von Arne, Byrd und Purcell; er meisterte die Gesänge von Bax, Ireland, Howells, Warlock ebenso wie die der jüngeren Schule, und die Lieder von Weckerlin, Bruneau, Lully flossen ihm so leicht aus der Kehle wie die von Fauré und Duparc. In Deutschland galt er als der ideale Siegfried und Lohengrin. Er sang viele Rollen im königlichen Opernhaus Covent Garden unter Sir Thomas Beecham, und es ist eine Streitfrage, ob er oder Gervase Elwes der beste Gerontius jener Zeit war.

Eines Tages sagte mir Peter Dawson bei der Probe, Coates habe mich spielen hören und den Wunsch geäußert, ich solle ihn in seinem Haus in Chelsea besuchen. Damit begann eine langwährende Gemeinschaft. Während vier oder fünf Jahren hatte Coates keinen anderen Begleiter als mich. Gemäß unserer Vereinbarung stand es mir frei, andere Engagements anzunehmen, sofern ich Coates vorher fragte. Dies war die engste Verbindung, die ich je mit einem einzelnen Partner eingegangen bin. Viele Künstler – Jascha Heifetz, Isaac Stern, Marian Anderson – haben kontraktlich gebundene Begleiter, die mit niemand anderem spielen. Zweifellos ist es für den Begleiter lohnend, denn sonst würde er einen solchen Vertrag nicht abschließen, mir aber scheint, er werde dadurch beinahe zum Eigentum des Partners. Dem Geiger oder Sänger paßt ein solches Abkommen wohl, wenn auch der Wirkungskreis des Pianisten dadurch begrenzt wird. Ein freier Begleiter hingegen studiert nicht nur die Programme eines einzelnen, sondern Dutzender Künstler, und er beschränkt sich nicht auf Violinmusik oder das Programm eines bestimmten Sängers; sein eigenes Repertoire wird riesengroß – Sänger und Instrumentalisten aller Schulen gehen durch seine Hände, und sein Geist nimmt alle diese Eindrücke auf. Gewiß, das bedeutet harte Arbeit, aber der Horizont dieses Begleiters wird dadurch unermeßlich erweitert und sein Repertoire und seine Interessen werden in hohem Maße bereichert.

Obwohl der Weg schwierig war, betrachte ich meine Zeit mit John Coates als die wertvollste in meinem musikalischen Leben. Er lehrte mich alles, was ich vom Begleiten weiß. Zwar selbst kein Pianist, war er dennoch fähig, mir den Sinn des Klavierparts zu erklären und mir beizubringen, wie ich ihn in meinem Spiel ausdrücken sollte. Er lauschte aufmerksam und kritisch auf jede Note in meinem Part. Es war eine harte Schule, und er konnte nach zwei Stunden angespannten Studiums sagen, jetzt sei es Zeit, mit der Arbeit zu beginnen. »Sie spielen das, als ob Sie noch nie verliebt gewesen wären«, oder »Haben Sie denn gar keine Lebenslust?« oder »Das ist böse – pures Gift, und bei Ihnen klingt es wie Grießbrei!« Mit beißendem Hohn schleuderte er mir solche Bemerkungen ins Gesicht. So manches Mal wollte ich gegen seine scharfe Zunge aufbegehren, aber gottlob hielt ich durch.

Coates hatte mich ursprünglich ausgewählt, weil Berkeley Mason durch Verpflichtungen in England verhindert war, eine geplante Tournee nach USA mitzumachen. Deshalb nahm ich Mason's Platz schon ein Jahr vor dieser Tournee als Begleiter von Coates ein. Er versäumte auch keine Gelegenheit, mir unter die Nase zu reiben, daß ich nur ein Lückenbüßer sei.

Im Laufe dieses Jahres hatte Coates mich in einen derart nervösen Zustand versetzt, daß ich am Anfang eines Konzerts kaum in der Lage war, die Einleitung des einfachsten Liedes ohne falsche Noten zu spielen; meine Hände zitterten wie im Fieber, meine Absätze klapperten auf dem Fußboden. In dieser Verfassung wurde mir das Klavierspielen zur Qual. Während er sich nach dem ersten Lied vor dem Publikum verbeugte, konnte er sich zu mir umwenden und mich lächelnd mit unbewegten Lippen, aber einem bösen Funkeln in den Augen, nur für mich wahrnehmbar, anfauchen: »Wach doch auf, Mensch, was ist denn los mit dir?« Bleich saß ich da und fragte mich, was wirklich mit mir los sei. Doch zu meiner Überraschung erhielt ich für mein Begleiten sehr wohlwollende Bemerkungen in der Presse. Wenn ich das zu meiner Verteidigung Coates gegenüber schüchtern erwähnte, schnaubte er vor Entrüstung: »Die Kritiker! Was die schon davon verstehen!« Was Besucher im Künstlerzimmer betreffe, ihr Lob sollte einem zu dem einen Ohr herein- und zum anderen wieder hinausgehen. »Jeder, der nach dem Konzert zum Künstler kommt, *muß* doch etwas Nettes sagen.«

Wie konnte ich nur als Fünfundzwanzigjähriger mit irgendeinem Anspruch auf Männlichkeit diese Behandlung hinnehmen. Notwendigkeit! Die Notwendigkeit schwang ihre Peitsche ebenso grausam wie Coates seine Geißel. Ich hatte Angst zu versagen. Ich fühlte, dies war meine Chance, mich zu bewähren; ergriff ich sie nicht, so war ich verloren.

Natürlich hatten wir monatelang wie verrückt an den einhundertundfünfzig Liedern, die wir nach Amerika nehmen wollten, gearbeitet. Sogar am Abend, bevor wir uns einschifften, begaben wir uns nach einer halbstündigen Radiosendung in Savoy Hill (B.B.C.) in ein anderes Studio des Gebäudes zu einer hektischen Probe und wären wahrscheinlich die ganze Nacht an der Arbeit geblieben, wenn Coates freie Hand gehabt hätte. Glücklicherweise mußten wir aufhören, als ein besorgter Beamter unsere Anwesenheit entdeckte, denn der Raum war nicht schalldicht, und unsere Musik drang in das angekündigte Programm ein; die Hörer an ihren Detektorempfängern fragten sich, was um alle Welt da los sei.

Die Neigung zu einer chronisch verstopften Nase war ich seit meiner Jugend nie ganz losgeworden. Unsere englische Vorliebe für Durchzug, für Badezimmer wie Kühlschränke, für Autobusfahrten auf Deck (die Autobusse waren damals allen Elementen ausgesetzt, und ich liebte London so sehr, ich saß bei Regen, Schnee und Nebel dort oben, alles in mich einsaugend – Sommer wie Winter –, was einem Todeskuß gleichkam), dazu die tausend anderen Möglichkeiten, mit denen wir das Unheil heraufbeschwören, machten mich anfällig für Erkältungen. Und ich war von einem besonders üppigen und geräuschvollen Schnupfen befallen, als ich den Laufsteg unseres Amerika-Dampfers hinaufkletterte. Coates war entsetzt, und mit Recht. Da war ein Sänger im Begriff, auf Konzert-Tournee zu gehen mit einem Begleiter, der ihm vielleicht großzügig gefährliche Bazillen übertrug. Ein

Sänger mit einer Erkältung taugt nichts, und wenn er darüber hinwegzusingen versucht, riskiert er, mehrere Wochen lang indisponiert zu sein. Er ist wie ein Läufer mit einem verstauchten Knöchel – hilflos. Und wenn ich der größte Pianist der Welt wäre, erklärte mir Coates, kein Sänger würde es um sich dulden, daß ich ständig nieste und hustete. Coates traf jedenfalls alle Vorsichtsmaßnahmen. Im Speisesaal hatten wir zu zweit einen Tisch für vier Personen – wir saßen uns nicht direkt gegenüber, ich sah ihn nur aus dem Augenwinkel, so, wie der Bauer den Springer auf dem Schachbrett. Aber wie jede Strafpredigt von Coates nahm ich mir auch diese sehr zu Herzen, und zur Beruhigung aller Sänger, die vielleicht Angst hätten, mit mir in Kontakt zu kommen, erkläre ich, daß mein Zustand nicht mehr gefährlich ist. Ich bin so vorsichtig, als wäre ich selbst ein Sänger, und beim geringsten Anzeichen einer Erkältung benehme ich mich höchst unenglisch; ich sage nicht lässig, »was sein muß, muß sein«, nein, ich kämpfe auf Tod und Leben dagegen an, und im allgemeinen recht erfolgreich.

Auf hoher See probten wir täglich miteinander im Salon, und wenn wir nicht probten, übte ich für mich allein. Gleichgültig, ob sich zwei oder drei Zuhörer einfanden, die Arbeit ging weiter und ich wurde in ihrer Gegenwart verbessert oder so gescholten wie ein kleiner Junge. Das Meer war stürmisch, und der alte Kahn, auf dem wir Weihnachten feierten, wurde leck und bekam erheblich Schlagseite. Mit dreitägiger Verspätung lahmte er an der Freiheitsstatue vorbei in den Hafen. Hätten wir Schiffbruch erlitten, dann wären wir bei den Klängen unserer Probe untergegangen.

In jeder Stadt, die wir auf dieser Amerika-Kanada-Tournee besuchten, konnte man mich sehen, wie ich stets mit gleicher Regelmäßigkeit den ganzen Ort nach Coates' Lieblingsmixtur gegen Grippe abtrabte – ohne sie je zu bekommen –, mich dann direkt an ein Klavier begab, sei es im Hotel, im Konzertsaal oder in irgendeinem Studio, und fieberhaft übte. Denn jetzt hatte ich gelernt, unter allen Verhältnissen zu üben. Ich konnte in einem Saal spielen, wo ein Staubsauger ebensoviel Getöse vollführte wie ich, wo quietschende Stühle herumgeschoben wurden, wo Bühnenarbeiter oder Portiers mich neugierig anstarrten und versuchten, mich in ein Gespräch zu ziehen.

Frische Luft schöpfte ich nur, wenn ich, wie gesagt, durch Schnee und Matsch zu allen Apotheken Nordamerikas wanderte, um Medikamente oder Vorbeugungsmittel für den Meister aufzutreiben. Diese Laufereien zu den Apotheken verdrossen mich aber höchstens, weil sie mich vom Klavier fernhielten. Coates war damals schon ein hoher Sechziger, und das war ein respektables Alter für einen Sänger, der eine so anstrengende Konzert-Tournee unternahm.

Sein ungeheurer Erfolg beweist, daß er eine wunderbare Gesangstechnik besaß. Aber auch seine Vitalität war gewiß erstaunlich, denn sein Elan und seine Kraft schienen grenzenlos zu sein. Pianisten und Geiger haben wohl in noch höherem Alter als Coates Konzert-Tourneen unternommen, aber nicht viele Sänger; ich kenne bestimmt keinen Künstler, der in einem so späten Lebensabschnitt etwas unternahm, das in jeder Hinsicht einem Debüt gleichkam, denn es war seine erste Tournee durch ganz Nordamerika, aber trotz begeisterter Kritiken (»rave notices«, wie man sie in Amerika nennt) auch seine letzte.

Obwohl ich unter der eisernen musikalischen Disziplin von Coates ächzte, war ich ihm doch treu ergeben und tat, was ich zu seiner Bequemlichkeit beitragen konnte; ich kümmerte mich um alle Reisevorbereitungen, um das Gepäck, um die Trinkgelder, und wir hielten große Abrechnung, nachdem wir es uns in unserem Sonderabteil des Pullmanwagens bequem gemacht hatten.

Ich übernahm auch die Rolle des Zerberus. In beinahe jeder Stadt, besonders in Kanada, gab es eine »Society of Yorkshiremen«, und die Landsleute Coates' waren begierig, den berühmten Sohn der Stadt Bradford zu sehen und zu sprechen. Das wuchs sich zu einem wahren Problem aus, denn sie verfolgten Coates mit der für sie charakteristischen, gut gemeinten Zähigkeit. In Winnipeg hatte Coates, nach einer langen Bahnreise von Chikago her erschöpft und ausgefroren, beschlossen, den Tag des Konzerts im Bett zu verbringen. Ich saß im Wohnzimmer, das unsere beiden Schlafräume verband, bediente das Telephon und wies Presseleute und Besucher ab.

Ein Mann aus Bradford rief zwischen Morgen und Mittag sechsmal an und behauptete, er sei ein alter Freund und er lasse sich nicht abweisen. Vergebens machte ich geltend, Coates sei krank und müsse seine Kräfte für das anspruchsvolle Programm von heute abend schonen. »Es ist seine Pflicht, mich zu empfangen, und meine, ihn zu besuchen«, beharrte der Mann. »Ich werde nachmittags vorbeikommen.«

Ich flehte den alten Herrn an, seinen Besucher im Bett zu empfangen, doch davon wollte er nichts wissen. Er stand auf – badete – rasierte sich – zog sich an und plauderte mit seinem alten

Freund eine Stunde lang. Als er ihn endlich zur Tür begleitete, hörte ich ihn den Gast fragen, ob er abends ins Konzert käme. Die Haare standen mir zu Berg, als dieses rücksichtslose Ekel, ohne sich zu entschuldigen, antwortete, er werde es versäumen müssen, weil er heute abend Schiedsrichter bei einem Billardspiel in seinen Klub sei. Das fand ich die Höhe. Als Coates ruhig die Tür schloß, bemerkte er meine Wut, und die komische Seite der Angelegenheit dämmerte ihm. Er ließ sich behutsam auf den Boden nieder, lehnte sich mit dem Rücken gegen die Türe und zwinkerte mir zu.

»Wie lange kennen Sie diesen alten Freund schon?« fragte ich.

»Wir waren nicht einmal miteinander bekannt«, flüsterte Coates aus seiner Ruhestellung heraus, »aber er teilte mir mit, er habe mich, als ich ein Junge von fünfzehn Jahren war, in Bradford oft in der Straßenbahn gesehen.«

Diese an sich belanglose Episode ist sehr bezeichnend für die Verständnislosigkeit des Laien für die Arbeit des Künstlers. Aus vielen Bemerkungen, die ich hörte, schließe ich, daß man sich im allgemeinen das Leben eines Musikers etwa folgendermaßen vorstellt: morgens steht er spät auf, geht mittags ein wenig spazieren, speist in seinem Klub, nachmittags ruht er sich aus und begibt sich am Abend gemächlich in sein Konzert. So einfach ist das. Nur wenige Leute außerhalb der Musikwelt – ja, nicht einmal Manager oder Konzertunternehmer – haben eine Ahnung von den mühseligen Vorbereitungen, der nervenaufreibenden Spannung und all den Problemen des öffentlichen Auftretens.

Als wir nach England zurückkehrten, waren die Beziehungen zwischen Coates und mir viel freundschaftlicher geworden. »Die Amerika-Tournee«, vertraute er mir an, »sollte Sie entweder umbringen oder heilen, und ich glaube, die Kur hat gewirkt.« Man nannte ihn nicht vergebens den »Chelsea Potter« (den Töpfer aus Chelsea). Andere Tenöre behaupteten von ihm, daß er sogar ein schlechtes Lied überzeugend singen könne, ein roher Stein werde unter seinen Händen zum Edelstein. Ich will nicht behaupten, ein Edelstein zu sein, aber Coates hat mich gewiß umgeformt.

Wenn ich mit einem einzigen Wort alles, was Coates mich lehrte, ausdrücken sollte, würde ich sagen – arbeiten.

Als ich den großen Mann im Jahre 1925 kennenlernte, war ich ein Begleiter mit einiger Erfahrung. Ich konnte ganz gut Balladen begleiten oder für Aufnahmezwecke auf die Tasten hämmern. In der Tat war ich nur ein durchschnittlicher Begleiter und mein

Niveau nicht höher als das der Pianisten, die man im Durchschnitt der Konzerte heutzutage hören kann. Die Kritiker nannten mich »einfühlsam«, »diskret«, »fähig«. Auch jetzt noch verleihen sie mir gelegentlich diese Epitheta, was nur zeigt, daß entweder sie oder ich nicht viele Fortschritte gemacht haben.

Jedoch für *Arch-Chanter John* war ein durchschnittlicher Begleiter nicht ausreichend. Er nahm mich ganz gewaltig in die Kur. Er erhob die Begleitung zu einem eigenen, machtvollen Gesang von tiefer Bedeutung. Er lehrte mich, mir selbst angespannt, mit nie erlahmender Konzentration zuzuhören. Ihm verdanke ich meine heutige Technik.

Der große Künstler Coenraad V. Bos erzählt in seinem Buch ›The Welltempered Accompanist‹, daß er in jungen Jahren Raymond von zur Mühlen begleitete und dieser ihm nach den ersten Konzerten weder Lob noch sonst eine Aufmunterung spendete, sondern ihn im Gegenteil streng kritisierte. Nach dem fünften Konzert sagte er zu Bos: »Heute müssen Sie gut gespielt haben, denn ich merkte nichts von Ihnen.«

Coates hätte niemals eine so überhebliche Äußerung getan. Für ihn war der Begleiter ein Partner, der die Stimmung des Komponisten mit ihm teilte. Freude, Trauer, Leidenschaft, Jubel, Heiterkeit, Zorn mußten von beiden Künstlern erlebt werden. Wie kann der Sänger eine Gemütsbewegung auf den Zuhörer übertragen, wenn der Begleiter, sich selbst völlig in den Schatten stellend, an der Handlung nicht teilnimmt. Ein Begleiter, der sich hauptsächlich durch Bescheidenheit und Zurückhaltung auszeichnet, wäre für Coates unbrauchbar gewesen. Auch ich habe für einen solchen nichts übrig. Der Begleiter muß eine Quelle der Inspiration sein und seine Kunst bei den wundervollen Vor- und Nachspielen ausstrahlen lassen. Ihr heiterer Glanz oder ihre Leidenschaft soll dem Sänger etwas sagen, seine Phantasie entfesseln und befeuern. Der gute Sänger, behaupte ich, schenkt der Begleitung – weit davon entfernt, sie nicht zu bemerken – seine ganze Aufmerksamkeit und vertraut sich ihr an. War es möglich, daß ein so vortrefflicher Künstler wie von zur Mühlen die Begleitung von ›Erlkönig‹ oder überhaupt irgendeines Schubert-, Schumann-, Wolf- oder Brahms-Liedes tatsächlich nicht bemerkte? Natürlich nicht, und in diesem Ton sprach er nur von der Höhe seines eigenen Ichs herab, um die wichtige Rolle des jungen Kollegen herabzusetzen und die eigene Stellung als Meistersinger dem ehrfürchtigen Lehrling gegenüber zu behaupten. Die Tatsache, daß Bos dieses Erlebnis in einem Buch, das gegen Ende seiner langen, ehrenvollen und ausgezeichneten Karriere herauskam, erzählt, beweist an sich schon die Bescheidenheit und den lauteren Charakter des Autors. Wenn ich mich selbst mit Coeny, wie ihn seine Freunde nannten, vergleiche, wird mir klar, daß er ein weitaus netterer, sanfterer Mensch war als ich. Aber das haben meine Leser wohl schon erfaßt.

Die Partnerschaft zwischen Coates und mir löste sich auf wegen einer Meinungsverschiedenheit über zwei oder drei Guineas. Miss Gladys Crook von der *Imperial Concert Agency* engagierte uns für ein Konzert in der Grotrian Hall. Mr. Coates (er blieb immer Mister Coates für mich) war inzwischen nach Northwood, fünfzehn Meilen von London entfernt, übersiedelt. Er taufte sein Haus »The Coterie«, und dorthin mußte ich fahren, um mit ihm zu proben. In dem geplanten Konzert hatte Coates zwei Gruppen von Liedern zu singen und ich, außer ihm, die Geigerin May Harrison und einen anderen Sänger, dessen Name mir entfallen ist, zu begleiten. Mein Honorar betrug etwa zehn Guineas. Ich sagte Mr. Coates, daß mir zwei Proben genügen würden, er aber antwortete: »Genügend für Sie, aber nicht für mich; ich werde mir für die Extraproben einen anderen Pianisten bestellen müssen, den Sie von Ihrem Honorar zu bezahlen haben.« Damit war ich nicht einverstanden, und das war unser letztes gemeinsames Konzert. Wir stritten nicht darüber, aber ich konnte einfach die Zeit nicht aufbringen, zweimal wöchentlich nach Northwood zu fahren, denn jetzt hatte ich in vielen anderen Konzerten zu spielen: mit Albert Sammons, dem ersten Geiger Englands, mit Beatrice Harrison, einer hervorragenden Cellistin, und mit vielen anderen prominenten britischen Sängern. Dazu eröffnete sich mir die Aussicht, vielleicht den großen Fedor Schaljapin zu begleiten, eine Aussicht, die einem jungen Mann in den Zwanzigern noch angst machte.

Ich bedaure es immer noch, daß die langjährige und für mich so wertvolle Partnerschaft mit Coates an ein paar lumpigen Guineas zum Scheitern kam.

Wenn wir auch ungefähr ein Jahr lang nichts voneinander hörten, bestand kein Groll zwischen uns, und ich war überzeugt davon, daß wir im Herzen gute Freunde blieben. Um so mehr war ich entzückt, als er mich – vor meiner Abreise auf eine Südafrika-Tournee mit der Geigerin Marie Hall im Jahre 1929 – einlud, mit ihm im Savile Club zu speisen und von alten Zeiten zu plaudern.

Coates' Familienleben verlief harmonisch. Er hatte eine bezaubernde Frau, prächtige Söhne und Töchter, und doch würde ich ihn nicht als einen glücklichen Menschen bezeichnen. Sein Humor war oft überschäumend, aber ein Fehlschlag wie sein verlorener Prozeß gegen die *Performing Rights Society* (Gesellschaft für Aufführungsrechte) lastete jahrelang auf seinem Gemüt. Der Kernpunkt dieses Rechtsstreites lag darin: Coates fand es ungerecht, daß er für das Privileg zahlen sollte, ein Lied in der Öffentlichkeit zu singen, das er vom Komponisten im Manuskript erhalten hatte. Denn eben die Tatsache, daß er es singen wollte, bewog den Verleger, das Lied herauszugeben. Die Prozeßkosten waren hoch, und Harry Plunket Greene sowie einige andere Sänger boten Coates an – obwohl sie nicht seiner Meinung waren –, sich daran zu beteiligen. Doch dieser wollte davon nichts wissen, und die Angelegenheit kam ihn teuer zu stehen. Während Ben Davis, der als Künstler dem Vergleich mit Coates nicht standhielt, sich durch das Leben lachte, quälte dieser sich ab. Er machte sich Sorgen wegen seiner Arbeit, seiner Stimme, seiner Proben. Vielleicht ist ein echter Künstler nie frei von Qual. Coates war über dreißig Jahre alt und schon ein berühmter Bariton, als er sich entschloß, ein Tenor zu werden. Er hatte den Mut, alle Verträge zu kündigen, sich mit aller Energie dem Studium der Tenorpartien hinzugeben und seine Karriere in der Oper, im Oratorium und im Liedgesang ganz von vorne zu beginnen. Dann, als der Liebe, Gute die Siebzig überschritten hatte, sehen wir ihn von neuer Sorge geplagt. Er holte seine alten Opernkostüme hervor und begann eine Abmagerungskur, mit der verstiegenen Idee, wieder in Opern aufzutreten. Sein Körper streikte trotz seiner glänzenden Verfassung, und Coates erkrankte an Anämie. Im Jahre 1940 lag er auf dem Sterbebett, tief bekümmert darüber, gar nichts tun zu können, um seinem geliebten England im Kampf um die Existenz beizustehen. (Im ersten Weltkrieg hatte er mit Auszeichnung gedient, obwohl er damals schon über das Militärdienstalter hinaus war.) Während er jetzt so hilflos dalag, versuchte ich, in einem halbstündigen Radiovortrag und mit Hilfe einiger seiner Grammophonplatten, meine ganze Dankbarkeit für diesen Mann auszudrücken. Er hörte mir zu und diktierte seiner Tochter einen Brief, den er mit zitternder Hand unterschrieb.

Mein lieber Gerald, 14. Juli 1940

ich danke Ihnen für die große Freude, die Sie mir bereiteten, und die reizende, edelmütige Weise, in der Sie von mir sprachen. Ich bin tief gerührt darüber, was Sie mir gewiß glauben werden. Ihr Spiel kommt wundervoll heraus. Ich kann nur sagen, es war vollkommen zufriedenstellend – sogar *ich* war befriedigt; Sie sind *facile princeps*. Besseres Begleiten kann ich mir nicht vorstellen, es war in jeder Hinsicht herrlich.

Leider bin ich sehr krank und zu schwach, um selbst zu schreiben, aber Dorothy schreibt nach meinem Diktat. Ich bin schon seit vielen Monaten nicht mehr ausgegangen. Ich bin so schwach, daß ich kaum sprechen kann, vom Singen ganz zu schweigen. So hüte ich nur sorgfältig die Erinnerung an die glücklichen Tage gemeinsamer Arbeit. Große Tage, Gerald, und gute Arbeit. Aber das ist lange her. Ihnen viel Glück und Dank dafür, daß Sie mich von dieser Radiosendung verständigt haben. Ich hätte sie um nichts in der Welt versäumen wollen. Ich bin stolz darauf, daß sie mir gewidmet war.

Bleiben Sie bei der Stange, mein lieber Gerald.

Immer der Ihre,
John Coates

Solomon

Etwa ein Jahr nach dem Ende des Ersten Weltkriegs gründete E. A. Michell, ein Konzertagent und Impresario, die Gesellschaft »The Pianoforte Society«. In jeder Saison wurden ungefähr sechs Wigmore Hall-Konzerte gegeben, und die dazu engagierten Solisten waren von höchstem Rang: Moritz Rosenthal, Emil Sauer, Artur Rubinstein, Josef Hoffman, Alfred Cortot, Youra Guller und ein noch sehr jugendlicher Londoner namens Solomon. Das Spiel und die Persönlichkeit dieses jungen Mannes machten auf mich den tiefsten Eindruck, und ich besuchte seine Konzerte in London, wann immer ich konnte. Als Michell bemerkte, was für ein getreuer Anhänger ich war, fragte er mich eines Tages, ob ich Lust hätte, den Künstler nach dem Konzert kennenzulernen. Nachdem das Eis gebrochen war, machte ich es mir zur Gewohnheit, nach jedem Auftreten von ihm ins Künstlerzimmer zu gehen, um dem höchst bemerkenswerten Manne die Hand zu drücken. So entstand vor nahezu vierzig Jahren eine Freundschaft, die mit dem Alter gereift ist.

Zuerst muß ich von Solomons pianistischen und künstlerischen Fähigkeiten sprechen, denn diese waren es, die mich anfänglich zu ihm hinzogen.

Hier war nach meiner Meinung ein Künstler, der die Überlegenheit Schnabels, die Feinheit Giesekings und den Elan Rubinsteins besaß. In seinem Spiel war keine Spur von dem, was man heute »Schaustellkunst« nennt, zu finden, auch suchte er nicht, der Musik seine eigene Persönlichkeit aufzuprägen. Da war keine Spur von »das ist *mein* Bach oder *mein* Beethoven«. Er war der Vermittler zwischen Komponist und Zuhörer. Wenn man ihn Beethoven spielen hörte, die Hammerklavier-, die Waldsteinsonate oder die Appassionata, schien es kaum glaubhaft, daß derselbe Pianist auch Mozart spielte, so differenziert war seine Auffassung. Von erlesener Feinheit bei Scarlatti und Haydn, war er wie verwandelt, wenn er im d-Moll-Konzert von Brahms donnernde Oktavtriller spielte. Er stellte sich ehrfurchtsvoll in den Dienst des Musikschöpfers, und man hörte die Botschaft ohne Verzerrung, eine Botschaft, geformt durch den Geist, das Herz und die Finger eines vollkommen ausgeglichenen Menschen und Künstlers.

In meiner ganzen Laufbahn bin ich keinem Menschen begegnet, der so frei von Manieriertheit und Überspanntheit war wie er. Seine Einstellung zur Musik war ausnehmend normal. Von der fieberhaften Art, die bei Horowitz oft so packend sein konnte, war bei Solomon nichts zu finden, sie hätte ganz und gar nicht zu ihm gepaßt.

Nicht ohne reifliche Überlegung schrieb ein angesehener Kritiker der ›Times‹ über Solomon: »... man könnte sich keine würdevollere und göttlichere Interpretation des himmlischen d-Moll-Konzertes von Brahms wünschen. Mr. Solomon legte das ganze Werk in einem riesigen Bogen an, den er mühelos ausfüllt ... Interpretation auf dieser hohen Ebene ist im Grunde der Kunst des Komponierens gleichzusetzen – ist *schöpferische Musik.«* (Die Kursivschrift stammt von mir.)

Diese wenigen Sätze charakterisieren zusammenfassend die Kunst Solomons. Er veranschaulichte in seinem Spiel die Verwandtschaft der Architektur mit der Musik. Seine Auffassung besaß den Geist der Echtheit und trug den Stempel des Bleibenden und wahrhaft Gültigen. Wenn einem Künstler heutzutage Ehrlichkeit zugeschrieben wird, erregt es Mißtrauen, denn diese Tugend scheint gleichbedeutend zu sein mit Sturheit, Langweiligkeit und Mangel an Phantasie. Gut also, dann will ich mich anders ausdrücken und sagen, daß Solomon's Spiel von Wahrheit und Aufrichtigkeit beseelt war. Es war frisch, kraftvoll und durchsichtig. Seine Einstellung zur Musik – und, wie ich später entdeckte, zum Leben – war so klar und entschieden, daß seine Finger, gehorsame Diener seines Geistes, genau vermittelten, was er im Sinn hatte.

Und was für Finger! Technik verlangt, wie ich bereits sagte, mehr als bloße Geläufigkeit – aber es gibt wenig Pianisten auf der Welt, die sich mit Solomon in der Beherrschung der Klaviatur messen könnten. Alles, was er spielte, schien mühelos zu sein. Wenn er – und das ist nur eine persönliche Ansicht – im Anfang seiner zwanziger Jahre mit dem Kraftüberschuß eines Riesen schnelle Sonatensätze *zu* schnell nahm wie ein Rennpferd, das durchgeht, so war das nur eine Phase, durch die ein junger Virtuose hindurch muß. Solomon erlangte bald die Reife des edlen Meisters, als den wir ihn heute kennen.

Viele Leute in verschiedenen Erdteilen haben sich dahin geäußert, daß er der beste Spieler von Klavierkonzerten sei, den sie je gehört hätten. Er beherrschte die Kunst, den Klavierton mit dem des Orchesters zu verschmelzen, sei es in einem heroischen Satz oder im zartesten *cantabile* eines Mozart-Konzerts. Er ließ sich nur von der Musik leiten, horchte auf das, was um ihn herum vorging und wurde eins mit dem Dirigenten und den Kollegen im Orchester.

Auch sein Spiel in der Kammermusik wurde dadurch so köstlich. Mir ist bekannt, daß es für Lionel Tertis kein größeres Glück gab, als mit Solomon zu musizieren, und die Glücklichen, die bei den Edinburgher Festspielen 1955 das Trio Solomon, Francescati und Fournier hören durften, werden sich ihr Leben lang daran erinnern. Diese Trios wurden mit ganz offenem Klavierdeckel gespielt – ich erwähne dies zum Nutzen jedes Geigers und Cellisten, die vielleicht diese Zeilen lesen –, der Tonausgleich war vollkommen.

Weder als Künstler noch als Mensch ist Solomon einer Unaufrichtigkeit fähig. Einmal verließ ihn beim letzten Satz des Klavierkonzerts von Arthur Bliss, das er schon oft gespielt hatte, das Gedächtnis. Es war in einem *Promenade Concert* in der Royal Albert Hall in London. Unwillkürlich warf er die Hände in die Luft und hörte zu spielen auf. Mancher Pianist wäre weitergeschwommen, hoffend, daß das Publikum es nicht merke, und hätte auf irgendeine Hilfe vom Orchester her gewartet; aber nicht Solomon. Sir Adrian Boult, der das Orchester leitete, rief den Musikern sofort seine Anweisung zu, und nach einer ganz kleinen Unterbrechung begannen sie nochmals an einer vorhergehenden Stelle, und diesmal nahm Solomon die Hürde.

Ich glaube nicht, daß ich mit dem Erzählen dieser Episode meinen Helden herabsetze, denn jeder Künstler erlebt – früher oder später – einmal irgendein Mißgeschick, und das ist keine Schande. Ich weiß, daß Solomon damals darüber ganz außer sich war, aber auch voll Dankbarkeit und Bewunderung für Boult's Schnelligkeit und Geistesgegenwart.

Solomon ist der Künstler, zu dem ich als meinem Ideal aufschaue. Es ist »Solo« – wie sein Name so hübsch und passend abgekürzt wird –, dem ich mich als Pianist nachbildete. Und man darf nicht meinen, daß es für einen Begleiter unangemessen sei – wären seine Bestrebungen noch so hoffnungslos –, sich einen großen Virtuosen zum Vorbild zu nehmen; er möchte doch sein Instrument so schön als möglich spielen, auch wenn er sein Schönheitsideal bei weitem nicht erreicht.

Die »Weisheit Salomos« ist für mich kein leeres Wort, denn während vier Dezennien bin ich zu Solo gelaufen, wenn ich in Not war, und habe mich manchmal sogar in Honorar- und Kontraktfragen mit ihm beraten. Man holt sich ja oft einen Rat, um ihn dann nicht zu befolgen. Ich aber ließ mich fast immer von Solomons Anweisungen leiten und fand sein Urteil unfehlbar. Noch mehr aber erstaunt mich die Raschheit seiner Entschlüsse; er dringt sofort zum Kernpunkt eines Problems vor und bildet sich im selben Moment eine Meinung. Einem unentschiedenen, wankelmütigen Menschen erscheint das wie ein Wunder. Hier zwei Beispiele für die schnelle Reaktion Solomon's.

Als junger Mann probte er einmal ein Klavierkonzert mit dem Bournemouth Orchester unter der Stabführung Sir Dan Godfrey's. Da fuhr ihn ganz unvermittelt der Dirigent grob an, worauf Solomon sich sofort erhob und mitten im Stück Knall und Fall das Podium verließ. Verdutzt starrte Sir Dan einen Augenblick ins Orchester, dann jagte er hinter Solomon drein ins Künstlerzimmer, wo er sich, seinem großmütigen Charakter gemäß, überschwenglich entschuldigte. Er kam gerade noch zurecht, denn Solomon hatte schon Hut und Mantel genommen und machte sich bereit, mit dem nächsten Zug nach London zurückzukehren. Nach dieser Episode wurden die beiden gute Freunde, und Sir Dan, der eben auch volle Häuser liebte, engagierte Solomon bei jeder passenden Gelegenheit.

Einmal wurde Solomon aus heiterem Himmel von einer Dame, die auf Berühmtheiten Jagd machte, aus Hampstead angerufen. Sie war als »Musikmäzenin« bekannt, obwohl das, was sie *nicht* über Musik wußte, ein Buch füllen könnte. An einer ihrer Soireen sagte sie zu ihren Gästen: »Jetzt hören wir Leon Goossens, den Kreisler der Oboe« – und der Ehrengast war Mischa Elman! Solomon kannte die Dame nicht. Im Vergleich zu anderen englischen Pianisten erhielt er damals Honorare von astronomischer Höhe. Es entspann sich ungefähr folgendes Gespräch am Telephon:

»Am 1. Mai gebe ich eine Abendgesellschaft. Wollen Sie zum Dinner kommen und nachher für uns spielen? Ich kann Ihnen einen Spesenersatz von zehn Guineas anbieten.«

»Madame, alle meine Engagements werden durch meinen Agenten abgeschlossen, er wird Ihnen über mein Honorar und die Bedingungen Auskunft geben.«

»Aber Mr. Solomon, ich will nicht mit Ihrem Agenten sprechen – dies ist eine Privatsache. Alle Künstler spielen bei mir für einen Spesenbeitrag von zehn Guineas.«

»Aber wirklich, Madame, meine Spesen werden keineswegs zehn Guineas betragen; sie bestehen nur aus Taxifahrgeld von meinem Haus zu Ihrem und wieder zurück, das macht höchstens sechs Shilling aus. Ich schlage Ihnen vor, drei Alternativen ernsthaft zu prüfen, und zwar: entweder Sie zahlen mir sechs Shilling – oder mein übliches Honorar – oder Sie geben den ganzen Plan auf. Guten Tag.«

Solomon reiste von einem Ende des Landes bis zum andern, wenn es galt, einem Krankenhaus oder einem wohltätigen Unternehmen zu dienen, aber sonst ließ er nie einen Penny von seinem Honorar nach, es sei denn, er kannte und schätzte die Veranstalter persönlich. Ich glaube, alle Künstler, die so oft bedrängt werden, sollten sich an seiner Art, Belästigungen abzuschütteln, ein Beispiel nehmen.

Wenn ich ein wenig abschweifen darf, muß ich gestehen, daß ich mir über manche dieser Musikmäzeninnen den Kopf zerbreche. Oft sind es die nettesten, großzügigsten Menschen, aber warum machen sie die Musik zu ihrem Hobby und wünschen von berühmten Musikern umgeben zu sein, wenn sie doch offensichtlich weder Verständnis für Musik haben noch sich bemühen, etwas davon zu lernen. Emerald Lady Cunard packte einmal die Stradivarius von Ida Haendel bei den Saiten – wie man ein Paket aufhebt –, schwang sie in der Luft herum und wollte wissen, warum sie so kostbar sei. Und als in demselben Salon Sir Thomas Beecham mit einem Teil seines Orchesters vor einer großen Gesellschaft spielte, rief die Gastgeberin dem Dirigenten laut zu: »Sir Thomas, wann werden Sie uns das hübsche Stück von Delius, das Sie heute nachmittag geprobt haben, spielen?«

»Wir haben es soeben gespielt, meine Liebe«, lautete die Antwort.

Während des zweiten Weltkrieges gab Solomon Konzerte für die Kampftruppen in Indien, Burma, Nordafrika, Ägypten, Holland, Belgien, ebenso in zahllosen Lagern und Krankenhäusern in Großbritannien und Nordirland. Man erzählte mir, daß er in Nordafrika und sicher überall, wo er hinkam, sich nicht damit begnügte, am Abend im großen Saal für die Soldaten Konzerte zu geben. Tagsüber besuchte er vier oder fünf Krankenhäuser und spielte mit ganzer Hingabe auf einem verstimmten alten und abgespielten Piano, das gerade dastand – und die Betten und Rollstühle wurden hereingefahren und um ihn herumgestellt. Die drei Guineas Honorar, die er für seine großen Abendkonzerte erhielt (ob Solomon oder Sir Laurence Olivier oder eine junge, unbekannte Chorsängerin auftraten, das Honorar für diese Engagements betrug drei Guineas), verteilte Solomon stets an bedürftige, ihm am Herzen liegende Organisationen; es müssen mehrere hundert Pfund gewesen sein.

Mannigfache Beweise von Zuneigung und Großzügigkeit wurden mir durch ihn zuteil, aber am wärmsten spürte ich seine Freundschaft bei unserem Zusammentreffen in den Vereinigten Staaten. Als ich auf dem Rückweg von Australien im Flughafen von San Franzisko aus dem Flugzeug stieg, stand er da – um sieben Uhr früh – und begrüßte mich, mitten aus einer anstrengenden Konzert-Tournee heraus. Wir waren beide erschöpft, verlebten aber miteinander einen höchst vergnüglichen Tag, der mit einem lukullischen Mahl im Trader Vic's Restaurant endete. Als ich früh am anderen Morgen vor meiner Abreise nach New York meine Rechnung im Clift Hotel verlangte – ich hatte dort ein geräumiges Appartement bewohnt –, erhielt ich die Auskunft: »Wir bedauern, Mr. Moore, aber wir haben den strikten Auftrag von Mr. Solomon, kein Geld von Ihnen anzunehmen.«

Solange wir jung waren, hatten Solomon und ich viel Spaß zusammen, wenn wir frühmorgens Tennis und später Golf spielten. Mit der wachsenden Verantwortung und Belastung durch unsere Arbeit mußten wir leider auch das Golfspiel aufgeben. Dafür trafen wir uns regelmäßig zu einem abendlichen Pokerspiel, in dem Solo ein Meister ist. Falls es eine Schwäche in seinem Charakter gibt und man es tatsächlich eine Schwäche nennen will, dann ist es Solomon's Neigung zum Glücksspiel. Seine Erfolge am Roulettetisch in Cannes waren so ausgiebig, daß die Direktion sicher mehr als einmal erleichtert aufatmete, wenn er sich entschloß, seine Gewinncoupons für den Abend einzulösen. Und dann die Pferderennen. Der Totalisator kann nicht schneller und genauer die Gewinnchancen mathematisch ausrechnen als Solo. Aber einmal brachte ihn seine Leidenschaft fürs Rennen doch zu Schaden. Daran war ich schuld.

Eines Nachmittags besuchte mich ein sympathisch aussehender junger Mann, der auf eine ungewöhnliche Art Geschäfte zu betreiben schien – ein Hochstapler. Nach einer langen Einleitung über Baronin X und Lady Y – Namen, die mir unbekannt waren – kam er zum Hauptgrund seines Besuches. Er wollte mir mitteilen, daß Lady Luck – wieder ein mir nicht bekannter Name (ich sollte meinen Adels-Almanach besser studieren) – ein sicherer Tip für das Drei-Uhr-Rennen in Kempton Park sei. Ich konnte mich nicht zurückhalten, Solomon anzurufen und ihn zu fragen, ob es tatsächlich ein Rennpferd dieses Namens gäbe, und ihm von meinem geheimnisvollen Besucher zu erzählen. Um Viertel nach drei rief mich Solomon an und sagte nur: »Hol' dich der Teufel!« Er hatte nicht widerstehen können, auf Lady Luck zu setzen – und sie war ein Versager.

Wie merkwürdig muß es einem Laien vorkommen, daß ein Meister des Klavierspiels der Sklave seines Instruments sein sollte. Trotzdem ist es eine Tatsache, die sich immer wieder bestätigt. In seinem Streben nach Vervollkommnung setzte sich Solomon ein so hohes Ziel, daß er gegen sich selbst erbarmungslos war, sobald er das Gefühl hatte, das ersehnte Niveau nicht ganz erreicht zu haben. Seine Arbeitszeit – unter arbeiten verstehe ich die angespannte geistige Konzentration und die körperliche Anstrengung, die das Klavierüben erfordert – würde einem Handwerker den größten Schrecken einjagen. Da Solomon an hartnäckiger Schlaflosigkeit litt und schon um vier Uhr früh erwachte, übte er, bis ihm das Dienstmädchen eine Tasse Tee brachte, daraus bestand sein ganzes Frühstück. Und natürlich übte er tagsüber acht bis neun Stunden, soweit Orchesterproben und Reisen es erlaubten. Seine Gewissenhaftigkeit oder – wie ich vorher sagte – seine Liebe zu Wahrheit und Aufrichtigkeit gestatteten ihm nie, nachlässig zu sein oder die Dinge leicht zu nehmen. Ein Konzert in einer kleinen Stadt im Mittleren Westen oder in Lancashire war ihm genauso wichtig wie ein Auftreten in New York, Paris, Wien oder London und verursachte ihm nicht weniger Nervosität, verlangte von ihm eine nicht weniger intensive Vorbereitung. Wie Paderewski war auch er manchmal nur durch gutes Zureden zum Auftreten zu bringen. Es war schließlich kein Wunder, daß er trotz seiner ausgezeichneten Gesundheit unter den Anstrengungen zusammenbrach. 1956 befiel ihn eine schwere Krankheit, und es sind nun schon einige Jahre her, seit er an seinem geliebten Klavier saß.

Solomon's zahlreiche Bewunderer in der ganzen Welt werden sich mit mir freuen, wenn ich ihnen sage, daß der große Mann langsam das schwere Leiden überwindet, das ihn so lange überschattete. Dank gebührt der unermüdlichen, liebevollen Sorge, die ihn in seinem Heim umgibt, und auch seinem eigenen unverwüstlichen Geist. Nie trat seine Größe deutlicher zutage als während seines Siechtums. Jedesmal wenn Enid und ich ihn besuchen, verlassen wir ihn gestärkt durch seine heitere Gelassenheit, seine Liebenswürdigkeit und das absolute Fehlen jeglicher Verbitterung. Die Beweise von Zuneigung, die er von seinen guten Freunden und Kollegen – Emmie Tillet, Sir Malcolm Sargent, Lady Wood, Otto Klemperer, *Dame* Myra Hess, Benno Moiseiwitsch, Lionel Tertis, Walter Legge und so vielen anderen – erhielt, waren rührend. Bewegten Herzens sah man, wenn man mit ihm in einem philharmonischen Konzert in der Royal Festival Hall saß, die Orchestermusiker – Manoug Parikian, der verstorbene Dennis Brain, Gareth Morris – ihm zuwinken, während sie ihre Plätze einnahmen. Aus ihren Augen sprach deutlich Liebe und Bewunderung.

Seit dem Tage, da ich Solomon kennenlernte, waren mir seine Lauterkeit, sein vornehmes Wesen und vor allem sein hohes Künstlertum ein immer gegenwärtiges Vorbild und eine Quelle der Inspiration.

Grammophon-Aufnahmen in der tapferen alten Zeit

Die Expreßzüge von Paddington nach Westengland fahren in Hayes, Middlesex, an hohen Gebäuden vorbei, an denen die Buchstaben H. M. V. groß angebracht sind. Im Jahre 1921 stieg ich aus einem Bummelzug, den ich wohlweislich genommen hatte, hier aus, um meine erste Grammophon-Aufnahme mit der französischen Geigerin Renée Chemet zu machen.

Das Aufnahmestudio war im tiefsten Innern des Gebäudes untergebracht, von Tageslicht und Straßenlärm vollständig abgeschlossen. Der Raum war rein zweckmäßig gehalten; kein gedämpftes Licht, weder Teppiche noch Vorhänge brachten Wärme in die Atmosphäre. Die Wände – oder soll ich sagen Zäune? – waren aus rohen Brettern, der Fußboden bestand aus Hartholzdielen, auf denen meine Schritte, da jeglicher Ton-Absorber fehlte, nur so donnerten; meine Stimme dröhnte, als ob mein Kopf der Resonanzkörper eines riesigen Kontrabasses wäre. Als ich meine Finger über die Tasten des Klaviers gleiten ließ, erschrak ich ob der metallischen Härte seines Tones, es hatte den ehernen Klang eines Spucknapfes aus Messing. Dieser spröde Ton war nicht nur der Akustik des Raumes zuzuschreiben, denn als ich das Instrument untersuchte, fand ich, daß es vom Stimmer kunstvoll durch Abfeilen der Filze über den Hämmern auf möglichst harten Anschlag eingestellt war. Der Anti-Polsterungs-Feldzug hatte sich sogar auf mein Klavier erstreckt.

Ein riesiges Horn, ein Schalltrichter, ragte in den Raum und verjüngte sich in die Wand hinein; er war offensichtlich mit dem Maschinenraum verbunden, sammelte die Töne und brachte sie auf die weiche Wachsplatte. Neben dem Trichter befand sich ein Fenster, gerade groß genug, daß man den Kopf hindurchstecken konnte, das aber vom Studio aus nicht zu öffnen war. Die Künstler durften damals den Maschinenraum nicht betreten, denn das Verfahren war streng geheim. Arthur Clark, der technische Aufnahmeleiter, erklärte der Geigerin und mir die Signale: ein Summton (er klang wie eine magenkranke Autohupe) bedeutete: Achtung!, zwei Summtöne: Ruhe! und schließlich ein rotes Licht: Spielen!

Bei jeder Aufnahme macht die erste Platte die meiste Mühe, denn dabei müssen Tonqualität und Tonausgleich festgelegt werden. Es werden viele Versuchsaufnahmen gemacht und ins Studio zurückgespielt, bevor Künstler und Techniker befriedigt sind. Mit mir hatten diese große Mühe, weil ich versuchte, leise zu spielen, denn bei der Aufnahme mit Madame Chemet handelte es sich um eine *Berceuse.* Jedoch aus seinem offenen Hundehüttenfenster heraus bestand Arthur Clark darauf, daß ich die ganze Zeit *forte* spiele. Ich protestierte und sagte, es sei unmöglich, die Töne eines Wiegenliedes aus dem Klavier herauszuhämmern; ich würde damit das Baby aufwecken. Das Resultat in der zurückgespielten Probeaufnahme war, daß man mich überhaupt nicht hörte. Das gefiel mir durchaus nicht. Den Flügel konnte man nicht näherrücken, denn schon die Geigerin hatte zwischen ihm und dem Trichter kaum noch Platz, um den Bogen zu führen. So gehorchte ich schließlich dem höheren Befehl und rasselte meine Berceuse herunter wie eine Reiterattacke – und alle waren sehr befriedigt.

Mit dem Bariton Peter Dawson, den ich als nächsten begleitete, war das Problem des Tonausgleichs noch schwieriger zu lösen. Man muß sich vorstellen, daß der Trichter der Mittelpunkt unserer Welt war – unverrückbar – und daß der Sänger natürlich genau davor stehen mußte. Mehr noch, er hatte seinen Kopf zur Hälfte im Trichter. Nur der Flügel konnte verschoben werden, einmal hierhin, einmal dorthin, und oft befand ich mich, wenn der Tonausgleich hergestellt und alles für die Meisterplatte bereit war, in der Vogelperspektive zum Sänger. Alles, was ich von ihm sah, war sein Gesäß, während mein Klavier über die Länge eines Billardzimmers von ihm entfernt stand. Da es für den Begleiter lebenswichtig ist, den Sänger zu hören, kann man sich meine Schwierigkeiten vorstellen, denn die Töne kamen bei ihm nicht an dem mir zugewandten Ende heraus.

Bei Aufnahmen von Duetten aber unterhielt ich mich oft königlich. Manchmal entwickelte sich dabei zwischen dem Tenor und dem Baß, oder dem Sopran und dem Bariton ein wahrer Ringkampf. Jeder wollte glänzen, jeder den Trichter für sich haben, und ich wunderte mich, daß ihnen bei dem Gestreite und Gestoße noch Atem zum Singen übrigblieb. Den Sieg errang meistens der Schwergewichtler, da ihm der Mittelgewichtler nicht gewachsen war. Die Angestellten des Studios wechselten mit mir während dieser Balgereien belustigte Blicke, aber ich mußte meinen Spaß vor den Sängern verbergen, denn jeder einzelne flüsterte mir heimlich zu: »Was soll ich mit dem Kerl anfangen? Er gibt mir keine Chance!« Ich blieb streng unparteiisch und gab immer denselben Rat: »Schieben Sie ihn aus dem Weg.«

Die Aufnahmezeit war damals, wie heutzutage auch, mit drei Stunden bemessen, doch oft brauchten Künstler und Techniker schon zwei Stunden oder noch mehr, nur um die klanglichen und Tonausgleichs-Probleme zu lösen; dennoch konnten wir in den restlichen fünfundvierzig Minuten vier oder fünf Lieder aufnehmen, aber bei jeder Probeaufnahme, die uns zurückgespielt wurde, zerstörte die aufgesetzte Nadel das Wachs. Das endgültige Ergebnis unserer Bemühungen, die Aufnahme, von der wir hofften, glaubten oder vermuteten, daß sie die beste sei, bekamen wir erst eine Woche später, wenn die Platte fertig war, zu hören. Wie es uns je gelang, überhaupt – und sogar gute Aufnahmen zu machen, ist mir bis heute ein Rätsel.

Mit dem Wachsverfahren wurden nur Platten in zwei Größen hergestellt; die große, die normalerweise vier Minuten fünfzehn Sekunden, und die kleine, die drei Minuten, zehn Sekunden lief. Eine zusätzliche halbe Minute konnte in besonderen Fällen in eine Platte hineingequetscht werden, indem man die Rillen etwas verengte. Dies wurde aber tunlichst vermieden, denn die Tonqualität verschlechterte sich, wenn die Nadel dem Zentrum der Platte zu nahe kam. Da ein Symphonie- oder Sonatensatz auf einer Plattenseite zu wenig Platz hatte, mußte der Satz mittendrin unterbrochen werden – manchmal gerade bei einer unaufgelösten Dissonanz. Dieser Absatz war ganz unerträglich, selbst für uns einfache Leute. Bei kürzeren Stücken wurde deshalb oft das Tempo in grotesker Weise beschleunigt, bloß damit die Aufnahmedauer für die Platte reichte. Wenn das rote Licht aufleuchtete, verloren wir keine Sekunde – wir legten gleich los. Sprinter in einem Hundertmeterlauf konnten nicht schneller starten als wir. Einmal versuchte Selma Kurz, die wunderbare Sopranistin von der Wiener Staatsoper, mit mir eine Aufnahme des Beethovenlieds ›Adelaide‹ zu machen. Es ist ein sehr langes Lied mit einem besonders langsamen ersten Teil. Aber noch bevor wir dieses *larghetto* beendet hatten, steckte der Techniker seinen Kopf durch das Fenster und teilte uns mit, daß er am Ende der Wachsplatte sei. Wir versuchten es nochmals, und diesmal spielte ich die Einleitung so schnell, daß Beethoven empört gewesen wäre. Aber Frau Kurz, die, mit dem Kopf im Trichter, so weit vom Klavier entfernt stand, daß sie mich nicht hören konnte, wurde – was ihr nicht zu verargen war – langsamer und langsamer. Da mußten wir die arme Adelaide leider aufgeben.

Schon mit ein- oder zweiundzwanzig Jahren wurde ich bereits ein erfahrener Plattenkünstler. Auf meinem ungedämpften Klavier tönte meine Artikulation in der Wiedergabe klar und scharf. Etwaige Anwandlungen von Selbstgefälligkeit wurden jedoch durch das Auftreten der gräßlichen *Melba* roh zerstört, und wahrscheinlich hätte ich unter ihren Händen meinen Geist aufgegeben, wäre nicht der winzig kleine Direktor Fred Gaisberg Aufnahmeleiter gewesen. Charmant und weltgewandt, wie er war, konnte er ein Löwenbändiger sein und sprang nun mannhaft in den Käfig, als *Dame* Nellie mich abkanzelte. Einige Zeit, nachdem sie sich aus der Öffentlichkeit zurückgezogen hatte, kam sie mit einem Schützling, Elena Danielli, ins Studio, um bei deren Aufnahmen zuzuhören; da sie fand, daß ich jung, unerfahren und ängstlich sei, machte sie sich ein Vergnügen daraus, mich auf Tod und Leben zu peinigen. »Gibt es denn niemanden«, kreischte sie schließlich, »der einen schönen Ton aus dem Klavier herausholt? Er« – dabei durchbohrte sie mich fast mit einem wilden Blick – »spielt so hart.«

Aber Fred war ihr gewachsen.

»Hören Sie, *Dame* Nellie, Sie haben sich jetzt lange genug im Studio unterhalten. Nun lassen Sie diesen jungen Mann in Ruhe. Setzen Sie sich mit mir in den Abhörraum, und Sie werden sehen, daß er und Fräulein Danielli gute Aufnahmen machen.«

Die große Frau musterte ihn von oben bis unten – was bei Gaisberg nicht viel Zeit in Anspruch nahm –, aber Fred drehte sich auf dem Absatz herum und schlenderte aus dem Studio. Sie folgte ihm wie ein Lamm.

Trotz allem waren die Tage in Hayes ein Vergnügen. Es herrschte unbekümmert gute Stimmung, und eine Aufnahme endete gewöhnlich damit, daß man sich gegenseitig beglückwünschte und einander auf die Schulter klopfte. Die Künstler wurden gefeiert, und ich hämmerte fröhlich auf meinem Klavier herum.

Albert Coates nahm dort mit Florence Austral, Walter Widdop und einem verkleinerten Orchester den ganzen »Ring« auf. Ein Orchester mit Hilfe eines einzigen Schalltrichters aufzunehmen, war außerordentlich schwierig. Die Musiker konnten nicht wie im Konzertsaal verteilt auf das Podium gesetzt werden, denn so hätte man die Hälfte von ihnen auf der Platte nicht gehört. Sie mußten sich um den Trichter herum zusammendrängen, also wurden Geiger, Cellisten, Kontrabassisten und Bläser einer über dem andern aufgebaut. Die Szene glich dem »Todesritt« auf einem Jahrmarkt.

Alle die wundervollen Aufnahmen von Fedor Schaljapin wurden dort gemacht, unter Assistenz des allgegenwärtigen Fred Gaisberg, des einzigen Menschen, der imstande war, den ungebärdigen Riesen im Zaum zu halten. Schaljapin, äußerst nervös und ungeduldig, brüllte wie ein Stier, wenn etwas nicht klappte, schüchterte den Dirigenten ein und alle, die in Reichweite waren. Geradezu eine »glückliche Familie«.

Mit der Ankunft des Mikrophons im Studio war es aus mit der fröhlichen Geselligkeit. Es wäre übertrieben, zu behaupten, ich hätte zu diesem wissenschaftlichen Fortschritt etwas beigetragen. Doch zumindest war ich »dabei«, denn ich kam Tag für Tag nach Hayes, als das neue elektrische Verfahren ausprobiert wurde. William Primrose, der Bratschist – damals noch Geiger –, und ich spielten zusammen dasselbe Stück immer und immer wieder, damit Techniker und Tonmeister experimentieren und die verschiedenen Aufnahmen sorgfältig miteinander vergleichen konnten.

Meine jüngeren Leser, denen die modernen Bandaufnahmen mit ihren geschickten Schnitt- und Montagemöglichkeiten bekannt sind (darüber werde ich später noch etwas zu sagen haben), werden von der Revolution, die das Mikrophon verursachte, vielleicht nur wenig ahnen. Es war der Hecht im Karpfenteich. Während man den Trichteraufnahmen zugestand, daß sie bestenfalls eine ähnliche, schlimmstenfalls eine verzerrte Wiedergabe hervorbrachten (man kam auf jeden Fall ungestraft davon), wurden vom Mikrophon die von uns erzeugten Töne völlig getreu wiedergegeben. Es steht immer noch außerhalb unserer Macht, uns selbst zu sehen, wie andere uns sehen – vielleicht zum Glück für unseren Seelenfrieden –, aber jetzt war es tatsächlich möglich, uns selbst ganz wahrheitsgetreu zu hören.

Ein Neuling bei Aufnahmen, der sich selbst zum erstenmal hörte, pflegte bestürzt zu fragen: »Klingt meine Stimme wirklich so?«

Es war eine heilsame Kur gegen Selbstgefälligkeit. Wenn früher Begriffe wie Genauigkeit und Kraft ausreichten, so war das jetzt nicht mehr genügend, wir mußten als gute Musiker singen und spielen: mit Feingefühl, Licht und Schatten, mit Zartheit und Nuancen. Ich mußte sogar, wenn nötig, besonders weich spielen. Man kam bald darauf, daß eine gute Aufnahme vom Künstler unendlich viel Konzentration und Sorgfalt verlangte. Dem Mikrophon entging nichts.

Ja, aber bitte nicht zu vergessen, daß es mit seiner ganzen

Empfindlichkeit die Aufnahmen immer noch auf das altmodische, bröckelige Wachs übertragen mußte. Eine Probeaufnahme, die uns beim Anhören vielleicht begeisterte, war wertlos und mußte wiederholt werden. Es waren tatsächlich noch zwei »Meisteraufnahmen« nötig für den Fall, daß während des Verfahrens mit dem unseligen Wachs etwas passierte. Diese Wiederholungen konnten ein Alpdruck werden. Beim kleinsten Fehler, bei der geringsten Ungenauigkeit mußte man ganz von neuem beginnen. Ein Lied mußte vielleicht zwölfmal oder noch öfter gesungen werden; nach jeder Wiederholung wandte ich mich zum Sänger mit der hoffnungsvollen Frage, wie er darüber denke; aber er schüttelte nur traurig den Kopf – ein Ton oder eine Phrase befriedigten ihn nicht –, die Intonation war nicht rein oder die Tonqualität ungenügend gewesen. Nach einem halben Dutzend Versuchen konnte so eine Melodie beiden Künstlern derart verleidet sein, daß sie alles dransetzen mußten, um ihr wieder Spannkraft und Frische zu geben. Wir haben uns zum Beispiel über eine Stunde lang mit einem Lied befaßt und bei der achten oder neunten Aufnahme das Gefühl gehabt, es sei nun bestimmt gut. Unser glückliches Lächeln erstirbt langsam, wenn der Aufnahmeleiter ins Studio tritt und dem Sänger erklärt, er habe ein falsches Wort gesungen oder die Begleitung habe zu schwer geklungen, oder wenn er sagt: »Sie müssen wiederholen. Wir hatten leider ein technisches Mißgeschick mit dem Wachs.« Schließlich singt beim zwölften Mal der Sänger wunderschön und fehlerlos, aber, *hélas,* mir passiert ein Schnitzer. Bis zu diesem Augenblick habe ich die Begleitung exakt gespielt, jetzt aber verwirren sich mir die schwierigen Passagen – die vorher so leicht zu überwinden waren –, mein Mund wird trocken, im Magen verspüre ich ein Kribbeln, und meine Finger scheinen lauter Daumen zu sein. Ich übe diese verfluchten Passagen nochmals und nochmals, während der Sänger gleichzeitig an einer Phrase, die ihm Sorge macht – die nichts mit meiner Übung zu tun hat –, arbeitet, man kann sich die Kakophonie vorstellen. Wie zwei Windhunde vor dem Start können wir es kaum erwarten, die Aufnahme zu wiederholen. Aber wir dürfen nicht anfangen, wir müssen warten, bis die Techniker das Zeichen geben. Was für eine Ewigkeit sie brauchen! Endlich ertönt der rituelle vorbereitende Summton – ich setze meine Finger geräuschlos auf die Tasten –, das rote Licht glüht auf, mein Blutdruck schnellt in die Höhe, und ich beginne zu spielen.

Das Mikrophon brachte – und bringt immer noch – so viele

Unzulänglichkeiten in meinem Spiel zutage, daß ich mich manchmal frage, warum man mich je wieder engagiert. Ich kann nur annehmen, weil man die Schwächen nie bemerkte. Es ist beschämend, bei der Aufnahme eines Musikstückes, das man jahrelang öffentlich gespielt hat, zu entdecken, wie schlecht man es spielte.

Aber wenigstens hat mich das Mikrophon gelehrt, mir selbst äußerst kritisch zuzuhören. Ich verdanke ihm viel, wenn ich es auch immer noch fürchte und hasse. Und sollte ich so lange leben wie Methusalem – ich werde immer erbeben, wenn ich die Worte höre: »Achtung, Aufnahme!«

Bei Grammophon-Aufnahmen hatte ich zwar schon viel Erfahrung im Begleiten von allem und jedem, auch war mein Spiel dank Coates reifer geworden, trotzdem betrachtete ich mich immer noch als Lehrling. Bisher hatte ich hauptsächlich mit Sängern gearbeitet, aber der vollkommene Begleiter muß auch das Violin- und Cello-Repertoire beherrschen. Ich begann für mich selbst, den Klavierpart der Violinsonaten von Beethoven und der César Franck-Sonate zu üben, und sagte mir dabei, ich würde sie eines Tages mit Albert Sammons spielen. Mit einem Auge auf Beatrice Harrison, die noch nichts davon ahnte, begann ich an den Cellosonaten von Beethoven und Brahms zu arbeiten. War es wirklich nur Zufall, daß ich später tatsächlich mit diesen berühmten Künstlern, von denen ich wiederum so viel lernte, zusammenarbeitete?

Ich hatte das Glück, für den Geiger engagiert zu werden, als er mit Mark Hambourg eine Reihe von Sonatenabenden in der Provinz veranstaltete. Meine ganze Aufgabe bestand darin, Sammons in einer Gruppe kleiner Solostücke zu begleiten. Mein Honorar dafür betrug zwei Guineas zu den Hotel- und Reisespesen.

Dazu muß ich erklären, daß ich damals für ein paar Guineas von einem Ende Englands zum andern eilte und mich häufig an drei Orten zugleich befand. Zum Beispiel reiste ich in einem Abteil dritter Klasse, vom Norden kommend, die Nacht durch und machte in Hayes nach dem Frühstück eine Schallplattenaufnahme mit Peter Dawson. Nachmittags probte ich mit Schaljapin im Savoy-Hotel, erreichte mit knapper Not einen Abendzug nach Birmingham – zog unterwegs mein steifes Hemd an – schlenderte dann mit betonter Gemächlichkeit, als ob ich noch stundenlang Zeit hätte, in die Town Hall und kam gerade zurecht zu meinem Konzert mit Sammons.

An solchen Tagen glich ich einem Vulkan, der an der Oberfläche schlummert, aber im Innern brodelt, und fragte mich, ob ich je im Leben meine Verpflichtungen einhalten könnte. Auch hatte ich Angst, dieser hektische Wettlauf mit der Zeit würde meinem Spiel schaden. Ich war gescheit genug, über mein Tun und Treiben nicht viel zu schwätzen, denn die Künstler, von denen ich engagiert war, hätten sich von einem übermüdet antretenden

Begleiter nicht inspiriert gefühlt. Jeder von ihnen dachte, und mit Recht, daß meine Arbeit mit ihm an erster Stelle stünde.

Ich schäme mich, zu gestehen, daß ich auf der Hambourg-Sammons-Tournee mehr verdiente als meine berühmten Arbeitgeber. Mark sprach immer von mir als »dem Mann, der nie verliert«. Zu Zeiten, da wir ganz anständig volle Häuser hatten, waren an manchen Orten die Kosten so hoch, daß es eine sehr große Zuhörerschaft brauchte, sie zu decken. Die Saalmiete, die Ausgaben für das Personal, für die Reklame und für vier Personen (der vierte war Cameron Stockwell, unser Manager vom Büro der L. G. Sharpe's Konzert-Agentur), alles zusammen ergab eine beachtliche Summe. Nach einem Konzert in einem bitterkalten, zugigen Saal in York blieben für Mark und Albert, nachdem alle Rechnungen inklusive meiner zwei Guineas bezahlt waren, drei Shilling und ein Penny übrig, die sie untereinander teilten. Durch dieses entmutigende Erlebnis waren sie sichtlich verärgert, und ich fürchte, sie haben sich auch eine Erkältung geholt. Aber im großen und ganzen trugen sie alles mit dem guten Kameradschaftsgeist, der unter ihnen herrschte. Zudem verlebten wir miteinander genußreiche Stunden, denn nach den Konzerten wurde unweigerlich bis tief in die Nacht hinein Poker gespielt. Mark's Ausspruch, daß ich der Mann sei, der nie verliere, bewahrheitete sich bei diesen Sitzungen nicht unbedingt immer.

Albert Sammons erlernte das Violinspiel mehr oder weniger als Autodidakt, und mit zweiundzwanzig Jahren leitete er bereits das kleine Unterhaltungsorchester im Waldorf-Hotel. Eines Tages speiste Sir Thomas Beecham dort, und ihm zu Ehren spielte Sammons das Finale des Mendelssohn-Konzerts – in einem atemberaubenden Tempo. Trotz seiner unbewegten Miene war der Dirigent beeindruckt und, seinem Charakter entsprechend, schickte er den Kellner mit einem Briefchen zu Sammons: »Wunderbar, aber das Tempo ist *allegro molto vivace* und nicht *prestissimo.*« Nichtsdestoweniger bot er dem jungen Mann einen Platz in dem neuen Orchester an, das er im Begriff war zu gründen, und Sammons wurde bald sein erster Geiger. »Dieser begabte und fähige Jüngling entwickelte sich zum vielseitigsten Konzertmeister, den ich je kannte«, schrieb Sir Thomas in seiner Selbstbiographie ›A Mingled Chime‹, »er vereint seine allen Anforderungen gewachsene Technik mit einem vollen, warmen Ton, einem unfehlbaren rhythmischen Gefühl und bewahrt bei jedem Mißgeschick einen kühlen Kopf.«

Albert spielte eine Matteo Goffriller-Geige mit einem überaus starken Ton. Er hatte sich gerade für dieses Instrument entschieden, weil er zwar aus jeder Violine einen warmen, vollen Klang herausholen konnte, aber Volumen für wichtiger hielt als Süße. Da er bemerkenswerte physische Kräfte besaß, war es ihm möglich, mit dieser Goffriller unter dem Kinn, einen größeren Ton als die meisten anderen Geiger zu erzeugen.

Sein untrüglicher Sinn für Rhythmus wirkte auf mich wie ein stärkendes und beruhigendes Elixier. L. G. Sharpe, der Konzertmanager Paderewskis, erzählte mir einmal, wie er einem Schiffsmaschinisten eine Karte für ein Orchesterkonzert schenkte und den Mann, der weder musikalisch war, noch je ein großes Orchester gehört hatte, nachher fragte, wie ihm das Konzert gefallen habe. »Der Rhythmus erinnerte mich an meine Schiffsmaschinen«, lautete die Antwort. »Der Mann hat recht«, meinte Paderewski, als er davon hörte, »Rhythmus ist die Seele der Musik.« Die Meisterschaft von Coates hatte mich das schon gelehrt, und jetzt lernte ich es durch Sammons' felsenfeste Ruhe aufs neue. Sein Spiel war durchaus männlich, und wenn ihm vielleicht auch auf der höchsten Stufe die Zartheit Kreislers oder der Schliff von Heifetz abgingen, so fehlte ihm nichts an Kühnheit und Geradlinigkeit. Das Konzert von Elgar mit seinem *nobilmente* hatte in Sammons einen würdigen Interpreten, und sein kühner, schneidiger Stil paßte auch gut zur d-Moll-Sonate von Brahms oder zur Kreutzer-Sonate von Beethoven – Werke, die wir oft zusammen spielten.

Ich kann mich nicht erinnern, daß Albert in den vielen Jahren, während wir miteinander arbeiteten, je einen musikalischen Fehler machte. Er war ein untadeliger Partner in Quartetten, Klaviertrios oder Sonaten und wußte ungeheuer viel von Kammermusik. Für mich als jungen Mann war es eine gute Schule, mit diesem Geiger Beethoven, Bach, Mozart, Brahms, Schubert, Fauré und César Franck zu spielen. Meine Unerfahrenheit, Zaghaftigkeit und Nervosität wurden durch seine Energie und seine sichere Führung ausgeglichen. Ich muß die Prüfung wohl bestanden haben, denn im Laufe der Zeit wurden Sammons und Moore von der BBC als »Duo« vorgestellt. Die beiden Partner waren in unzähligen verschiedenen Sonaten über den Äther zu hören.

Meine Kenntnisse in der Celloliteratur beschränkten sich damals auf Effektstücke wie die Boëllmann-Variationen, Tschaikowskis

Rokoko-Variationen und auf Dutzende anderer kleiner Stücke, die in einem seriösen Konzert zu spielen sich kein Cellist mit Selbstachtung leisten konnte. Beatrice Harrison erweiterte meinen Horizont ganz wesentlich, indem sie mich mit den Sonaten von Beethoven, Brahms und von frühen Italienern bekannt machte, sowie auch mit zeitgenössischen Werken. Für ein Küken wie mich war es von unschätzbarem Wert, mit einer so reifen Künstlerin zu arbeiten.

Wir gaben in London viele Konzerte zusammen, und um für diese zu proben, besuchte ich die Familie Harrison häufig in ihrem Heim bei Oxted in Surrey. Eine ganze Menagerie wurde dort gehalten; es gab genau sechzehn Aberdeen-Terrier, einen sehr grimmigen Airedale und einen riesigen Wolfshund. Der Airedale lag an einer laufenden Kette – ähnlich wie der elektrische Hase beim Hunderennen. Ein furchterregendes Tier; er bellte ununterbrochen und drohend, sobald er nur entfernt Menschenfleisch witterte. Ich hielt mich von ihm fern. Der Wolfshund hingegen entwickelte eine Leidenschaft für mich. Auf seinen Hinterpfoten stehend so groß wie ich, legte er mir seine Vorderpfoten auf die Schultern, blickte mir seelenvoll in die Augen und fletschte unter heftigem Keuchen die Zähne. Mehr Hunde gab es nicht, aber eine ganze Menge von Sittichen, Kanarienvögeln und Papageien, die zwitscherten und schwatzten; im Eßzimmer lagen, still vor sich hin sinnend, in einem Wasserbehälter zwei Krokodilbabys.

In dieser ruhigen Abgeschiedenheit spielte Beatrice Harrison nächtens in ihrem Garten, um die Nachtigallen anzuregen, für den Rundfunk zu singen. Meine Anwesenheit wurde zum Glück bei diesen *al fresco* Anrufungen nicht verlangt. Was man tat, um die stimmlichen Anstrengungen des Airedales zu ersticken, weiß ich nicht, aber es lauerten noch andere Gefahren hier im dunklen Gebüsch, wie einer meiner Freunde erleben mußte. Er tastete sich – wie ein Treiber auf der Tigerjagd – durch das Dickicht, um die schlafenden Vögel aufzuscheuchen, als er plötzlich mit seiner Taschenlampe in die neugierigen Ohren eines Esels leuchtete. Mein Freund ließ, außer sich vor Schrecken, die Lampe fallen, machte einen Luftsprung und stieß sich dabei einen Dorn ins Auge. Sein Schmerzgestöhn vermischte sich mit der Klage der Nachtigall, bis man ihn endlich entdeckte und ihm Linderung verschaffte.

Diese Rundfunksendungen waren eine unbestrittene Reklame für die Cellistin; die allgegenwärtige Nachtigall ward künftighin in einer Ecke ihrer Konzertplakate abgebildet und auf ihre Konzertkleider gestickt.

Als Beatrice, ihre Mutter und ihre Schwester, die Geigerin, für einige Tage zu Frederick Delius nach Grez-sur-Loing fuhren, nahmen sie mich mit.

Es war herzzerreißend, diesen Mann, der seine innige Liebe zur Natur so ergreifend in seiner Musik zum Ausdruck brachte, blind und gelähmt zu sehen. Er war so abgezehrt, daß ihn sein Wärter, ein deutscher Mönch, wie ein Kind herumtragen mußte. Doch sprach er mit seinem Yorkshire-Akzent lebhaft und angriffslustig. Ich wage es nicht, seine Schmähungen über andere ehrenwerte Komponisten zu wiederholen; den Ausdruck »Mörder« gebrauchte er für Dirigenten im allgemeinen. Mit einiger Hemmung spielte ich ihm mit Beatrice und Margaret seine Cello- und Violinsonaten vor, aber er war sehr freundlich und fand, ich sei ein musikalischer Mensch.

Unterhalb seines Gartens strömte der Fluß entlang – eine Corot-Szenerie, die Delius teuer war. Obwohl ich diese Landschaft im Winter sah, konnte ich mir gut vorstellen, daß sie ihn zu ›Summer Night on the River‹ und zu ›On Hearing the First Cuckoo in Spring‹ angeregt hatte.

Aber sein Haus war nicht so warm wie seine Musik. Er wurde früh zu Bett gebracht, und Mrs. Delius, die mich am Ofen kauern sah, bat mich, die Petroleumlampe, bei der ich las, bevor ich hinaufginge, zu löschen. Es war zwar erst acht Uhr, doch ich beschloß alsbald, mich zurückzuziehen und im Bett noch zu lesen. Dazu war es mir aber dann in meinem Zimmer zu kalt und andererseits zu früh zum Einschlafen. So lag ich die halbe Nacht wach, versuchte, mich irgendwie zu erwärmen, und hörte dabei von nebenan die gedämpfte Stimme von Mrs. Delius, die ihrem Gatten geduldig vorlas. Ich konnte mir nicht vorstellen, wie ich es dort noch drei Nächte aushalten sollte, und beneidete die Harrisons, von denen ich glaubte, es erginge ihnen weit besser als mir. Das war jedoch ein Irrtum. Die drei Damen hatten sich in dem dortigen Hotel einquartiert. Es gab aber nur wenige Zimmer, und man wies ihnen ein einziges an, wo sie alle drei zusammen in einem Bett schlafen mußten. Die Zimmerbestellung war von Mrs. Delius aufgegeben worden, und zwar auf den Namen Mrs. Harrison, Margaret und Baba (wie man Beatrice im Freundeskreise nannte). Die Direktrice hatte den Namen »Baba« für das englische »Baby« gehalten und ein Kinderbettchen aufstellen lassen. Am andern Morgen kam ich zum Kaffee herunter und hörte zu meiner Freude Mrs. Harrison – sie hatte wegen der Feuchtigkeit im Mantel geschlafen – zu Mrs. Delius sagen: »Ganz überraschend kam dieses Telegramm, nun müssen wir heute alle nach Paris abreisen.«

Delius dachte, als er seine Cellowerke schrieb, an Beatrice Harrison, denn ihr eindringliches, süßes *cantabile* paßte wundervoll zu seiner Musik. Noch heute, nach dreißig Jahren, habe ich eine himmlische Phrase aus dem Cellokonzert im Ohr. Sie sang auf ihrem Instrument mit einem untrüglichen Gefühl dafür, wo die musikalische Linie erschlaffte, wo sie wieder straffer wurde, wo sich die Spannung verdichtete, bis schließlich der Höhepunkt erreicht war. Keine Cellistin, die ich je hörte, hatte einen so kräftigen und zugleich süßen Ton.

Ich war nun sehr begierig, tiefer in das Gebiet des Liedgesangs einzudringen. John Coates hatte mich mit Schuberts ›Müllerliedern‹ gründlich vertraut gemacht, aber es gab für mich noch viel zu arbeiten: Schumann, Brahms, Wolf und Strauss, ganz zu schweigen von den Hunderten von Schubert-Liedern, die ich so gut wie gar nicht kannte. Mein größter Wunsch war es, Elena Gerhardt und Elisabeth Schumann, die regelmäßig ihre Lieder-Abende in der Queen's Hall gaben, zu begleiten, aber ich war noch nicht so fortgeschritten, um diesen Künstlerinnen zu genügen. Daß es gefährlich ist, zu laufen, bevor man gehen kann, war mir in meinen zwanziger Jahren klargeworden, als mich ein Konzertagent zu Frieda Hempel brachte, die damals schon auf der Höhe ihres Ruhms stand. Ich sollte ein paar Lieder mit ihr durchnehmen, und sie bat mich, Schuberts ›Wohin?‹ um einen Ton hinunterzutransponieren. Das ist nun ein Lied, das jeder gute Begleiter sofort in einer beliebigen Tonart sollte spielen können. Ich geriet dabei in ein maßloses Durcheinander. Der Titel ›Wohin?‹ paßte gut zu meinem blinden Gestolper durch das Lied, ich hatte keine Ahnung, wohin es mich führen würde – bis man mir höflich die Türe wies. Als ich in späteren Jahren Frieda Hempel, deren Stern schon im Sinken war, doch noch begleitete und – wie Peter Ustinow sagen würde – »nach allen Richtungen« transponieren konnte, hatte die Künstlerin keine Ahnung, daß ich der tölpelhafte Jüngling war, der einst eine halbe Stunde ihrer Zeit verschwendete, als er an Schuberts ›Wohin?‹ herumstümperte. Ich habe ihrem Gedächtnis nicht nachgeholfen.

Nach einem Liederabend mit John Coates stellte sich mir ein sehr höflicher Mann vor und bat mich, für ihn zu spielen. Es war

Reinhold von Warlich. Ich ergriff mit Freuden die Gelegenheit, mit einem Mann zu arbeiten, der ein so tiefes Wissen von Schubert, Brahms, Strauss und Wolf besaß. Als Lehrer genoß er in Paris und London einen beachtlichen Ruf. John Goss, Pierre Bernac und viel später der untadelige Künstler Bruce Boyce waren alle seine Schüler.

Als Interpreten könnte man Warlich vielleicht mir Dr. Ludwig Wüllner vergleichen, von dem man sagte, daß Fragen der Gesangstechnik, des *bel canto* – als Mittel zum Zweck – ihn nicht interessierten. Das Streben des ausgebildeten Sängers nach der Entfaltung eines schönen Organs waren ihm, seinem Charakter und seiner Ausbildung nach, fremd. Wenn man zwischen den Zeilen liest, kommt man zu der Erkenntnis, daß Wüllner stimmlich schlecht ausgestattet war. Tatsächlich habe ich immer gehört, daß Wüllner die Gedichte mehr oder weniger zur Musik rezitierte. Vielleicht war er kein guter Sänger, aber unleugbar ein hervorragender Künstler. Wenn er den ›Erlkönig‹ vortrug, spürte man den Wind durch die Haare pfeifen. Ähnlich erregend und genußreich war es, Harry Plunket Greene zuzuhören. Warlich gehörte in die gleiche Kategorie. Er besaß den Geschmack und den Stil eines erstrangigen Musikers. Das Gedicht sagte ihm ebensoviel wie die Musik, und niemals entfiel ihm ein Wort aus den Texten von Müller, Heine oder Goethe. Seine Hingabe an den Text und sein Gefühl dafür verliehen seinem Gesang große Überzeugungskraft, obwohl seine Stimme unschön und seine Intonation unsicher klangen.

Mancher hochstrebende Sänger, der in den Bann Wüllners, Plunket Greene's oder Warlichs geriet, könnte versucht sein, zu glauben, daß für einen guten Liedersänger eine gute Stimme nicht absolut nötig sei. Diese irregeleitete Ansicht läßt sich vielleicht damit erklären, daß namhafte Sänger mit guten Stimmen – in England wenigstens – sich auf das Oratorium, das englische Lied und auf die Ballade beschränkten.

Als ich Warlichs Begleiter war, steuerte er seinen Kurs aus den Stürmen des öffentlichen Konzertlebens in die geschützteren Gewässer des »American Women's Club« und der Salons in Mayfair oder Kensington. Gelegentlich sang er im »Chelsea Music Club«, wo seine Bewunderer so musikalisch waren, daß sie an seinem Künstlertum sehr viel Genuß hatten. Das große Publikum aber war verständlicherweise nicht fähig, sich auf ihn »einzustellen«.

Er sang alles in einer so tiefen Tonart, daß ich ihn unmöglich begleiten konnte, wenn mein Stuhl – wie üblich – in der Mitte des Flügels stand. Ich verschob ihn daher um zwanzig Zentimeter nach links, was mir bequemer war. Immerhin verdanke ich Warlich einen großen Teil meiner heutigen Vertrautheit mit dem Lied. Bei ihm lernte ich auch Anpassungsfähigkeit an einen Sänger, dessen stimmliche Unzulänglichkeit ihn hinderte, die lange *legato*-Linie in ›Litanei‹ oder ›Du bist die Ruh‹ zu halten. Sein Atem oder seine Stütze reichten für die langen Phrasen nicht aus, und er war gezwungen, solche Lieder schneller zu singen, als es für sie gut war. Aber durch seine Ehrfurcht vor der Kunst und seine aufrichtige Liebe zu den Liedern konnte er sie sogar auf diese Weise überzeugend klingen lassen.

Er war ein außergewöhnlicher und sehr interessanter Mensch, Sohn eines Kapellmeisters am Hofe von Zar Alexander in Petersburg, und hatte die Musik von der Wiege an eingesogen. Ich erwähne dies deshalb, weil er in mancher Hinsicht typisch russisch war, er hätte eine Figur aus einem Dostojewski-Roman sein können. Oft war er strahlender Laune, besonders wenn er der Mittelpunkt eines Kreises stumm bewundernder Zuhörer war, aber am nächsten Morgen konnte er von einer tiefen, dunklen Depression umfangen sein. Dann starrte er die Menschen mit seinen großen blauen Augen an, ohne sie zu sehen. Er sprach so oft davon, daß er seinem Leben ein Ende machen werde, und deshalb glaubte ich keinen Augenblick daran, daß er diese Drohung ausführen könne. Leider hatte ich unrecht.

Groß war meine Aufregung, als ich aufgefordert wurde, für Schaljapin zu spielen. Meine beinahe nur nebensächlichen Bemerkungen über ihn in einem früheren Kapitel lassen nichts von dem Schrecken ahnen, den mir die Aussicht, mit diesem Mann zu arbeiten, einflößte. Ich hatte ihn in der Oper schon oft gesehen und bemerkt, wie er den Dirigenten wild anstarrte und das Orchester mehr oder weniger selbst leitete, indem er mit den Händen das Tempo anzeigte – falls ihm dieses nicht paßte. Bei Liederabenden mit Klavierbegleitung konnte er sich noch schlechter benehmen. Einmal, in einem Konzert in der Royal Albert Hall, begnügte er sich nicht damit, den Rhythmus auf dem Flügel auszuklopfen, sondern schritt mitten im Lied auf den Pianisten zu und schlug den Takt auf seiner Schulter. Was sollte ich tun, wenn das mir passierte? Ich würde mir eine solche Behandlung sicher nicht gefallen lassen und sah mich bereits mit erhabener Würde vom Podium abgehen. Ein derartiger Zwischenfall brächte sensationelle Zeitungsberichte, und der Gedanke daran reizte mich. Glücklicherweise sagte ich mir nach einiger Überlegung doch, daß ein Unfall dieser Art meinem Ruf nicht gut täte, denn Presse und Publikum stellen sich unweigerlich auf die Seite der Großen, und ich wäre als äußerst unwürdig gebrandmarkt worden. Freunde, denen ich erzählte, daß ich den russischen Baß begleiten würde, pfiffen vor Bestürzung durch die Zähne. Ihr Unbehagen um meinetwillen war nicht gerade schmeichelhaft.

Nicht ohne Genuß hatte ich von der »Stegreifszene« vernommen, zu der es bei einer Probe von Rimski-Korssakows ›Mozart et Salieri‹ gekommen war, als der Dirigent, ärgerlich über Schaljapins Gestampfe und seine Gesten zum Orchester hin, seinen Stab niederlegte und sagte: »Denken Sie bitte daran, daß ich der Dirigent bin.« Sofort kam die schlagfertige Antwort: »In einem Garten ohne Vögel ist eine quakende Kröte eine Nachtigall.« Diese mutwillige Beleidigung beendete die Probe, denn der Dirigent verließ das Haus.

Charles B. Cochran, der Veranstalter vieler Boxkämpfe, hatte auch diese Schwergewichtler-Vorstellung organisiert und fühlte sich wahrscheinlich in seinem Element. In Wirklichkeit hatte er natürlich die Sorge, wie er den Dirigenten und den Sänger wieder zusammenbringen könnte. Schließlich spürte er jenen auf und nahm ihm das Versprechen ab, am nächsten Tag bei der Premiere am Pult zu stehen. Nun mußte er noch den Russen festnageln, der im Savoy Hotel wohnte. Als er ihn aber dort aufsuchen wollte, sagte man ihm, Mr. Schaljapin sei ausgegangen. Der Impresario setzte sich hin und wartete stundenlang, bis endlich um zwei Uhr früh der Riese mit dem sanftesten, gemütlichsten Lächeln hereinschlenderte. Selbstverständlich würde er für die morgige, besser gesagt, heutige Vorstellung bereit sein. »Sie sollten sich keine Sorgen machen, lieber Mr. Cochran – *ich* mache mir auch keine –, bis zu dieser Stunde bin ich in den verlassenen Straßen Ihres so wunderschönen London herumgewandert.«

Zu solchen Kämpfen, beschloß ich, dürfe es nicht kommen, wenn ich Schaljapin begleitete, und bat deshalb Fred Gaisberg, mir die Noten zum Studieren zu verschaffen. Ich erwartete, etwa zwei Dutzend Lieder und Arien – für einen Lieder-Abend eine reichliche Anzahl – zu erhalten. Statt dessen wurden mir in einem Handkoffer zweihundert Werke geliefert, mit denen ich mich auseinanderzusetzen hatte. Es war eine ungeheure Aufgabe, sie alle durchzunehmen.

Fred Gaisberg, der »Kämmerer« Schaljapins, geleitete mich zur ersten Probe in das Appartement des Sängers, und da der König im Nebenzimmer seine Siesta beendet hatte, übte ich Mozarts ›Madamina‹ im Blitztempo. Durch meinen eigenen Lärm hindurch hörte ich fernes Donnergrollen.

»Was sagt er?« fragte ich Fred.

»Er sagt – ist gut.«

Schaljapin kam herein; er trug Shorts und um die Schultern einen Kimono. Sein entblößter Oberkörper, riesig und weiß, erinnerte mich an eine Wand auf der Akropolis. In äußerst liebenswürdiger Laune sprach er mir während der Probe seine Befriedigung darüber aus, daß ich es so gut verstünde, ein *rallentando* zu machen.

Eigentlich war ich noch zu unfertig, und es fehlte mir an Selbstvertrauen, um die Verantwortung zu übernehmen, eine so mächtige und launische Persönlichkeit zu begleiten. Doch er zeigte sich nie ungeduldig. Natürlich kritisierte er. Ich werde nie vergessen, wie er mich in der langen Einleitung zu Martinis ›Plaisir d'Amour‹ mit den Worten unterbrach: »Nicht bloß die Noten, nicht bloß die Noten.« Diese Begleitung kann so schön sein, wenn sie sinn- und ausdrucksvoll gespielt wird, aber durch mein ahnungsloses Geklimper tönte sie banal. Ich nahm die Noten zum Studieren mit nach Hause, und seit jener Episode widme ich jeder Musik, auch wenn sie leicht zu sein scheint, mehr Zeit, mehr Arbeit und mehr Konzentration. Der durchschnittliche Pianist, fürchte ich, übt nur das mit Fleiß, was schwierig *aussieht.*

Bei einem Schaljapin-Konzert wurden anstatt Programme kleine Büchlein verkauft. Sie enthielten Übersetzungen von Arien und Liedern – alle numeriert –, die möglicherweise gesungen oder nicht gesungen wurden. Vor jedem Lied rief Schaljapin mit dröhnender Stimme eine Nummer in den Saal: *»Numbaire forty-five, numbaire forty-five«* – dann ließ er den Zuhörern einen Moment Zeit, die Übersetzung zu lesen, und inzwischen konnte der Begleiter die Noten suchen. All das machte den Eindruck, als folge der große Mann einem Einfall. Ich erhielt im Künstlerzimmer keinerlei Andeutung von seinen Absichten, und in den ersten beiden Konzerten wartete ich gespannt, wie auf Nadeln, was als nächstes kommen würde. Aber es dämmerte mir bald, daß er ganz hübsch bei jeder Gelegenheit das gleiche Programm beibehielt und nie ›Die Wolgaschlepper‹ ausließ. Fünfundachtzig Prozent der Musik, über der ich geschwitzt hatte, wurden niemals vorgetragen.

Für einen kleinen Mann ist es leicht, herabsetzend über einen großen zu sprechen, aber ich hoffe, daß mich niemand dessen verdächtigt, wenn ich auf Grund meiner heutigen Erfahrungen behaupte, daß Schaljapin kein erstklassiger Liedersänger war. Ein Schubert- oder Schumann-Lied wurde durch den eigenwilligen Rhythmus des Sängers, durch seine ganz persönliche Interpretation des Gedichtes bis zur Unkenntlichkeit verzerrt. In ›Der Tod und das Mädchen‹ machte er aus dem Tod ein finster drohendes Gespenst anstelle des erhabenen Trösters, den das Gedicht von Claudius und die Musik von Schubert darstellen. Der Grenadier in dem Schumann-Lied mit dem Text von Heine, der nach den Klängen der Marseillaise seinen Geist aushaucht, wurde zu einer siegesgewissen, spannungsgeladenen Figur, und das Nachspiel am Klavier, das den allmählichen Zusammenbruch des sterbenden Soldaten ausdrückt, ging in dem donnernden Applaus unter, den Schaljapin ganz bewußt heraufbeschwor. Er verbeugte sich nach allen Seiten des Saales, während ich noch spielte, und schritt vom Podium, bevor ich geendet hatte.

Auch der kritischste Schubert- oder Schumann-Verehrer konnte sich, zeitweise wenigstens, gegen sein besseres Wissen von dieses Mannes schauspielerischer Meisterschaft und der Suggestivkraft seiner Persönlichkeit mitreißen lassen. Der Begleiter dagegen, weit entfernt davon, mitgerissen zu sein, mußte einen kühlen Kopf bewahren; wachsam hatte er vorauszufühlen, was der Sänger als nächstes tun würde. Ob er wohl eine bestimmte Phrase beschleunigte, anstatt mittendrin zu atmen, wie er es manchmal tat? – Diese folgende Note, würde er eine *firmata* darauf machen oder schnell über sie hinwegsingen? Sollte sie der Höhepunkt der Phrase oder ein *subito pianissimo* werden? Alles war eine Frage der Stimmung – nicht der Musik, sondern des Sängers, und ob dieser sich gut oder schlecht bei Stimme fühlte.

Trotz allem zweifle ich nicht daran, daß ich einen großen Sänger begleitete, der das Publikum packen und aus dem Häuschen bringen konnte, wie nur wenige Bassisten vor und nach ihm es imstande waren. Gewiß ist, daß ich nie mit einem aufregenderen Künstler gearbeitet habe.

In einem Konzert spielte ich einmal eine Einleitung, die er bei der Probe ganz leise, wie ein Flüstern, verlangt hatte, als ich ein dunkles Grollen von ihm hörte. »Was sagt er?« fragte ich Gaisberg leise, der mir umblätterte.

»Er sagt – mehr Ton«, zischte es von meiner Linken.

Viele Jahre später, als ich Feruccio Tagliavini begleitete, beschrieb mich ›The Times‹ als den »elastischen Mr. Moore«, diese Bezeichnung verdiente ich ganz gewiß, wenn ich Schaljapin begleitete.

Schaljapin war ein großes, liebenswertes Baby, und ich glaube, viele seiner Temperamentsausbrüche konnte man seiner Schalkhaftigkeit zuschreiben. Wie ein verzogenes Kind war er gewöhnt, seinen Willen zu bekommen, und brüllte oder setzte eine tragische, hoheitsvolle Miene auf, wenn dieser durchkreuzt wurde.

Einmal waren wir in Glasgow, und Fred Gaisberg schlug vor, gegen Mittag unseren Helden in seinem Schlafzimmer aufzusuchen und zu sehen, wie es ihm ergehe. Da saß er aufrecht im Bett, vor sich die einzige Nahrung, die er sich vor einem Konzert gestattete: ein weichgekochtes Ei und Kaffee. Das Ei im Becher sah unerhört winzig vor dem riesigen Oberkörper aus. Man hatte das Gefühl, jeder Happen müsse einen langen Weg zurücklegen: aufwärts, aufwärts, unsicher balanciert von der Taille zu den Lippen und dann eine lange Reise bis hinunter zu seinem Bestimmungsort. Als ob man einen Knaben mit einem Auftrag, der eines Mannes bedarf, auf den Weg schickte. »Nun, Feodor Iwanowitsch«, fragte Gaisberg, »ist alles in Ordnung?« Und da spielte sich eine tragische Szene vor mir ab, der Todesszene von Boris Godunow gleichend; ein fernes Murmeln wie das Brummen eines Kontrabasses entrang sich den Tiefen seines Wesens, als er mit finsterem Blick und verzweifelt heruntergezogenen Mundwinkeln die gequälten Worte ausstieß: »M-m-m-man bringt mir kein Salz zu meinem Ei.« Gaisberg ließ den Missetäter sofort antreten: »Was, Sie wollen ein Kellner sein? Sie haben Ihren Beruf verfehlt – Sie sind ihm nicht gewachsen!« Der Kellner tat mir direkt leid, als ihn Gaisberg so abkanzelte. Heimlich blickte ich zu Schaljapin hin – heimlich blickte er zurück, und der Märtyrerausdruck gekränkter Würde verschwand von seinem Gesicht wie eine Maske; er zwinkerte mir zu wie ein unartiger Schuljunge und amüsierte sich königlich.

Ich war, glaube ich, Schaljapins erster englischer Begleiter. Vorher pflegte er einen russischen Pianisten mitzubringen. Als Messrs. Lionel Powell and Holt den Sänger für ihre »Celebrity Tour« in der folgenden Saison engagierten und mich baten, ihn wieder zu begleiten, war ich sehr glücklich. Aber ich beging einen Fehler, denn ich erklärte L. G. Sharpe, dem persönlichen Agenten Schaljapins, das bisher erhaltene und mir nun angebotene Honorar sei nicht angemessen. Soweit ich mich erinnern kann, bat ich um eine Erhöhung von fünf Guineas pro Konzert. Sharpe riet mir, fest zu bleiben, denn Schaljapin werde keinen anderen Begleiter wollen als mich, und die Agentur werde bezahlen müssen. Doch damals hielten manche Konzertveranstalter, und die Herren Powell und Holt insbesondere, den Begleiter kaum für einen mitverantwortlichen Künstler; er war eine unwichtige Nummer und trug zum Erfolg des Konzerts nicht mehr bei als der Garderobier am anderen Ende des Saales. Der Star, so sagte man mir, übe die Zugkraft aus, während der Begleiter keinen Knochen zur Kasse locke. Und der Star erhielt das verlangte Honorar – in Schaljapins Fall vierhundert Guineas pro Konzert –, während die Veranstalter offensichtlich ein blendendes Geschäft machten, wenn sie es ablehnten, den Sold des Begleiters um ein paar Guineas zu erhöhen. Es wäre verlorene Mühe gewesen, darauf hinzuweisen, daß der Pianist ebenbürtig sein müsse und der Sänger kaum sein Bestes geben könne, wenn er vom Klavier her nicht gleichwertige Unterstützung bekäme. Vielleicht war für mich der Zeitpunkt zu einer solchen Stellungnahme noch nicht gekommen. In meiner späteren Laufbahn konnte ich viel höhere Honoraransprüche für den Begleiter durchsetzen, aber damals war ich als Künstler vielleicht noch zu jung und unerfahren, um meinen Standpunkt zu rechtfertigen. Jedenfalls verlor ich Schaljapin – und begleitete ihn nie wieder.

Korrepetieren und Vorsingen

Es wird niemand einfallen, dem Schriftsteller Anthony Trollope mit seinem erlesenen Stil zu unterschieben, er habe diesen dem meinen nachgebildet, doch muß ich schüchtern feststellen, daß wir zumindest eine gemeinsame Eigenart besitzen. In seinem Roman ›Barchester Towers‹ zum Beispiel beeilt sich der Autor, gleich am Anfang des Geschehens dem Leser zu versichern, daß der skrupellose, ehrgeizige Mr. Slope mit seinem Liebeswerben bei der Witwe Eleanor ganz bestimmt keinen Erfolg haben wird, worauf wir mit einem Seufzer der Erleichterung beruhigt und zufrieden weiterlesen. Der Autor und der Leser, meint Trollope, sollen in vollem gegenseitigen Vertrauen vorwärtsschreiten. Mögen die Personen eines Dramas untereinander eine noch so vollständige Komödie der Irrungen durchmachen – den Zuschauer darf man nie den Syrakuser mit dem Epheser verwechseln lassen. Sonst ist er einer der Geprellten, und die Rolle des Geprellten ist immer unwürdig.

Auch ich ziehe den Leser mit Freude ins Vertrauen und möchte ihm zu seiner Entspannung versichern, daß ich im Laufe der Zeit die sonnigen Gefilde, wo fette Schafe ungefährdet weiden, erreichen werde. Aber vorläufig – ich sage es offen – bin ich noch nicht über den Berg.

Gegen Ende der zwanziger Jahre wurde mein Name im englischen Musikleben rasch bekannt. Auch engagierte man mich häufig zu Grammophon-Aufnahmen, und ich kam dadurch mit mehr und mehr Künstlern aus Deutschland, Österreich, Frankreich und Italien in Berührung. Aber trotz meiner zahlreichen Konzertengagements und Plattenaufnahmen blieben meine Gagen immer noch klein und verschafften mir nur ein sehr bescheidenes Einkommen. Schon seit einigen Jahren mußte ich meinen Verdienst dadurch vergrößern, daß ich Einpaukstunden mit Sängern übernahm. Noch konnte ich es mir nicht leisten, diesen höchst unangenehmen Zweig musikalischer Arbeit beiseite zu lassen.

Einpauken oder Korrepetieren – nicht zu verwechseln mit der edlen Mission des Lehrens – heißt, sich pro Stunde an einen Sänger zu vermieten, der Opernpartien, Oratorien oder Lieder lernt. Dies bringt mit sich, daß man von einem Stadtteil zum andern hin- und herrast. Jeder junge Begleiter muß diese Arbeit übernehmen, sie ist die erste Stufe auf seiner Leiter und durchaus nicht immer unangenehm. Was konnte schöner und lehrreicher für mich sein als meine Stundenarbeit mit Ronald Hayes oder Astra Desmond, zwei so vollkommen ausgebildeten Künstlern? Mit Entzücken hörte ich den reinen, strömenden Ton seiner Stimme, wenn Ronald Hayes die ›Arie Antiche‹ studierte: *Amarilli mia bella – Come raggio di sol – O del mio dolce ardor* – oder Händels ›O sleep, why dost thou leave me?‹, und ich merkte mir seine edle Art der Phrasierung. Was für ein beneidenswerter junger Mann war ich doch, daß ich Gelegenheit hatte, vom vollendeten Stil dieses Künstlers zu lernen, und noch dafür bezahlt wurde. Mit Astra Desmond, deren Vielseitigkeit erfrischend war, nahm ich die Lieder von Grieg in norwegischer, die von Kilpinen und Sibelius in finnischer Sprache durch, auch ganze Hefte spanischer, portugiesischer und griechischer Lieder in der Original-Sprache. Die Minuten mit diesen Künstlern flogen nur so dahin.

Aber unfruchtbar und langweilig waren die Stunden mit den musikalisch ungebildeten Sängern, deren Zahl weit größer war als die der guten. Heutzutage gibt es keinen Berufssänger von Rang, der als Musiker nicht einem Pianisten oder Geiger ebenbürtig ist, aber in den zwanziger Jahren gab es viele prominente Sänger, die keine Note lesen konnten. Sogar einige der großen Opernstars lernten ihre Töne wie ein Papagei; vom Einpauk-Pianisten wurde verlangt, daß er die Töne wieder und wieder anschlug und sie so ins Gehirn des Sängers hineinhämmerte, bis sie darin haften blieben. Eine Arie oder ein Lied wurde Phrase um Phrase durchgearbeitet, und bei einer einzigen Passage konnte man endlos verweilen, sie vielleicht zwanzigmal wiederholen. Und dieselbe Stelle, die einen gestern durch das nochmals und nochmals Spielen verrückt gemacht hatte, konnte heute aus dem Bewußtsein des Sängers wieder ausgelöscht sein, und man mußte die gleiche Prozedur von vorne beginnen – bis das Ziel erreicht und die Stelle unauslöschbar war. Das brauchte Zeit. Der Minutenzeiger auf der Armbanduhr schien sich nicht zu bewegen, wenn man während des Spielens heimlich danach schaute – und der Amateur-Bariton mit den Plattfüßen lispelte: »Ist es nicht großartig, wie differenziert ich diese beiden Lieder singe? Man würde nicht glauben, daß ein und dieselbe Person sie singt.« Ich aber hörte zu meinem Kummer die ganze Zeit nichts als den gleichen dummen Zauber.

Mit einer Amateursängerin, die ich begleitete, hatte ich ein höchst unerfreuliches Erlebnis. Sie war sehr reich, oder zumindest war es ihr Gatte, und meine zweimal wöchentlichen Besuche in ihrer Villa zahlten meine Miete. Wahrscheinlich wurde ihr das geringe Wissen, das sie besaß, gefährlich, denn es gab ihr das Gefühl, daß sie *alles* wisse. Auf Grund ihres Reichtums war sie höchst arrogant und erzählte mir einmal, wie sie Coenraad V. Bos, als er die Einleitung zu ›Die Allmacht‹ spielte, befahl, nochmals, und zwar richtig zu spielen. »Wollen Sie mich lehren, wie man Schubert spielt?« fragte der verblüffte Bos. »Ich möchte, daß Sie spielen, wie Schubert es wünschte«, lautete die hochtrabende Antwort. Denn – so behauptete sie – sie allein trage für Schubert die Fackel, niemand anderer; über so unbedeutende Namen wie Elena Gerhardt oder Elisabeth Schumann lächelte sie nur mitleidig. Ein Gefühl der Erniedrigung beschlich mich jedesmal, wenn ich in ihrem Haus war. Ihr prahlerischer Hochmut überbordete aber, als sie in Wien Gelegenheit hatte, mit den Wiener Philharmonikern unter Bruno Walter zu singen. Wie kam es, daß einer unwissenden Dilettantin mit einer unbedeutenden Stimme diese Ehre zuteil wurde? Geld öffnet viele Türen. Und als sie zurückkam, sagte sie zu mir: »Mein armer Gerald, können Sie sich vorstellen, daß für Wien England überhaupt nicht existiert? Es ist einfach nicht vorhanden!« (Bei vielen meiner späteren Besuche in Wien merkte ich, daß diese Feststellung gar nicht so abwegig war, wie es vielleicht den Anschein hatte; allerdings wäre es wohl richtiger, zu sagen, daß für *manche* Wiener außerhalb Wiens nichts existiere. Sie benehmen sich noch mehr wie Inselbewohner als die Engländer.) Doch als mir die Dame nach irgendeinem heftigen Streit erklärte, jemand, der nicht in sie verliebt sei, könne sie überhaupt nicht begleiten, wurde es mir zu bunt. Ob ich mich denn in einen jeden, den ich begleite, verlieben müsse, fragte ich. Wenn dem so wäre, würde mein Studio bald als »Liebesnest« bekannt werden.

Meine obigen Ausführungen scheinen zu einem »Haßgesang« entartet zu sein, und ich bitte den Leser um Nachsicht für diese boshafte Seite meines Charakters. Ich flehe ihn aber noch weiter um Geduld an, wenn ich – ohne ganz so bitter zu werden wie bisher – dieses Kapitel benütze, um mir noch mehr von der Seele zu reden; ich komme auf etwas zu sprechen, das mir alles, nur nicht lieb ist – auf das »Vorsingen«.

Wer mit jungen Sängern übt und korrepetiert, muß damit rechnen, sie zu begleiten, wenn sie einem Impresario, einem

Dirigenten oder einem Opernhaus-Ausschuß vorsingen. Zusammen mit einem Dutzend schweigender, bleicher Kandidaten, Kollegen unseres eigenen Schützlings, sitzen wir auf einer Bank oder stehen an eine Wand gelehnt in einem kahlen, schwach beleuchteten Korridor und warten, bis unser Name aufgerufen wird. So geht es beim Vorsingen in der Oper oder im Kabarett zu.

Ja, ich habe tatsächlich einmal bei einem Kabarett-Vorsingen mitgewirkt. Vor vielen Jahren hatte eine Indianerprinzessin [sic] in der Royal Choral Society's Production von Coleridge Taylor's ›Hiawatha‹ in der Royal Albert Hall eine kleine Partie gesungen. Als dieses Stück abgesetzt wurde, dachte sie an ein Engagement im Kabarett und bat mich, sie beim Vorsingen dafür zu begleiten. Es war vereinbart, daß ich sie in ihrem Hotel abholen und mit ihr über Piccadilly Circus in die Shaftesbury Avenue, wo die Prüfung stattfand, gehen sollte. Ich ahnte nicht, was mir bevorstand. Sie kam in die Hotelhalle herunter in voller Kriegsbemalung – trug Federkopfschmuck, Perlenschnüre, einen Überwurf mit Fransen, Hosen, Messer und Tomahawk im Gürtel (eine Prinzessin?) – und begrüßte mich mit einem Kriegsruf, *»How!«*. Aller Aufmerksamkeit war auf sie gerichtet. Was ging es mich an? Der Begleiter bei einem Vorsingen ist der unbedeutendste aller Sterblichen, doch konnte ich um alles in der Welt diesem Spaziergang über Piccadilly Circus nicht mit Gleichmut entgegensehen. Auf der Straße versuchte ich, ein paar Schritte hinter ihr zu bleiben, aber darauf ging sie nicht ein, sie sprach mit lauter Stimme zu mir, ließ – o Schreck – eines ihrer scharlachroten Tücher fallen und bat mich, es zu tragen. Nie habe ich inbrünstiger um einen Londoner Nebel gebetet; eine »Erbsensuppe« wäre ein Geschenk des Himmels gewesen. Ob die Prinzessin mit ihrem Vorsingen Erfolg hatte, weiß ich nicht mehr. Die Nebel der Vergangenheit haben sich über sie gebreitet, wenn auch damals kein schützender Schleier mich, ihren Ritter von der traurigen Gestalt, der sie über Piccadilly geleitete, verhüllte.

Mrs. Percy Pitt, deren Gatte seinerzeit Musikdirektor der British Broadcasting Corporation war, hatte mich gebeten, zwei ihrer Schülerinnen beim Vorsingen für das Royal Opera House, Covent Garden, zu begleiten. Das tat ich nach zwei ausgiebigen Proben mit jeder der beiden. Ich war noch sehr jung, und meine Honoraransprüche waren dementsprechend mäßig. Aber was geschah, als ich meine bescheidene Rechnung schickte? Es kam ein äußerst unfreundlicher Brief von der empörten Dame: ich solle mich glücklich schätzen, daß sie an mich gedacht habe, andere Begleiter würden sich die Beine um eine solche Chance, wie sie mir geboten wurde, ausreißen; was für ein ungehobelter Jüngling ich doch sei, daß ich wage, anzunehmen ... und so weiter, und so weiter. Auf diese Tirade schrieb ich, wenn man mir schon für die Zeit und die Arbeit, die ich ihren Schülern gewidmet habe, kein Honorar bezahle, so schiene es mir doch angebracht, daß man mir für meine freiwilligen Dienste danke, anstatt mich zu beleidigen. Darauf geruhte die Dame nicht zu antworten.

Ein erniedrigendes Erlebnis hatte ich zusammen mit Stuart Robertson, einem wohlbekannten Bassisten mit einer sehr angenehmen Stimme.

Er hatte sich darum bemüht, Sir Thomas Beecham vorzusingen, und man vereinbarte eine Zusammenkunft in der Aeolian Hall. Stuart und ich warteten im Künstlerzimmer, bis ein Saaldiener uns mitteilte, daß Sir Thomas bereit sei. Wir traten auf die Bühne, und da erspähten wir ihn im trüben Licht, eine einsame Gestalt im Zuschauerraum.

»Was möchten Sie hören, Sir Thomas?« fragte Robertson.

Eine matte, gedehnte Stimme ertönte aus den Mittelreihen herauf: »Singen Sie etwas, von dem Sie glauben, Sie könnten es besser als irgendein anderer singen.«

Dem Sänger stieg das Blut ins Gesicht.

»Dann weiß ich nicht, was ich singen soll, Sir Thomas.«

»Dann singen Sie etwas, von dem Sie glauben, Sie sängen es *gut.*«

Das Verhalten von Sir Thomas kann man weder als freundlich noch als großmütig bezeichnen, aber er hat eben nie als Kandidat an einem Vorsingen teilgenommen. Als schließlich Stuart Robertson und ich mit einer Arie aus einem Händel-Oratorium begannen, merkte ich, daß der *hohe Herr,* während ich die Einleitung spielte, mich zu einem schnelleren Tempo zu drängen versuchte, indem er mir mit Finger und Daumen zuschnippte. Da aber mein Sänger den Hochmut von Sir Thomas ertragen hatte, mußte ich wohl auch auf meinem Posten bleiben – was immer man mir zumutete.

Später tat ich ein Gelübde, nie wieder bei einem Vorsingen zu spielen. Ich kam in große Verlegenheit, als mich Elena Gerhardt bat, eine ihrer Schülerinnen zu begleiten, der Sir Adrian Boult versprochen hatte, sie anzuhören. Ich sagte Elena, wie ungern ich es täte und daß ich die Vorsingerei erniedrigend und widerwärtig fände. Aber einer Freundin etwas abzuschlagen, ist schwer, und ich ließ es mir abschmeicheln. Es war während einer Saison abendlicher *Promenade Concerts*, als wir nach einer Orchesterprobe, die den ganzen Vormittag gedauert hatte, im Saal erschienen. Der Dirigent war offensichtlich müde, erhitzt und lechzte nach einer Ruhepause vor dem Abendkonzert; auch merkte ich deutlich, daß er die Verabredung vergessen hatte. Er wollte aber sein Wort halten und hörte sich die Sängerin geduldig an. Alles, was bei dieser unglückseligen Angelegenheit herauskam, war, soweit mir bekannt ist, daß Sir Adrian mich während einiger Monate irgendwie mißtrauisch ansah, wann immer ich ihm begegnete. Und wer kann ihm das übelnehmen?

Ich gab es auf, bei Vorsingen zu begleiten.

Jahre später wechselte ich auf die »andere Seite« hinüber und wurde Mitglied etlicher Schiedsrichterkomitees. Nun sah ich alles aus einer anderen Perspektive und fand, daß der Mann, der da zu Gericht sitzt, das freundlichste aller menschlichen Wesen sei, voll Geduld und Mitgefühl. Man nehme zum Beispiel mich.

Es ist die leichteste Sache der Welt, ein Urteil über sehr Gutes oder ausgesprochen Schlechtes abzugeben, aber die halbwegs Begabten, die Grenzfälle, brachten mich in meinen ersten Tagen »am Richtertisch« in Verwirrung. Es fiel mir schwer, mein Herz zu erhärten, wenn sich eine liebe, bescheidene Maid angsterfüllt vorstellte. Hier eine nachsichtige Haltung einzunehmen, war jedoch anderen, vielleicht weniger anmutigen Kandidaten gegenüber unfair.

Während des Krieges wurden unter dem Patronat des »Arts Council of Great Britain« Prüfungen von Künstlern veranstaltet, die bei Konzerten in Munitionsfabriken, Krankenhäusern und ähnlichen Institutionen mitwirken sollten. Die Aufführungen unter diesen Auspizien wurden mit Recht als Arbeit von nationaler Wichtigkeit angesehen, und wir in der Jury bemühten uns, herauszufinden, welche Künstler die Stimmung zu heben vermochten oder welche uns traurig machten, und schickten jeden Kandidaten weg, der mit billigen Mitteln Erfolg zu erringen versuchte. Es mußte gute Musik sein, sollte sie dem kritischen Trio der Richter, deren ich einer war, gefallen.

Da saßen wir und ließen eine endlose Prozession von Kandidaten – für jeden fünfzehn Minuten – an uns vorüberziehen, junge Männer und Frauen mit Geigen, Celli, Klarinetten, Oboen und Stimmen.

Bei einer dieser Veranstaltungen wurde uns ein recht sonderbares Potpourri von einem Klavier-Geigen-Cello-Trio vorgespielt. Hinter dem grünen Tisch saß Ferruccio Bonavia, einer der strengsten Kritiker, dabei der wohlwollendste Mensch, zur einen Seite Ivor James, zur anderen mich, und wir hörten eine Auswahl von Melodien (dieses Wort »Auswahl« gehört zu den von mir bestgehaßten Ausdrücken, aber hier verwende ich ihn mit Absicht). Es war ein Arrangement von Melodien, beginnend mit Suppé, über Schuberts Ständchen, zu ›Because God made thee mine‹ von Guy d'Hardelot; von hier sprangen wir zu einem Beethoven-Menuett über und schlossen mit einem Potpourri schottischer Weisen. Der Tag war lang und ermüdend gewesen, und meine Gedanken schweiften ab. Ich kam aber sehr schnell zur Besinnung, als ich spürte, wie Bonavia – er saß links von mir – mit seiner linken Hand nach meiner Rechten griff; seine Rechte hatte bereits Ivors Linke erfaßt. Als unser Trio sein Spiel mit dem großen Finale ›Auld lang syne‹ beendete, hoben und senkten sich unsere Arme im Takt unter dem Tisch zu Bobbie Burns' berühmtem Lied.

Zur Zeit gehöre ich dem Vorstand des »Kathleen Ferrier Scholarship«, des »Guilhermina Suggia Gift Fund«, des »Boise Award« und anderer Stiftungen an und sitze mit den strengsten Kritikern zusammen – John Barbirolli, Lionel Tertis, Martin Cooper, Richard Capell, Joan Cross, Astra Desmond, George Baker und anderen, und ihre Liebenswürdigkeit und Geduld ist beispielhaft. Besonders erinnere ich mich, wie mir Barbirolli über eine junge Cellistin zuflüsterte: »Dieses Mädchen, darüber sind wir uns einig, hat bestanden – außerordentlich talentiert. Aber seit ich sie das letzte Jahr hörte, hat sie sich ein paar unangenehme Manieriertheiten angewöhnt. Ich werde sie einladen, mich zu besuchen, und mit ihr darüber reden.« Wie typisch war das für die Großmut dieses vielbeschäftigten Mannes.

Bei dieser Art von Wettbewerben ist eine anziehende Persönlichkeit im Vorteil, denn der Prüfende muß das Auftreten und die Haltung des Kandidaten, besonders wenn es sich um einen Sänger handelt, einbeziehen. Mehr als das, der Sänger wird nicht angenommen, mag er eine noch so schöne Stimme haben, wenn sein Gesichtsausdruck hölzern ist und nicht die Stimmung des Textes und der Musik wiedergibt. Denn das ist ein deutlicher Beweis dafür, daß der Sänger nicht in dem Liede »lebt«. Er vermittelt uns »nichts«. Andererseits ist eifriges Gebärdenspiel verdächtig, nur Vortäuschung von Temperament.

In der Jury der British Broadcasting Corporation war es wirklich möglich, vollkommen unparteiisch zuzuhören, denn hier bleiben die Kandidaten ungesehen und ungenannt; sie werden einzig und allein danach beurteilt, was die Jury in einem von der »Folterkammer« weit entfernten Raum hört. (Das Monstrum Television war zu jener Zeit noch unbekannt.) Lionel Salter, Leonard Isaacs, Herbert Murrill waren einige der ausgezeichneten Musiker, die bei diesen Anlässen mit Konzentration zuhörten, und in der Abgeschiedenheit unseres Abhörraumes drückten wir unser unverhohlenes Entzücken aus, wenn ein außergewöhnliches oder vielversprechendes Talent zu hören war. Jedes Mitglied der Jury schrieb für sich sein Urteil nieder, und bei einer nachfolgenden Sitzung, bei welcher der unbekannte Kandidat durch sein vorgetragenes Programm identifiziert wurde, las man die Berichte vor und traf gemeinsam die Entscheidung.

Mehr als einmal kam es mir zu Ohren, daß ein abgewiesener Kandidat sich beklagte, »die BBC hat etwas gegen mich«, aber das ist ausgesprochener Unsinn. Nirgends könnte es gerechter und unparteiischer zugehen als bei diesen Tests; die Jury besteht aus Männern, die schließlich auch nur Menschen sind. Und wenn die Sängerin, Geigerin oder Pianistin die göttliche Schönheit einer Venus besäße – wir sitzen in unserem Bau in seliger Ahnungslosigkeit dessen, was uns entgeht, und bleiben *sans peur et sans reproche*.

Jeder Richter, Schiedsrichter oder Berichterstatter sollte streng unparteiisch sein. Mir gefällt die Geschichte des Mannes, dem bei einem Kricketschlag vom Schiedsrichter ein »Out« zugerufen wurde und der sich schimpfend zu diesem wandte: »Ich war nicht *out!*«

»Lesen Sie nur morgen die Zeitungen, Sie werden sehen, daß Sie ganz gewiß *out* waren.«

Dies fiel mir ein, als bei einer unserer Juryentscheidungen der Vorsitzende mit saurer Miene verkündete: »Also, Sie haben die Tochter des Verwaltungsratspräsidenten durchfallen lassen.« Und damit war der Fall erledigt.

Jeden, der zu mir kam, nahm ich an, und die vielen Engagements füllten meinen Terminkalender, aber hauptsächlich war mir daran gelegen, meinen Namen in die Zeitungen zu bringen; das Honorar war mir erst in zweiter Linie wichtig. Was das musikalische Format meines Partners betraf – danach fragte ich nicht.

Die Konzerte wurden alle in ›The Times‹, ›Morning Post‹ und ›Daily Telegraph‹ angekündigt. Die Samstagsausgabe des Daily Telegraph war gespickt mit Anzeigen, und meinen Namen konnte ich oft zwanzigmal auf der Titelseite lesen. Gut ausgefüllte Tage, wahrhaftig. Konzerte von Rang wurden von Berichterstattern wie Frank Howes, Francis Toye, Richard Capell ziemlich eingehend besprochen, und diese lehrreichen Kritiken waren für ernste Künstler von größtem Nutzen. Andererseits hatten die Kritiker das Gefühl, ihre Zeit zu vergeuden, wenn sie, eingeschlossen in einen Saal, irgendeinem gräßlichen Geiger oder Sänger zuhören mußten. Ernest Newman war es, der seinem Unwillen einmal in der ›Sunday Times‹ mit den Worten Luft machte: »Fräulein X sang am letzten Montag in der Wigmore Hall. Warum?« In ähnlicher Weise schloß der Rezensent der *Times* ein kurzgefaßtes, vernichtendes Urteil mit den Worten: »Mr. Gerald Moore begleitete – unbegreiflicherweise.«

Die Wigmore Hall war und ist immer noch wegen ihrer irgendwie besonderen Akustik sehr geeignet für Liederabende und Kammermusik. Deshalb kam es gar nicht selten vor, daß in diesem Saal an einem Tag drei Konzerte stattfanden – um drei Uhr, um fünf Uhr dreißig und um acht Uhr dreißig. Auch in der Grotrian Hall, die heute nicht mehr existiert, und in der Aeolian Hall, jetzt eine Ansammlung von Radiostudios, wurden viele Konzerte veranstaltet. Aber die Wigmore Hall war mir am liebsten und sah mich von jetzt an sehr häufig. Ich schien mein halbes Leben dort zu verbringen, so wie vor mir Harold Craxton und noch früher Hamilton Harty, dem man nachsagte, er habe sein Bett dort aufgeschlagen.

Für den ehrgeizigen Novizen, der in London auftreten wollte, war dieser Saal das Mekka. Aber am Morgen nach dem ersten Konzert las er dann in der Zeitung, daß er bereits am Ende seiner Pilgerfahrt, an der letzten Ruhestätte seiner Hoffnungen angelangt war. Ich nahm an vielen dieser Beerdigungen teil als mitfühlender und ehrbarer Statist im Amt. Doch den Luxus eines Gewissens konnte ich mir damals nicht leisten und war davon überzeugt, daß viele dieser irregeleiteten Anfänger ihre Konzerte einzig und allein zum Nutzen des Begleiters gaben.

Hinter der Szene wirkt in der Wigmore Hall Mr. Lake, der umblättert, den Flügel verschiebt, für die Beleuchtung sorgt und der Vertraute aller Künstler ist, die er dessen würdig findet. Eines Abends kam er mit allen Zeichen der Aufregung ins Künstlerzimmer, um mich ans Telefon zu rufen. (Dieses befindet sich hinter der Bühne und ist mit dem Kassenraum verbunden.) An jenem Abend begleitete ich eine Geigerin – eine sehr schöne Geigerin. Man verstehe mich recht: ihr Instrument war eine Geige, und das Mädchen war schön. Aber diese Nymphe hatte keinerlei Musiktalent. Unsere erste Nummer war das Violinkonzert von Max Bruch – mein Klavier ersetzte das Orchester –, und es war nach Beendigung dieses Stückes, daß mir am Telefon Mr. Ferruccio Bonavia, einer der Kritiker vom ›Daily Telegraph‹, mit seiner heiseren Stimme sagte: »Mein lieber Freund, bevor ich jetzt nach Hause gehe, muß ich Ihnen doch noch für die glorreiche Erlösung durch Ihre *tuttis* danken.« Er hatte Mitleid mit mir, seine Abschiedsworte entsprangen reiner Menschlichkeit.

Bei einem Lieder-Abend, der von Ibbs and Tillet veranstaltet war, sang der Sänger dauernd falsch, weshalb mich mein Freund Tillet anrief und fragte: »Warum kannst du eigentlich nicht richtig spielen?« Als Mr. Lake das hörte, erzählte er mir von Henry Bird, einem vor vierzig Jahren bekannten Begleiter, der zu einer Sängerin in der Konzertpause sagte: »Junge Dame, ich habe versucht, für Sie auf den weißen Tasten zu spielen, und habe versucht, für Sie auf den schwarzen Tasten zu spielen, aber in den Spalten kann ich einfach nicht spielen.«

Dieses Telefon hinter der Bühne der Wigmore Hall ist jedoch gefährlich, ein Instrument, das nur *con sordino* gebraucht werden sollte.

Der Kritiker Richard Capell hätte sich in seinen kühnsten Träumen nicht vorgestellt, daß er einmal in die ernste Kricketkontroverse zwischen den Briten und den Australiern hineingezogen würde. (In einer Reihe von Kricketkämpfen zwischen England und Australien – die uns ebenso wichtig waren wie den Amerikanern die Baseball-Länderspiele – war Harold Larwood, ein außerordentlich schneller und geschickter *Bowler*, des allzu scharfen Angriffs »auf den Mann« beschuldigt worden. Die Erregung in der Sportwelt darüber griff sogar auf diplomatische Kreise über.) Capell schrieb nun über den Lieder-Abend einer Australierin, daß diese noch viele Jahre studieren müsse, bevor sie sich erlauben dürfe, wieder öffentlich zu singen. Um ihm gerecht zu werden, muß ich hinzufügen, daß das Konzert katastrophal war, die Kritiker verließen nach der ersten Liedergruppe alle verärgert den Saal, und Capells Rezension war die einzige, die in der Zeitung erschien. Die Sängerin, überzeugt, der Kritiker sei voreingenommen, weil sie Australierin war, meinte: »Das ist nur wegen dieser Kricketkontroverse.« Und damit schien sie sich zu trösten, obwohl ich ihr versicherte, daß Capell, meines Wissens, weder von Baseball noch von Kricket eine Ahnung habe.

Ein spanischer Tenor, ein Brüller, der nicht fähig war, in einem Takt auf drei zu zählen, erhielt verdientermaßen schlechte Kritiken. Das Vergnügen, sie zu lesen, wurde mir aber vergällt, als die Konzertdirektion mir mitteilte, daß der Sänger die Ursache seines Mißerfolgs *mir* in die Schuhe schob; »er sei wahrscheinlich in anderen Ländern durch wirklich gute Begleiter verwöhnt worden«. Ich schrieb ihm in Ausdrücken, die selbst ich, der ich doch leidenschaftlich gern untertreibe, nur als giftig bezeichnen kann. Vielleicht ist es zuviel, auch nur schüchtern zu hoffen, daß ihn mein Brief mitten ins Herz traf, jedenfalls ist dieser Künstler seither nicht mehr aufgetaucht.

Ich muß jedoch diese »Verlustliste« abkürzen. Es wäre der Wigmore gegenüber ungerecht, zu behaupten, sie sei bloß ein Friedhof falscher Hoffnungen. Viele der ehemaligen Großen, an die wir uns mit Bewunderung erinnern, und viele hervorragende Künstler der Gegenwart, deren Namen wir mit Begeisterung aussprechen, gaben ihr erstes Konzert in diesem lieben kleinen Saal. Für intime Musik – zum Beispiel für Lieder – ist er ideal.

Die meisten Gesangs-Abende stützen ihr Programm auf eine oder mehrere Gruppen von Liedern. Von den Musikliebhabern in England und Amerika wird der Liedgesang über alles geschätzt, und ich kann mir nicht vorstellen, daß dies in Zukunft anders sein wird. Diesem Gebiet, wo so reichlich Milch und Honig fließt, müßte jeder Sänger lange Jahre des Studiums widmen, sonst ist er schlecht ausgebildet.

Zu jener Zeit hatten wir in London einige ausgezeichnete Künstler: Flora Neilsen, eine Schülerin von Elena Gerhardt, Astra Desmond, die ich zu vielen vorher selten gehörten Schubert-Liedern begleitete, die glänzende Joan Hammond aus Australien, die beiden Schüler Warlichs – Bruce Boyce und John Goss – dann Stewart Wilson, durch den ich die herrlichen ›Magelone‹–Lieder kennenlernte, und zuletzt, doch keineswegs der Schlechteste, Mark Raphael, der Meisterschüler von Raymond von zur Mühlen.

Dank meiner Verbindung und meinem häufigen Auftreten mit dieser ausgezeichneten Künstlergruppe begann ich als eine Art Liederexperte zu gelten. Deutsche und österreichische Künstler erwogen jetzt die Möglichkeit, sich von mir begleiten zu lassen.

Und dann wurde der *London Lieder Club* ins Leben gerufen.

Diese Vereinigung veranstaltete während einiger Jahre, unter der Direktion von Walter Legge und John Richardson, eine Reihe von Lieder-Abenden im *Ballroom* des *Dorchester House* und später im *Hyde Park Hotel.* Mit Walter Legge als Veranstalter war die beste Klasse der Programme und der Sänger gewährleistet, wobei Legges geliebter Hugo Wolf sehr im Vordergrund stand. Ich wurde für alle diese Konzerte mit dem Klavierpart betraut.

Die Reihe der Künstler – alle vom Kontinent – war überwältigend: die griechische Sopranistin Alexandra Trianti, die Legge hauptsächlich deshalb auf den Parnaß erhob, weil sie Wolf-Lieder, die er liebte, aber noch nicht gehört hatte, sang; Gota Ljunberg, eine flachshaarige Schwedin; Hedda Kux, eine lebhafte Wienerin; der vorzügliche Musiker Julius Patzak; der edle Herbert Janssen (»es ist so schwer«, sagte er bei jedem Lied, obwohl er nie die geringste Schwierigkeit hatte); Friedrich Schorr, Gerhard Hüsch, Alexander Kipnis und viele andere, an deren Namen ich mich nicht mehr erinnere.

Von allen hinterließ mir Kipnis den tiefsten Eindruck; ich glaube, er war es, der das Eröffnungskonzert gab. Wir trafen uns erstmals am Morgen des Konzerttages und probten zusammen ein glänzendes, umfassendes Programm wenig bekannter Schubert-, Schumann-, Brahms- und Wolf-Lieder, mit deren Studium ich mir viel Mühe gegeben hatte. Ich erfüllte meine Aufgabe, glaube ich, recht anständig, aber von Kipnis strahlte zu mir keine Wärme zurück, denn er hegte ein tiefes Vorurteil gegen einen Lieder spielenden Engländer. Im Laufe der Zeit gelang es mir, dieses Mißtrauen zu zerstreuen, und bei seinen vielen späteren Konzerten in England war immer ich sein Begleiter; wir wurden die besten Freunde. Er war ein großartiger Musiker mit einer tiefen Baßstimme, dunkel, doch samtig und von großer dynamischer Ausdruckskraft. Sein *mezza voce* war bezaubernd und doch nicht körperlos, denn man spürte eine verborgene Kraft dahinter. Er besaß die gleiche Stimmqualität wie Schaljapin und wie wir sie heute bei Boris Christoff hören, aber diese beiden Künstler erwarben ihren Ruhm auf der Opernbühne. Als Liedersänger werden sie von Kipnis ohne weiteres in den Schatten gestellt, und ich bin bereit, ihm die Palme zuzusprechen als dem besten Musiker unter allen Bassisten, die ich je begleitete. (Ich vergesse den herrlichen Hans Hotter nicht, aber er ist eher ein Baß-Bariton als ein tiefer Baß.) Es war aber nicht leicht, mit Sascha Kipnis zu musizieren, er hatte eine panische Angst davor, daß das Klavier für seine Stimme zu schwer würde. Alle Sänger mit tiefen Stimmen und auch die Cellisten werden von dieser Furcht gequält, und man muß zugeben, daß sie von einem unachtsamen Begleiter sehr leicht übertönt werden können. Kipnis liebte es, wenn die Begleitung ein schattenhafter Hintergrund blieb. Da ich mich seiner Schwäche fügte, tönt in unserer Plattensammlung von Brahms-Liedern die Begleitung so, als ob ich im Nebenzimmer spielte – meiner Meinung nach sehr zum Nachteil der Lieder. Sascha hätte seine Lieder-Abende am liebsten *a cappella* gegeben, wenn das möglich gewesen wäre.

Gerhard Hüschs *Lieder Club* Programm bestand nur aus Liedern von Wolf und von Kilpinen, dem finnischen Komponisten. Ernest Newman bezeichnete Kilpinen als den größten Liederkomponisten seit Hugo Wolf, aber ich finde, daß er ihn damit doch zu hoch einschätzt. Gewiß ist Kilpinen mit der Stimme und dem Klavier innigst vertraut, und seine Lieder zeichnen sich durch Kraft und Klarheit der Linie sowie Knappheit der Schreibweise aus. Ohne daß er, wie Medtner oder Bax, weitschweifig und kompliziert wird, erreicht Kilpinen tiefe und bewegende Wirkungen mit den sparsamsten Mitteln. Ich hatte diese Lieder nie zuvor gespielt und konnte mir nicht von allen, die Hüsch singen wollte, die Noten verschaffen; deshalb war ich begierig, den Sänger zu treffen und zu den Noten zu gelangen. Aber was geschah? Hüsch kam erst am Konzerttag in London an, wir trafen uns in seinem Hotel, und ich sah die Noten und ihn selbst zum erstenmal eine Stunde vor unserem Auftreten. Sogar diese kostbare letzte Stunde wurde vom Sänger dazu benützt, am Klavier Vokalisen zu singen, und ich versuchte während seiner Übungen, in einem Lehnstuhl sitzend, die Lieder zu studieren. Dabei konnte ich es kaum erwarten, an die Tasten zu kommen.

Beim Konzert half ich mir irgendwie durch, und das ist alles, was ich darüber sagen kann. Es war eine nervenaufreibende Angelegenheit für mich, aber ich kann Hüsch nicht die ganze Schuld geben. Er kannte mich überhaupt nicht und dachte wahrscheinlich: »Hol's der Teufel in diesem Notfall, wenn nur ich gut bei Stimme bin.« Dennoch ist Gerhard Hüsch ein erstklassiger Liedersänger, und seine Platten der beiden Zyklen ›Winterreise‹ und ›Die schöne Müllerin‹, mit der trefflichen Begleitung von Hans Udo Müller, zeigen sein sensibles Künstlertum. Dasselbe gilt auch, wie ich – nicht nur nebenbei – hinzufügen darf, für die Platten der Hugo Wolf-Gesellschaft, die allerdings einige Jahre später aufgenommen wurden – mit dem Autor am Klavier.

Wie Kipnis und Hüsch war auch Friedrich Schorr ein bekannter Opernsänger. Er war der beste Wotan, der Hans Hotter seiner Zeit, und bereiste mit dieser großartigen Rolle die ganze Welt. Bei Liederabenden war er nicht in seinem wahren Element. Er hielt die Noten vor dem Gesicht, denn er sang kein einziges Lied auswendig, und baute damit eine Barriere zwischen sich und den Zuhörern auf. Mit vier bis fünf dicken Notenbänden unter dem Arm pflegte er das Podium zu betreten.

Alles in allem – diese Gewohnheiten, in letzter Minute eine einzige Probe abzuhalten oder – in anderen Fällen – vor dem Publikum aus den Noten zu singen (vielleicht, weil man auf der Bühne den Souffleur gewohnt war), ließen mich das Gefühl nicht loswerden, daß diese Meister, so hervorragend ihre Kunst auch war, ihre Arbeit nicht ebenso ernst nahmen wie ihre britischen Kollegen. Mag sein, daß sie ihrer selbst überaus sicher waren und deshalb glaubten, ein Auftreten in London ganz ohne Mühe mitnehmen zu können. Sicher ist, daß vor dreißig Jahren viele Musiker, in der teutonischen Tradition erzogen, wenn sie nach England kamen, mit gewichtig erhobenem Finger erklärten, »so ist es eben ...«, und dabei irgendwelche abgedroschenen Phrasen, die man schon von der Wiege her kannte, vorbrachten. Ohne es ihnen zu verargen – die meisten der erwähnten Künstler wurden meine guten Freunde –, glaube ich, daß sie damals vergaßen, wieviel wir Engländer durch die häufigen Konzerte von Elena Gerhardt, Elisabeth Schumann, Lotte Lehmann und anderen Künstlern in unserem Land gelernt hatten. Daß ein Engländer fähig sei, sie bei Liedern mit Verständnis zu begleiten, hielten jene Sänger für ein Ding der Unmöglichkeit.

Elena Gerhardt

Glühende Verehrer Schuberts und seiner hohen Nachfolge erhielten bei uns, wie ich schon sagte, großen Aufschwung durch die Besuche vieler namhafter Vertreter des Liedgesangs auf unserer Insel. Die erste Künstlerin aber, die ich hörte und deren Name mir deshalb vor allen andern einfällt, war Elena Gerhardt. Keine andere Sängerin im ersten Dezennium unseres Jahrhunderts machte auf das Publikum einen so starken Eindruck wie sie.

Als Arthur Nikisch, der große Dirigent, das junge Fräulein Gerhardt am Konservatorium in Leipzig entdeckte, hielt er sie für ein so außergewöhnliches Talent, daß er sehr bald darauf bestand, sie am Klavier zu begleiten. Zuhörer jener Liederabende hatten das Glück, das einzigartige Zusammenwirken Gerhardt–Nikisch zu genießen.

Zweifellos wurde die Öffentlichkeit zunächst vom Namen des großen Meisters am Klavier angezogen, denn die Sängerin war noch unbekannt, aber in kürzester Zeit lag ihr London um ihrer selbst willen zu Füßen. Sie gab ihr erstes Konzert in der Wigmore Hall. Von da an brauchte sie einen größeren Saal, um ihre Bewunderer unterzubringen, und avancierte zur Queen's Hall. Dort saß ich als junger Grünschnabel auf der Galerie und verliebte mich in ihren Gesang. Ich sah sie zwar nur aus der Vogelperspektive, aber ihre Wirkung war überwältigend; ihr wundervoller Kopf mit dem glatt zurückgekämmten Haar begeisterte mich, und ihre Augen und Lippen sandten ihr Lied geraden Weges zu den Zuhörern.

Es war gewiß die berechtigte Sehnsucht und das erstrebenswerte Ideal jedes Begleiters, der Partner von Elena Gerhardt zu werden. Ich beneidete ihre vortreffliche Pianistin Paula Hegner und hätte nie zu hoffen gewagt, daß ich eines Tages selbst mit Elena aufs Podium treten würde. Das Höchste, das ich mir in einer fernen Zukunft erträumte, war, sie vielleicht einmal persönlich kennenzulernen. Diese Gelegenheit bot sich, als ihr Bruder, Reinhold Gerhardt, einen Lieder-Abend in der Aeolian Hall gab. Durch einen außerordentlich glücklichen Zufall sah ich mich hinter niemand geringerem als Elena selbst sitzen. Sie drehte sich um und lächelte dem verständnisvollen Zuhörer freundlich zu, der so viel Begeisterung für die von Reinhold gesungene ›Winterreise‹ bekundete. Noch viele Jahre sollten vergehen, bis ich Elena Gerhardt wiedertraf, und in der Zwischenzeit hatte sie mehrere englische Begleiter, Harold Craxton, George Reeves und Ivor Newton, mit denen sie natürlich sehr zufrieden war.

In den dreißiger Jahren wurde ich eines Tages unvermutet von der Konzertagentur angerufen und gebeten, mir für einige Monate später einen Lieder-Abend mit Elena Gerhardt vorzumerken. Zur gegebenen Zeit fand ich mich im Claridge's Hotel zu unserer ersten Probe ein.

Man hat mich schon oft gefragt, wie es mir als jungem Mann bei einer ersten Probe mit einem Künstler, den ich vielleicht schon seit Jahren ehrfürchtig bewunderte, zumute gewesen sei. Die Antwort auf diese Frage ist sehr einfach; bei einer ersten Probe bin ich immer nervös, sei es mit Elena Gerhardt, mit Pablo Casals, mit Yehudi Menuhin oder mit einer blutigen Anfängerin. Ich sehe dieser Probe mit ebensoviel Bedacht entgegen wie dem Konzert selbst, denn bei ihr schätzt man die Persönlichkeit und die künstlerischen Kräfte gegenseitig ein. Madame Gerhardt wird gespannt auf jeden Ton, den ich spiele, aufpassen und dabei hören, wie ich diese oder jene Stimmung oder Farbe wiedergebe, sie wird meine Sensibilität in der Behandlung einer Phrase, meine Anpassungsfähigkeit bei einem Tempowechsel erforschen. Sie wird augenblicklich wissen, ob ich ein Begleiter bin, der seine wesentliche Aufgabe darin sieht, unaufdringlich zu sein. »Miss Jones«, die für ihr Debüt mit mir probt, wird sich bestimmt fragen: »Kann ich mit diesem Mann arbeiten? Wird er mein Selbstvertrauen stärken oder mir das bißchen Mut, das ich habe, noch rauben?« Deshalb ist diese erste Probe so wichtig. Wenn irgend möglich, bereite ich mich darauf gründlich vor, damit der Sänger sofort volles Vertrauen zu mir faßt. Sich von einer mißglückten ersten Probe wieder zu erholen, gelingt nur langsam und mühevoll und manchmal erreicht man es nie.

Ich fand Elena reizend; sie war wie die meisten großen Künstler nicht eingebildet; nach kurzer Zeit plauderten und scherzten wir zusammen in den Pausen zwischen den Liedern. Aber ob wir plauderten oder nicht, meine Arbeit war mir heilig, und ich ließ das Ziel nicht einen Moment aus den Augen. Elena war nicht ein Mensch, der feierliche Reden hielt; alle ihre Vorschläge machte sie durch die Musik. (Ein Geiger, mit dem ich einmal ein Programm vorbereitete, hielt mir eine vierzig Minuten lange Predigt, bevor ich nur einen Finger auf die Tasten setzen konnte.) Manchmal spürte Elena, daß ich das Tempo eines Liedes schneller oder langsamer empfand als sie, und dann erklärte sie mir, weshalb sie ein anderes Gefühl dafür hatte. Sie haßte unsichere und gehaltlose Unterstützung von seiten ihres Partners; wie John Coates liebte sie es nicht, wenn sich der Begleiter zu sehr im Hintergrund hielt. »Seien Sie nie zu diskret«, sagte sie, »wenn Sie mich begleiten. Die Stimme und das Klavier sind in diesen Liedern gleich wichtig.« Dieser eine Grundsatz, fast nur nebenbei geäußert, ist einer der wenigen, die sie aufstellte, und ich habe ihn nie mehr vergessen.

Seit unserer ersten Probe im Claridge's Hotel hatte Elena Gerhardt keinen anderen Begleiter mehr als mich.

Nervosität vor dem öffentlichen Auftreten wird durch Erfahrung keineswegs geringer, sondern im Gegenteil, sie wächst mit dem Ruhm und der daraus entstehenden größeren Verantwortung. Elena Gerhardt bildete, soweit ich es beurteilen kann, eine Ausnahme. Selten, wenn überhaupt je, hörte ich sie vor einem Konzert Vokalisen singen. Sie saß ruhig da und plauderte über alles eher als über Musik. Ob mir ihr Kleid gefiele? Ob sie dicker werde? (»Nikisch pflegte zu sagen, man könne von einem guten Ding nie zuviel haben.«) Im Verlauf des Konzerts war sie ein Vorbild an Würde und Sammlung und zog zwischen den einzelnen Liedern ruhig und ohne Hast ihr *aide-memoire* zu Rate.

Elena war eine so große Meisterin der Tonfärbung, daß Ernest Newman behauptete, der Zuhörer wisse sofort, ob sie in einer Dur- oder Molltonart singe, auch wenn er nur einen einzigen Ton – unbegleitet – von ihr höre. Ihre ganze Persönlichkeit schien sich zu verwandeln, während sie in jedem Lied lebte – denn ohne irgendeine Bewegung, außer ihrem lebhaften Mienenspiel, vermochte sie uns aus einer Stimmung in die andere zu versetzen. In ›Immer leiser wird mein Schlummer‹ von Brahms schien eine Leidende zu singen, so blaß und welk klang – ohne die Linie zu verlieren – ihre Stimme. In der heiter-gelassenen ›Feldeinsamkeit‹ hatte die Sängerin eine besondere, ganz erstaunliche Art, am Schluß jeder Strophe ihren Ton zu vergeistigen – die Erde schien stillzustehen; es ist mir ein Rätsel, wie sie ihre Töne in den langgezogenen Phrasen spinnen konnte, scheinbar ohne Atem zu brauchen. ›Die Allmacht‹ hingegen sang sie mit machtvoller Stimme, deren Glockenton keinen Augenblick unter der orgelgleichen Begleitung unterzugehen drohte. In den hellenischen Schubert-Liedern verlor ihre Stimme alle Weiblichkeit und wurde, zum Beispiel in ›Der Atlas‹, direkt angriffig; bei den wuchtigen Schlägen in *Dithyrambe* fühlte man hingegen ein körperliches Verlangen, mit der Musik mitzuschwingen.

Keine Frau war je imstande, die ›Winterreise‹ so zu singen wie Elena Gerhardt, man vergaß dabei ganz, daß sie eine Frau war. Doch empfand man diese Tatsache wieder eindringlich, wenn sie uns mit dem Zyklus ›Frauenliebe und -leben‹ von Schumann erschütterte. Und gab es je eine Sängerin, die uns Lachen und Fröhlichkeit echter vermitteln konnte als Elena?

Doch hinter diesem großen Künstlertum stand ein schlichter Mensch. Die zarte Wirkung ihrer feinen Farbtöne, ihre Meisterschaft im Rhythmus und in der Phrasierung waren nicht das Ergebnis von Zergliederung und kaltblütiger Berechnung. Sie sang, wie sie fühlte, eine intuitive Sängerin, zum Singen geboren.

Da sie England liebte und hier auch geliebt wurde, ließ sie sich mit ihrem Gatten, Dr. Fritz Kohl, in einem reizenden Haus in Hampstead nieder. Hier nahm sie Schüler aus aller Welt an, und dorthin ging ich zu den Proben für unsere Konzerte. Als ich in späteren Jahren Enid heiratete, nahm ich sie zu den Proben mit, denn Elena und Fritz liebten sie herzlich. Nach dem Abendessen spielten wir Bridge.

Einmal hatten wir ein Konzert in Colchester, dem Elena und ich mit Freude entgegensahen; doch so ungern ich dies im Zusammenhang mit einem Auftreten Elena Gerhardts niederschreibe – es war ein Fiasko. Nicht, daß Elena schlecht bei Stimme oder ich nicht auf der Höhe gewesen wäre; auch die Zuhörerschaft war so aufgeschlossen, wie man es nur wünschen konnte. Aber – es gab keine Austern! Obwohl Austernzeit war und Elena und ich die gleiche Leidenschaft dafür hegten, nicht eine einzige Auster war aufzutreiben. Jahre später, als ich einmal einen Vortrag in Colchester hielt, kam ein Fremder in meine Garderobe und sagte, er sei Austernzüchter und ob er mir welche senden solle. Ich gab ihm zu verstehen, daß ein paar Dutzend hochwillkommen seien. Meine bescheidene Bitte wurde reichlich belohnt, denn einige Tage später erhielt ich einen Sack voll mit zwölf Dutzend Austern! Schnell schenkte ich einige davon verschiedenen Freunden, den Rest brachte ich nach Hampstead, und Elena und ich taten uns an je vier Dutzend gütlich. Enid schaute uns dabei zu, zum Glück ist sie gegen diese erlesene Meeresfrucht allergisch.

Ohne Gemütsbewegung zu zeigen oder mit einer Miene zu verraten, daß sie im Begriffe war, eine historische Erklärung abzugeben, sagte Elena eines Tages im März 1947 ganz ruhig zu mir: »Gerry, dieses nächste Konzert in Liverpool wird mein letztes sein.« Ich machte keinen Versuch, sie umzustimmen, denn ich hatte zu große Achtung vor ihrer Urteilskraft. Wenn ein Künstler seine Kräfte schwinden fühlt, ist es weise von ihm abzudanken. Aber ich hatte Angst, daß unsere Stimmung im Adelphi-Hotel nach dem Konzert recht traurig sein würde. Zu meiner Erleichterung kündete Fritz sein Kommen an und bat mich, auch Enid mitzubringen. Nur wir vier kannten Elenas Entschluß, den Leuten von Liverpool wurden keine Fanfaren geblasen, und keiner der Anwesenden ahnte, daß er den historischen Augenblick erlebte, da der Vorhang über einer Karriere fiel; einer Karriere, die nicht nur für die Künstlerin brillant gewesen war, sondern auch von unermeßlichem Wert für das Musikleben. Wie ergreifend könnte ich – wenn ich das Talent dazu hätte – die nachfolgende Szene schildern: »Gegenseitige Ehrenbezeigungen, melancholische Umarmungen, tränenerstickte Trinksprüche.« Nichts von alledem geschah. Wir hatten die fröhlichste Party zusammen und wünschten einander unter lautem Gelächter eine gute Nacht.

Elena war eine sehr tapfere Frau. Ich habe dies soeben angedeutet, als ich von der philosophischen Haltung sprach, mit der sie sich aus dem Konzertleben zurückzog. Einen neuen Beweis von Charakterstärke erbrachte sie, als sie ihren Gatten, den klugen Berater und liebevollen Gefährten, verlor. Nun lebte sie allein, aber ein Kreis von anhänglichen Schülern und Bewunderern, die sie in ihrer Glanzzeit hatten singen hören, verschönten und erheiterten ihr Dasein. Ihr Bruder Reinhold und dessen Gattin, die sie aus Ostdeutschland herausgeholt hatte, lebten in ihrer Nähe, und die letzten Lebensjahre verbrachte sie mit derselben Einfachheit und Würde, die ihren Gesang in den vergangenen Tagen ausgezeichnet hatten.

Wenn in der heutigen Zeit Programme deutscher Lieder in den großen Konzertsälen Londons und New Yorks erklingen, sollten wir dankbar Elena Gerhardts gedenken, denn es war ihre Pionierarbeit, die so viel dazu beigetragen hat, die englisch sprechende Welt zur Verehrung Schuberts und seiner hohen Nachfolge zu bekehren.

Es ist tragisch, daß die dafür Verantwortlichen sich nicht anstrengten, mehr Schallplatten-Aufnahmen von dieser großen Sängerin zu machen, solange sie noch auf der Höhe ihrer Kunst stand. Man muß es den Grammophon-Gesellschaften zum Vorwurf machen, daß es nur so wenige Platten von Elena Gerhardt gibt.

In den zehn Jahren von 1929 bis zum Ausbruch des Krieges war ich außerordentlich viel beschäftigt; gute, schlechte und belanglose Konzerte, Schallplatten-Aufnahmen und das damit verbundene Üben und Proben für alle diese Engagements. Außerdem hatte ich mit verschiedenen Sängern zu korrepetieren und einige Pianisten zu unterrichten. Der Tag war nicht lang genug. Es war ein ständiges Kommen und Gehen bei mir von Sängern aller Typen und Kategorien, von Instrumentalisten aller Arten. Mein deutsches Mädchen, von dem alle behaupteten, es sei eine Doppelgängerin Marlene Dietrichs, war den ganzen Tag damit beschäftigt, Leute herein- und hinauszulassen. Mein Terminkalender glich dem eines Modezahnarztes. Im Jahre 1929 hatte ich eine charmante Kanadierin geheiratet, doch wir trennten uns fünf Jahre später in gegenseitigem Einverständnis. So nahm ich mein Junggesellenleben wieder auf, aber ich fand es unerträglich, nach einem anregenden Konzert allein nach Hause zu kommen und gleich zu Bett zu gehen. Ich suchte Entspannung in einem bekannten Bridge-Club, wo ich Nacht für Nacht, mit einem Glas Whisky-Soda neben mir, bis zwei und drei Uhr morgens spielte. Diese Lebensweise ist nicht empfehlenswert, aber ich entlastete mein Gewissen mit Ernest Hemingway's Devise: »Jeder brave Mann trinkt ein wenig mehr, als er sollte.« (Ein Engländer, der Jacques Thibault um das Geheimnis seines wundervollen *vibrato* fragte, erhielt die Antwort: »Es ist euer wundervoller schottischer Whisky.«)

Besonders in der Stunde nach dem Lunch hatte ich Mühe, wach zu bleiben, und leistete mir während der Klavierstunden manches Nickerchen.

Von all den Konzerten – und es müssen Hunderte gewesen sein – sind mir nur die sehr, sehr guten und die ausgesprochen mißglückten im Gedächtnis geblieben. »Komisch, daß Sie sich nicht an mich erinnern«, bekomme ich oft zu hören, »Sie haben mich doch vor dem Krieg einmal begleitet!« Dann ziehe ich mich mit der vielleicht etwas plumpen Ausrede, daß ich mir das Konzert nur dann gemerkt hätte, wenn es schlecht gewesen wäre, aus der Affäre.

Mein erstes Auftreten in Paris fand im Jahre 1931 statt, als ich mit Reinhold von Warlich im kleinen Chopin-Saal einen

Brahms-Abend gab. Er hatte in diesem Programm auch ›Vier ernste Gesänge‹, und man sagte mir, diese Lieder würden in Paris zum erstenmal öffentlich aufgeführt. Es fällt mir schwer, dies zu glauben, selbst wenn ich die Gleichgültigkeit der Franzosen Brahms gegenüber in Betracht ziehe.

Unter den Zuhörern dieses Konzerts befand sich ein alter Freund, der Sohn meines Professors in Toronto, der Geiger Jan Hambourg. Er schien sehr stolz auf mich zu sein und stellte mich allen Bekannten als einen »Sprößling« Mark Hambourgs vor. Plangemäß sollte ich am nächsten Tag nach London zurückkehren, doch Jan überredete mich, meinen Aufenthalt in Paris zu verlängern, um Yehudi Menuhin zu hören. Jan und seine Frau Isobel waren sehr befreundet mit der Familie Menuhin. Yehudi – damals trotz seiner erst vierzehn oder fünfzehn Jahre schon weltberühmt – wurde in Europa besonders gut aufgenommen, da Kreisler und Heifetz nur selten hierherkamen. Dieser Wunderknabe war schon mehrmals mit rauschendem Erfolg in London aufgetreten, aber ich hatte nie Gelegenheit gehabt, ihn zu hören. Auf dem Programm jenes für mich so denkwürdigen Pariser Konzerts standen drei Werke: als erstes das F-Dur-Konzert von Bach, zum Schluß die Symphonie Espagnole von Lalo, beide Werke von Georges Enesco dirigiert, und in der Mitte das Elgar-Violinkonzert, das Sir Edward persönlich leitete. Von der Wirkung auf mich kann ich nur sagen – ich war hingerissen. Da ich kein Tagebuch führe, stammen sämtliche Gedanken, die ich in diesem Buch niederlege, aus meinem Gedächtnis. Wie stark Yehudis Spiel mich beeindruckte, zeigt sich darin, daß ich mich an jede Einzelheit dieses Konzerts und seines Programms erinnere.

Zu meinem Entzücken nahmen mich Jan und Isobel am nächsten Tag hinaus nach Ville d'Avray zum Tee und Abendessen mit der Familie Menuhin. Yehudi raste mit halsbrecherischer Geschwindigkeit auf einem neuen Fahrrad rund um den Park herum, und ich fand ihn reizend und natürlich, ganz und gar nicht verwöhnt, bescheiden und liebenswert – wie man es nur wünschen konnte.

Man sagte mir nachher, daß Yalta, die jüngere Schwester Yehudis, sich in mich »verschossen« hätte, was ich sehr schmeichelhaft fand. Damit man jedoch nicht meine, ich kompromittiere eine Dame, möchte ich hinzufügen, daß sie damals acht und ich dreißig Jahre alt war. Seit jenem Tage habe ich sie nie wieder gesehen.

In den Anfängen von Yehudis Laufbahn sein Begleiter zu sein, war keine ungemischte Freude, denn dieser stand ganz unter Vater Menuhins eiserner Disziplin. »Nach dem Frühstück werden Sie zwei Stunden üben – die Mozart-Sonate müssen Sie noch gründlich studieren – dann werden Sie mit Yehudi bis zum Mittagessen proben, danach können Sie eine Stunde spazierengehen und dann arbeiten Sie wieder mit Yehudi.« Derselbe Begleiter folgte der Familie Menuhin überallhin – ein solches Leben wäre nicht nach meinem Geschmack gewesen.

Yehudi Menuhin ist für meinen Begriff heute der interessanteste Geiger im Konzertleben; interessant, weil er menschlich ist, mit Höhe- und Tiefpunkten, und nicht wie eine Maschine. Bald ist er von heiligem Feuer beseelt, bald sentimental und unausgeglichen. Er sucht nicht auf leichte Art Beliebtheit beim Publikum zu erringen, indem er Salonstücke spielt, sondern sein Geist liebt es, um große Werke zu ringen und sie zu meistern. Bei einer Sonate oder einem Konzert von Bach ist er im Himmel und seine Zuhörerschaft ebenfalls. Als sein Partner erkannte ich es rasch, wenn er Musik spielte, die ihn nicht beseelte. Wie könnte ein Künstler, den Bartók als seinen idealen Interpreten umarmte, großes Interesse für ein Paganini-Konzert aufbringen? Deshalb erhält Yehudi manchmal schlechte Kritiken. Ob er sie liest, weiß ich nicht, jedenfalls scheinen sie ihm keinen Eindruck zu machen. Einmal sagte er mir vor einem Konzert lächelnd, er sei soeben gefragt worden, ob er nervös sei, wenn er öffentlich spiele, und habe geantwortet: »Ich nicht – nur die Kritiker.«

Er liebt Kammermusik und läßt sich keine Gelegenheit entgehen, zwischen seinen Engagements in einem Streichquartett oder Klaviertrio bei Freunden mitzuspielen. Bei Elena Gerhardt spielten wir eines Abends mit Casals Trio – am Klavier abwechselnd Louis Kentner und ich – bis vier Uhr morgens.

Yehudi, jetzt ein Mann in den Vierzig, hat sich seine Beliebtheit beim Publikum noch überall erhalten. Sein phantastischer Aufstieg als Jüngling, das anormale Leben des Wunderkinds, die Schmeicheleien der großen Masse hinterließen keine Spuren bei ihm.

Erst als Yehudi während der Kriegsjahre nach Europa kam, arbeiteten wir zusammen, aber in der Zeit von 1929 bis 1939 spielte ich mit andern großen Geigern; mit Mischa Elman, Nathan Milstein, Albert Sammons, Max Rostal, Ida Haendel und der vielversprechenden Eda Kersey. Eda und ein feuriger Knabe aus Israel, Josef Hassid, starben beide, bevor sie zur Reife gelangten. Hassid war in der Tat – vielleicht mit Ausnahme Menuhins – der glänzendste junge Geiger, den ich je hörte. Er war der Fischer-Dieskau unter den Geigern – voll glühender Begeisterung.

Würde man die Cellisten fragen, ob ihr Instrument leichter zu meistern sei als die Geige, würden sie das energisch verneinen, aber trotzdem scheint es mir – wenn auch die Zahl der Geiger überwiegt – mehr gute Cellisten als gute Geiger zu geben. Jedenfalls kreuzten jene häufiger meinen Weg, das heißt die Guten unter ihnen, denn die Zweitklassigen vergesse ich natürlich. Da waren Emanuel Feuermann, Gaspar Cassadó, Guilhermina Suggia, Hans Kindler, Pierre Fournier, Raya Garbousova, Josef Schuster und vor allem der große Casals, für den zu spielen ich erst viel später auserkoren war.

Feuermann besaß eine perfekte Technik, ähnlich der von Heifetz auf der Geige; sein Spiel war makellos. Zum erstenmal trat er in London in Trio-Abenden auf, ich glaube, mit Arthur Schnabel und Carl Flesch. Doch seine eigenen Konzerte wurden während mehrerer Jahre von der englischen Presse so lauwarm aufgenommen, daß er daran dachte, seine Besuche in London aufzugeben. Nach einem Konzert mit mir erhielt er eine vernichtende Kritik und sagte zu mir: »Wenn einer meiner Schüler diese Kritik erhielte, würde ich ihm raten, das Cello an den Nagel zu hängen.« Ausländische Künstler finden, daß man sich in England nur schwer durchsetzen könne. Erfolg ist ihnen, wenn überhaupt je, selten über Nacht beschieden. Deshalb frohlocken sie sehr, wenn die Kritiker sie endlich anerkennen. Feuermann errang seinen Triumph in England unter dem Dirigentenstab von Toscanini. Der Meister bestand darauf, ihn und keinen anderen als Solisten in ›Don Quixote‹ von Richard Strauss zu haben. Es war eine denkwürdige Aufführung, und ich telefonierte Feuermann am nächsten Morgen, um ihm zu sagen, daß er nun wirklich das Eis gebrochen habe. Toscanini war überglücklich mit ihm, und die Zeitungen lobten ihn begeistert. Aber, *hélas,* dieses Konzert war sozusagen sein Schwanengesang in England. Kurz darauf begab er sich auf eine Tournee in die Vereinigten Staaten, und als der Krieg in Europa ausbrach, blieb er dort. In seine Heimatstadt Wien konnte er als Jude nicht zurückkehren. Er starb an einer unheilbaren Krankheit, aber auch an gebrochenem Herzen, als er erfuhr, daß sein Vater, Musiker wie er, von den Nazis gezwungen worden war, den Gehsteig vor seinem Haus auf den Knien und mit bloßen Händen und ätzender Lauge zu scheuern.

Guilhermina Suggia hegte für Feuermann die größte Bewunderung. Wenn auch Rivalin, war sie die großmütigste Kollegin und von seinem Spiel tief beeindruckt. Einmal lud sie ihn zum Tee ein, aber diese Zusammenkunft endete nicht sehr glücklich. Guilhermina besaß zwei Instrumente, ein Stradivarius- und ein Montagnana-Cello. Feuermann bat sie, zuerst auf dem einen und dann auf dem andern Cello zu spielen, aber schon nach einigen Tönen nahm er ihr das Instrument aus der Hand und entlockte ihm einen doppelt so starken Ton, als sie selbst es imstande war. Feuermann vertrat die Meinung, daß das Cello ein Männerinstrument sei, da physische Kräfte nötig wären, um einen großen Ton hervorzubringen. Die linke Hand eines Cellisten oder Geigers muß sehnig und geschmeidig zugleich sein, und die Spannweite, die sie braucht, ist riesig. Die Gewichtseinstellung des rechten Arms hingegen sollte es dem Spieler ermöglichen, vom Frosch bis zur Bogenspitze den gleich großen Ton zu erzeugen. Das Handgelenk von Casals ist stark wie ein Ankertau.

Guilhermina fühlte sich übertrumpft und nahm Feuermann seine lauwarme Anerkennung insgeheim übel, während er sie mir später abschätzig als »Salonspielerin« schilderte. Aber Guilhermina Suggia war in London sehr beliebt. Ihre auffallende Erscheinung, die mit dem Porträt, das Augustus John von ihr malte, so richtig getroffen ist (John schwur, er würde nie wieder ein Cello malen), machte einen kühnen, romantischen, farbenfrohen Eindruck. Ihr Spiel wirkte überzeugend tief und leidenschaftlich, aber das Gegenteil war der Fall: es war berechnet, korrekt, klassisch und – ihrem Charakter entsprechend – undifferenziert. Sie war weit davon entfernt, die feurige Primadonna zu sein, als die sie auftrat.

Das Spiel Cassadós erregte mein Interesse mehr als das irgendeines anderen Cellisten. Er war voll Ideen und Originalität. Auf dem Steg seines Instruments hatte er eine merkwürdige Vorrichtung angebracht, die den Ton verstärkte, und sogar bei lyrischen Stücken, wie zum Beispiel ›Après un rêve‹ von Fauré, saß er in der Biegung meines weit geöffneten Flügels, damit er meinen vollen Ton hören konnte. Manche Puristen, die ihn zwar als Künstler bewundern, machen ihm diese Trick-Einrichtung zum Vorwurf, die nach ihrer Meinung dem Cellotimbre den wahren Charakter nehme. Aber ich muß gestehen, mir gefällt es. Cassadó ist der einzige Cellist, bei dem jeder Ton seines Instruments hörbar ist, wenn er ein Konzert mit Orchester spielt.

Die Konzerte mit diesen Künstlern in der Wigmore Hall waren Höhepunkte. Doch es gab auch Schattenseiten, und an manchen der Abende in diesem Saal denke ich nur mit Schaudern zurück.

Meiner Gutmütigkeit wurde viel zugemutet, als jener drittklassige Violinspieler mich bei unserer ersten Probe fragte, welches der beliebteste Geiger in England sei. Ohne den Sinn dieser Frage zu verstehen, antwortete ich nach einigem Überlegen, ich glaube, es sei Kreisler, den das englische Publikum am meisten liebe. »Gut«, sagte er, »dann werde ich hier im Stile Kreislers spielen.« In Paris spielte er zweifellos im Stile Thibauds.

In der Nacht des 10. Mai 1941 zerstörte eine einzige Brandbombe den beliebtesten Konzertsaal der Welt, die Queen's Hall. An seiner Stelle befindet sich jetzt ein Autoparkplatz. Meine Konzerte in diesem Saal mit Elisabeth Rethberg, Dusolina Giannini, Frieda Hempel, Frieda Leider – der einzige Lieder-Abend, den diese Sängerin je in England gab –, mit Elisabeth Schumann, Ria Ginster, der Holländerin Jo Vincent und den beiden griechischen Sängerinnen Trianti und Nicolaidi sind mir noch lebhaft in Erinnerung.

Das waren alles bedeutende Veranstaltungen. Als Elisabeth Rethberg ihren Lieder-Abend gab, stand sie auf der höchsten Stufe ihres Könnens. Ihren Proben wohnte Ezio Pinza bei, und ich denke noch belustigt daran, wie er sich vor Staunen nicht fassen konnte, als er bemerkte, daß ich ein paar einfache Lieder vom Blatt spielte.

Frieda Hempel feierte damals, nach langer Abwesenheit von England, ein herzlich aufgenommenes Comeback. Es war ein wenig schwierig, mit ihr zu arbeiten, denn sie verlangte von mir bei mehreren Gelegenheiten, mein Klaviernachspiel zu streichen. In das Programm eingeschlossen waren auch zwei Lieder von Hugo Wolf – ›Er ist's‹ und ›Ich hab' in Penna einen Liebsten wohnen‹ – beide mit brillanten und schwierigen Begleitungen und ebensolchen Nachspielen. »Schlagen Sie einfach einen Akkord an, wenn der Gesang zu Ende ist, sonst stört es meinen Applaus«, beharrte sie, aber ich wollte nicht nachgeben. Es wäre beleidigend für den Komponisten, wandte ich ein, und außerdem nachteilig für mich persönlich, denn kundige Zuhörer würden glauben, die Nachspiele seien mir zu schwierig. Ich mußte mich auch dagegen wehren, Kostüme zu tragen. Ihre Liederabende mit den Jenny Lind-Programmen verpflichteten sie zweifellos, im Kostüm dieser Epoche aufzutreten, ich aber hatte keine Lust, einen grünen Frack anzuziehen und in rehbraune Hosen zu steigen, die im Laufe der Tourneen Frieda Hempels schon von Begleiter zu Begleiter gewandert waren.

Doch mein besonderer Liebling an jenem Sternenhimmel war Elisabeth Schumann. Diese verehrungswürdige Person strahlte, wie ihr Gesang, eitel Sonnenschein aus.

Sie sang mit einem Lächeln.

Bei ihren Übungen vor einem Konzert, immer in Angst vor dem »Frosch im Hals«, gab sie den Tonleitern ihre eigenen Worte: »Ja, mein Lieber, das ist ein Beruf« oder dem A-Dur-Arpeggio: »Wa-a-rum tu-un wir das?«. Aber auf der Bühne wurde ihre ganze Nervosität von der reinen Freude am Singen verdrängt.

Sie wählte mit Klugheit Lieder, die ihr von Natur aus lagen. Genau wie sie sich in der Oper für die Rollen der Susanna oder Sophie entschied und nicht für den Fidelio oder die Elektra, sang sie in ihren Lieder-Abenden mit Vorliebe ›Das Veilchen‹ von Mozart, ›Auf dem Wasser zu singen‹ von Schubert, ›Aufträge‹ von Schumann, ›Ständchen‹ von Richard Strauss. Diese Lieder schienen für sie geschaffen, und selten höre ich sie, ohne dabei an Elisabeth Schumann zu denken. Jedoch was ich hier sage, gibt von ihrer Kunst einen falschen Eindruck, denn man könnte glauben, ihr Repertoire habe aus einer Reihe fröhlicher, schnell gesungener Lieder bestanden. Es ist wohl wahr, daß sie dramatische Lieder, wie ›Die junge Nonne‹, ›Der Zwerg‹ und ähnliche Gesänge, vermied, aber niemand konnte ›Frauenliebe und -leben‹ herzbewegender singen oder ›Nacht und Träume‹ und ›Ave Maria‹ mit tieferem Gefühl und ruhigerer Linie vortragen als sie, und wenn sie ›Morgen‹ von Richard Strauss sang, strömte sie auf unvergleichlich wunderbare Art heitere Gelassenheit aus.

Wenn ich jetzt die Schallplatte ›Frauenliebe und -leben‹ anhöre, die von uns zusammen aufgenommen wurde, kann ich es kaum glauben, daß Elisabeth Schumann damals bereits die Sechzig überschritten hatte. Sie blieb mit ihrem Gesang viel länger in guter Form als die meisten ihrer Kolleginnen, weil ihre Stimme so hervorragend geführt war. Natürlich wurde mit zunehmendem Alter ihr Repertoire kleiner, obwohl ihre Stimme nie den reinen Silberklang verlor. Sobald ihr ein Lied beschwerlich wurde, strich sie es von ihrer Liste. Als wir für ihr letztes Konzert in London probten, vertraute sie mir an, daß ›Frühling übers Jahr‹ von Hugo Wolf nun doch über ihre Kräfte ginge, »aber es steht schon auf dem Programm, was soll ich tun?« Wir versuchten das Lied einen halben Ton tiefer. Sie sah mich bang fragend an: »Was meinst du, mein Lieber?« Ohne Zögern riet ich ihr, es vom Programm zu streichen, und sofort strahlte sie vor Freude. »Mein Schatz, jetzt werde ich das Konzert genießen.«

Als sie nach dem Krieg wieder nach England kam, reisten wir einmal nach einem Sonntagnachmittagskonzert in New Castle gemeinsam zurück nach London.

Das Reisen am Sonntag ist in England nie ein Vergnügen, denn die Züge sind überfüllt, kommen wegen Arbeiten auf der Strecke und wegen Umleitungen verspätet an, und um die Unannehmlichkeiten zu vermehren, glänzen die Speisewagen durch Abwesenheit; man erwartet von den Reisenden nicht, daß sie am »Sabbath« zu essen wünschen. Es war eine ermüdende Fahrt. Plötzlich fragte Elisabeth, was wohl die Herren X and Company jetzt täten. Das war unsere Konzertagentur, und wir unterhielten uns manchmal mit dem kleinen Spiel, uns auszudenken, daß der Agent, während wir reisten, Konzerte gaben und allerhand Beschwerden auf uns nahmen, zu Hause saß und sich ausruhte. (Seinen Namen nenne ich nicht, denn er war ein persönlicher Freund von Elisabeth und mir.) Auf ihre Frage antwortete ich damals: »Jetzt schläft er gerade.« Um Mitternacht in London angekommen, fanden wir kein Taxi. Ich packte unsere beiden Koffer, und wir tauchten hinunter zur Untergrundbahn, in der Hoffnung, den letzten Zug zu erwischen. Unten angekommen, hörte ich eine Stimme »Gerald, Gerald« rufen, und mich umschauend sah ich Elisabeth in einer Menschenschar die Treppe heruntersteigen. »X and Company«, rief sie und neigte dazu den Kopf seitlich auf ihre Hand, als ob sie schliefe.

Diesen ganzen Unsinn erzähle ich, weil es einige Tage später bei Elisabeths Lieder-Abend in der Central Hall zu einem Schlußeffekt kam. Das Konzert war von X and Company veranstaltet, und der Chef der Firma war persönlich anwesend, um uns behilflich zu sein. Gerade als wir aufs Podium traten, zog Mr. X den Vorhang für uns zurück und sagte laut und deutlich: »X and Company schlafen *nicht* heute abend.« Wir hatten keine Sekunde Zeit, einen Blick miteinander zu wechseln, obwohl wir vor Lachen fast herausplatzten. Bis heute ist es mir ein Rätsel, auf welche Weise unser kleiner Scherz zu den Ohren von X and Company gedrungen war.

Elisabeth war keiner niedrigen Handlung fähig, und ich hörte sie niemals ein unfreundliches Wort über irgend jemanden sagen. Vielleicht kann ich ihre Wärme und Großmut mit folgender Geschichte erläutern. Während ihres Aufenthalts in New York, wo sie Gesangsklassen am Curtis-Institut leitete, folgte meine Freundin Lies Askonas der Einladung Elisabeths, bei ihr zu wohnen. »Morgen hat eine junge Wiener Sängerin ihr Debüt in der Town Hall«, sagte Elisabeth, »man nennt sie die zweite Elisabeth Schumann. Sie trägt, wie ich seinerzeit, in ihrem Haar eine weiße Strähne, aber ich glaube nicht, daß mir all das gefällt, denn ich habe das Gefühl, daß sie mich imitiert. Sie beginnt ihr Programm auch mit Mozart, genau wie ich es immer tat. Wir werden nicht hingehen.« Aber am nächsten Morgen sang und zwitscherte Elisabeth wie ein Vögelchen. »Ja, meine Liebe, wir gehen uns doch Irmgard Seefried heute nachmittag anhören.« Elisabeth, so erzählte mir Lies, zeigte sich bei den Mozart-Liedern nicht sehr entzückt, aber bei ›Nacht und Träume‹ in der Schubert-Gruppe sagte sie: »Das ist wundervoller Gesang, ich hoffe, daß ich das Lied in meinen besten Tagen ebensogut gesungen habe.« Dann sang Irmgard Seefried ›Geistliche Motette‹ (von Hindemith für sie persönlich komponiert), und da brach Elisabeth in Begeisterung aus: »Nie hätte ich diese Lieder so singen können.« Sie eilte ins Künstlerzimmer und schloß Irmgard Seefried in ihre Arme. Man kann sich die Freude der jungen Sängerin vorstellen, als man ihr den Namen der großen Künstlerin nannte.

Wann immer Elisabeth Schumann vor das Publikum trat, gewann sie die Herzen der Zuhörer durch ihr strahlendes Lächeln, ihren Charme und ihre Einfachheit. Sie vermittelte ihnen sofort die Freude, die sie selbst beim Singen empfand. Jedem, auch dem Zuhörer in der hintersten Reihe auf der Galerie, erschien sie strahlend vor Lebensfreude, und man war überzeugt davon, daß sie dieses Leuchten nicht nur für diesen Abend angenommen und gleichsam mit ihrem Abendkleid angelegt hatte. Man spürte, daß der heitere Glanz, der sie umgab, die Frau selbst sei, und ich kann versichern, dieses Gefühl war richtig.

Maggie Teyte und englische Sänger

Nach einem Konzert in der Wigmore Hall, dem ich als Zuhörer beigewohnt hatte, sah ich beim Verlassen des Saales Fred Gaisberg im Foyer stehen, im Gespräch mit einer zierlichen Dame – von gleich kleiner Statur wie Fred –, die mir schelmisch zublinzelte, als wollte sie sagen: »Du kennst mich nicht, aber ich weiß, wer du bist.« Es war Maggie Teyte. Glücklicherweise ist es mir bestimmt, solch einen schalkhaften Ausdruck oft zu sehen. Außer als *Mélisande* in His Majesty's Theatre hatte ich sie nie mehr singen hören – seit jenen fernen Tagen vor zwanzig Jahren, als sie auf Tournee mit einer Operntruppe in Toronto die *Margarethe* sang. Da ihr getreuer Freund und hervorragender Begleiter, der inzwischen verstorbene George Reeves, in Amerika lebte, begann nun zwischen uns beiden eine langjährige Gemeinschaft.

Meine Erfahrungen mit französischen Liedern waren beachtlich: ich begleitete oft Pierre Bernac (sein Begleiter in Frankreich, Francis Poulenc, konnte nicht immer mit ihm nach England kommen), und das Studium von Debussy, Fauré, Duparc, Chausson, Poulenc und ihren Vorläufern war für mich von unschätzbarem Nutzen. Heutzutage strömen junge Sänger aus der ganzen Welt zu Bernac nach Paris, um das französische Repertoire zu lernen. Auch mit dem Tenor Yves Tinayre arbeitete ich, und er war ein wahrer Archäologe beim Ausgraben verlorener Schätze. In seinen Konzerten spielte ich französische Musik, die ich weder vorher gehört hatte, noch je wieder hörte; ich besuchte alle Konzerte von Claire Croiza, wenn ich auch nicht mit ihr arbeitete. In England gab es ebenfalls Freunde französischer Musik, mit der feinsinnigen Künstlerin Anne Thursfield als Wegbereiterin, so daß ich wirklich beträchtliches Wissen über die französische Schule gesammelt hatte.

Maggie Teyte jedoch lebte in einer Welt für sich. Viele der Lieder von Debussy, ebenso ›Pelléas et Mélisande‹, hatte sie mit dem Komponisten selbst studiert, und mit Recht sah ich voraus, daß diese Kompositionen mir durch sie in einem neuen Licht erscheinen würden. Daß harmlose Klavierstücke, wie ›Arabesques‹ und ›La fille aux cheveux de lin‹, nicht das vollständige Bild Debussys wiedergaben, wußte ich durch seine Cello-Klavier-Sonate. Dies ist ein leidenschaftlich-sardonisches Werk, das manchmal in sinnliche Stimmungen versinkt. Wie vorteilhaft ist es doch, mit dem »Œuvre« eines Komponisten vertraut zu sein und dessen Werke für Violine, Cello und Klavier ebenso zu kennen wie seine Lieder. Dieser umfassenden Kenntnisse erfreut sich ein Begleiter. Gewiß war Debussy ein Impressionist, aber auch Härte und Schärfe sind in seinem Gesamtwerk zu finden. War nicht er es, der die Musik von Grieg als »rosa Bonbon, gefüllt mit Schnee« bezeichnete? Darum obliegt es dem Begleiter, zwar reichlich Pedal zu gebrauchen, wenn bei manchen Liedern – wie ›Clair de Lune‹, ›C'est l'extase langoureuse‹, ›Les Cloches‹ – die Farben ineinanderfließen, und in ›Green‹ mit Mozartscher Klarheit zu spielen, damit wir den Tau auf den frisch gepflückten Blumen glitzern sehen; hingegen ist es wesentlich, daß der Klavierpart in ›Le Faun‹ dämonisch klingt. (Der Sänger malt das Bild zweier junger Liebenden in einem Wald, die durch das Erscheinen eines boshaften Satyrs plötzlich erschreckt werden; das Klavier trommelt dazu in unheimlicher Stimmung den Rhythmus eines lasterhaften Tanzes.)

Maggie Teyte bestätigte alles, was ich über den Komponisten dachte. Sie schilderte mir den Charakter dieses Mannes – Debussy: seine Ungeduld, seinen Zynismus, seine Schwermut, seine Heiterkeit und seinen unersättlichen erotischen Appetit. Es scheint, daß im Umkreis von sechs Meilen um Claude Debussy sich keine Frau ganz sicher fühlte. Da ich Maggies Natürlichkeit kannte, wagte ich die Frage, wie es denn ihr selbst gelungen sei, seine – zweifellos unvermeidlichen – durch ihre jugendliche Anmut hervorgerufenen Annäherungsversuche abzuwehren. Sie antwortete schlicht: »Ich war nicht sein Typ.«

Ihr Verständnis für Debussy-Lieder war vielleicht durch die persönliche Anleitung, die der Komponist ihr zuteil werden ließ, tiefer als für Werke anderer Tondichter, aber natürlich war sie eine Meisterin auf dem ganzen Gebiet. Wie erstaunlich war es doch, daß Debussy ein junges Mädchen aus Wolverhampton allen französischen Sängerinnen vorzog und sie zu seiner idealen Mélisande erkor. Gewiß hatte sie in Paris unter Jean de Reszke eine gründliche Ausbildung genossen, doch sie besaß offensichtlich ein besonderes Flair für diesen Stil. Französische Musik sang sie überzeugender als die Lieder ihrer eigenen Heimat. Sie wird mir sicher recht geben, wenn ich feststelle, daß von den zahlreichen Schallplatten, die wir zusammen aufnahmen – Debussy, Fauré, Ravel –, die wenigen Lieder von Purcell, die sie auf Englisch sang, ihr die meiste Mühe bereiteten.

Tatsächlich entspricht Maggie, ihrem Temperament nach,

nicht der üblichen Vorstellung einer typischen Engländerin. Theoretisch könnte man vielleicht viele andere Sängerinnen als bessere Musikerinnen bezeichnen, aber sie besitzen nicht den Zauber Maggies. Bei keiner von ihnen empfinden wir jenen besonderen prickelnden Reiz, der ihr so eigen war.

Wir wurden und blieben sehr gute Freunde. Maggie war eine anregende und amüsante Kollegin und, dies sei hinzugefügt, vollkommen unberechenbar. Man wußte nie, was sie als nächstes tun würde. Eines Tages rief sie mich an und sagte, Mittwoch sei der einzige Tag, an dem sie für unser Konzert der nächsten Woche mit mir proben könne. Die Milhaud-Lieder seien für uns beide neu und wir müßten, wir müßten sie einfach miteinander durchnehmen. Also mieteten wir zu diesem Zweck für zwei Stunden ein Studio in der Wigmore Hall, von Mittag an. Als ich ankam, beendete Maggie gerade eine Lektion mit einer Sopranistin. Sie begrüßte mich ganz unbefangen mit der Mitteilung, sie habe die Milhaud-Noten zu Hause vergessen. »Dann versuchen wir eben zum Vergnügen mit Megan Foster diese reizenden Schumann-Duette.« Nach einer Weile sagte sie zu mir: »Du spielst eine Menge falscher Noten, Gerald, Lieber.« Ich drehte mich auf meinem Klaviersessel herum und antwortete: »Zweifellos, aber ich bin auch ein überrumpelter Mann. Ich verzichte auf meinen Lunch, weil wir dringend zusammen an Milhaud zu arbeiten haben, und muß plötzlich – bloß zum Spaß – Schumann-Duette spielen.« Diese kleine Szene war aber, wie ich betonen möchte, ohne Harm, denn Maggie war ebensowenig nachträgerisch wie ich.

Sie war in Amerika, wo sie nach dem Krieg ihre glänzende Karriere wieder aufgenommen hatte, als ich mit einer ihrer ehemaligen Schülerinnen in London einen Lieder-Abend vorbereitete. Diese charmante Sängerin hatte zu ihrer Hauptprobe ungefähr ein Dutzend Freunde in die Wigmore Hall eingeladen. Als wir beinahe am Ende des Programms waren, erscholl zur allgemeinen höchsten Überraschung eine Stimme von der Galerie: »In welcher Sprache singen Sie eigentlich?« Es war Maggie Teyte in Person, die unerwartet zurückgekehrt war. »Wie reizend, dich wiederzusehen, Maggie, wie geht es dir?« rief ich, mehr um die Spannung der Anwesenden zu lockern, als aus Neugier nach dem Wohlergehen der Künstlerin. Doch sie würdigte mich keiner Antwort – es hätte ihren Auftritt verdorben.

Als Enid und ich nach langem Warten und vielen Schwierigkeiten endlich heiraten konnten, war Maggie Teyte eine der ersten, der ich es mitteilte, und ihre Augen füllten sich mit Tränen der Freude. Das ist typisch Maggie.

Jetzt will es der Zufall, daß wir in London beinahe Haus an Haus wohnen. Wir treffen uns, doch nie ohne Verabredung, und dann ist es immer besonders amüsant. Wenn wir aber einmal, jeder eilig seinen Geschäften nachgehend, um neun Uhr morgens zusammenstoßen, dann vermeiden wir es, einander anzusehen. Sie ist eine wunderbare Nachbarin, so lebhaft, interessant und liebenswert, und gottlob so unberechenbar wie eh und je.

Ich erinnere mich keiner anderen englischen Sängerin, die damals den gleichen internationalen Ruf gehabt hätte wie Maggie. Gewiß, Eva Turner war weltberühmt und Joan Hammond begann ihre Flügel auszubreiten, aber diese beiden aufsehenerregenden Stimmen waren hauptsächlich der Oper gewidmet.

Wir hatten jedoch ausgezeichnete Sänger bei uns, mit denen es ein Vergnügen war, zu arbeiten. Auf dem besonderen Gebiete der deutschen Lieder standen, meiner Ansicht nach, Flora Neilsen und Bruce Boyce ziemlich hoch über allen anderen. Aber die törichte Ansicht unseres Publikums, daß ein britischer Künstler unmöglich ein guter Liedersänger sein könne, stand diesen Künstlern sehr im Weg, obwohl Bruce Boyce mit seiner hervorragenden Aussprache und seiner Kenntnis der Literatur heute sogar in Deutschland als »echt deutsch« anerkannt wird.

Bei Flora bildeten ihre übertriebene Bescheidenheit und ihr sanfter Charakter ein Hindernis. So bedauerlich es ist, viele in unserem Beruf müssen Kämpfer sein – der Autor inbegriffen. Lionel Tertis, der führende Bratschist, geliebt von allen, die ihn kennen, und wegen seiner musikalischen Integrität hochgeachtet, war nichtsdestoweniger ein Kämpfer. Sein siegreicher Kreuzzug für die Viola bezeugt dies. Vielleicht fehlt Flora Neilsen diese kämpferische Note, doch wird die Sängerin von allen wahren Liebhabern des Liedes hoch in Ehren gehalten.

Die meisten meiner Engagements mit britischen Sängern hatte ich mit Isobel Baillie (deren reine, flötengleiche Stimme sich nach englischer Tradition eher für Oratorien als für Lieder eignete), Astra Desmond, Heddle Nash und Roy Henderson. Astra Desmond, die in London viele Liederabende gab und Tourneen nach Skandinavien und dem Balkan unternahm, wünschte zu meiner Freude immer, daß ich für sie spiele. Sie hatte, wie ich schon früher sagte, einen sehr großen Wirkungskreis und war enorm fleißig – eine Zierde der englischen Musikwelt. Mir wird warm ums Herz, wenn ich an ihren jüngsten Sohn denke, der nach einem Lieder-Abend zum Taxistandplatz in der Wigmore Street kam und laut verkündete: »Meine Mutter ist die größte Sängerin in der ganzen Welt.« Er war zehn Jahre alt und natürlich nicht unparteiisch.

Heddle Nash war in jenen Jahren unser berühmtester englischer Tenor, großartig sowohl in der Oper als auch im Oratorium oder Konzert. Er war egozentrisch, jedoch keineswegs herausfordernd, und man konnte ihm alles mit gleicher Münze heimzahlen, ohne daß er es übelnahm. Über Heddle kursieren beinahe ebensoviele Anekdoten wie über Beecham. An einem Karfreitag, an dem in hundert verschiedenen Städten Händels ›Messias‹ aufgeführt wurde und Heddle zu seinem größten Ärger ohne Engagement geblieben war, soll er ausgerufen haben: »Ausgerechnet ich, der beste verd ... Messias im ganzen Land!«

Wer Roy Henderson zum ersten Mal traf, konnte sich kaum vorstellen, daß hinter dieser ruhigen, unaufdringlichen Art sich ein forschender Geist und soviel Phantasie verbargen, wodurch jedes Lied, das er sang, lebenswahr wurde. Auf dem Podium zeigte er seine starke Persönlichkeit. Er wußte so genau, was er aus einem Lied machen wollte, daß er von einmal gefaßten Entschlüssen nie wieder abwich. So konnte er ein Lied tausendmal mit derselben Färbung, Stimmung und im gleichen Rhythmus singen, ohne es seiner Frische und Lebendigkeit zu berauben. Für ihn gab es keine plötzliche Eingebung oder momentane Laune. Alles wurde so lange sorgfältig und systematisch geplant, von allen Seiten überlegt und vertieft, bis sich schließlich, als ein Teil seiner selbst, das vollendete Bild darbot.

Abgesehen davon, daß unsere gemeinsame Arbeit so erfreulich war, kenne ich auch keinen anderen Kollegen mit lebhafterem, schärferem Sinn für Humor und Witz.

Eines der Lieblingslieder Henderson's war von Thomas Arne: ›Now Phoebus Sinketh in the West‹ aus Milton's ›Comus‹. Das Rezitativ bezieht sich auf die Sonne:

> Shooting against the dusky Pole
> Pacing towards the other goal
> Of his chamber in the east.

Obwohl er dieses Lied schon oft gesungen hatte, passierte es, daß in einem unvergeßlichen Konzert seinem Gedächtnis ein Wort entschwand. Es war das Wort *»pacing«*, und mein begleitender Akkord mußte genau mit diesem Wort zusammenfallen. Ich bemerkte sein Zögern sofort und wartete mit dem Anschlagen des Akkords. Da sah ich – nachher sagte ich es ihm – ich

»sah« tatsächlich sein Gehirn unter Hochdruck arbeiten wie eine Turbine. Er suchte das entfallene Wort, und da er wußte, daß es mit einem Konsonanten begann, versuchte er verschiedene andere Konsonanten, wie ein Schwimmer, der zuerst nur eine Zehe ins Wasser taucht und es zu kalt findet. Ich hörte ihn merkwürdige, geheimnisvolle Laute ausstoßen, »Sss – Schs – Fff – Kkk –Ttt – Ppp – Pacing«, und da fiel auch mein Akkord, genau auf den Vokal der ersten Silbe, wie vom Doktor verordnet. Da Roy endlich seinen Schatz ausgegraben hatte, wollte er ihn so rasch nicht wieder hergeben, sondern schwang ihn im Triumph vor uns her. Ich hätte ihm natürlich auch einblasen können, aber dann wäre der kleine Lapsus dem Publikum viel mehr aufgefallen. Es war besser, daß er selbst dem Wort auf die Spur kam. Warum hätte ich ihn auch auf seiner Fährte stören sollen, da doch die Vorbereitungen zum Erjagen seiner Beute so spannend waren?

Vielleicht habe ich den Leser durch mein langes Verweilen bei der Zeitspanne von 1929 bis 1939 schon ermüdet, aber für mich war es ein Dezennium intensiver Arbeit und von ungeheurem Wert für meine Weiterentwicklung. Alle die hervorragenden Künstler, von denen ich sprach, und viele andere, deren Namen ich nicht nannte, haben meine Erfahrungen bereichert und meine Auffassungsgabe geschärft. Doch noch ein weiterer Genuß stand mir zu jener Zeit bevor. John McCormack verlangte, daß »Moore und kein anderer« auf seiner Abschiedstournee durch England für ihn spielen sollte.

Damals wirkte in London eine wohlbekannte Gesellschaft, genannt *The London Music Club,* die von James Forsythe organisiert und geleitet wurde und während der Wintermonate im Mayfair Hotel an vier bis fünf Sonntagen gesellige Abende veranstaltete. Die zweihundert oder mehr Mitglieder, die sich hier versammelten, kamen – so sagte man – nicht wegen der Musik, die ihnen geboten wurde, sondern um ihre Abendtoiletten zu zeigen. Ein kaltes Buffet, bei dem man gesehen wurde und sich unterhalten konnte, übte noch eine weitere Anziehungskraft aus. Die zum Konzertieren eingeladenen Künstler stellten sich ohne Honorar zur Verfügung – war nicht Forsythe ein Mitglied der Presse? Aber er legte den Künstlern dringend nahe, »etwas Leichtes« zu spielen oder zu singen. In Wahrheit hatten die Mitglieder dieses Musik-Klubs nicht wirklich Freude an Musik, und je kürzer das Programm war, desto besser gefiel es ihnen. Das Thema »etwas Leichtes« kommt immer wieder vor. Wie eine Salbe mildert diese Art von Musik den Unwillen oder das Unbehagen des Zuhörers, der gar nicht zuhören will, und besänftigt den »Musikliebhaber«, für den jede Minute Musik unsägliche Langeweile bedeutet. Auch dem Veranstalter selbst mag ein kurzes, leichtes Programm einen Ausweg bieten, denn er ist vielleicht gezwungen, in Hörweite zu bleiben; es bedeutet, daß Sänger sich auf populäre Opernarien beschränken sollen, Geiger auf Kreisler- oder Sarasate-Stücke und Pianisten auf die Es-Dur-Nocturne oder As-Dur-Ballade von Chopin und auf eine ungarische Rhapsodie von Liszt. Bachs Air auf der G-Saite ist nicht tabu, denn es wäre möglich, daß jemand sie kennt. Hingegen sind Streichquartette oder irgendeine andere Art von Kammermusik unerwünscht.

Die furchtbare Wirklichkeit, die jenem Vorkriegsdezennium folgte, hat diesem belanglosen Unternehmen ein Ende gemacht; wir leben in einer Zeit, in der man für *chi-chi* nichts übrig hat. Ich hoffe es wenigstens. Weit davon entfernt, zu verlangen, daß alle Menschen, mit denen ich Freundschaft schließe, Musik lieben, bitte ich sie nur, nicht Interesse dafür vorzugeben, wenn sie ihnen doch nichts bedeutet.

Mit Freude nahm ich die Einladung Jimmy Forsythe's an, einen Geiger zu begleiten, als ich hörte, daß der Ehrengast dieses besonderen Abends, der Tenor John McCormack, mit seinem getreuen Partner Edwin Schneider am Klavier, eine Gruppe Lieder singen werde.

Nie gab es einen weniger eingebildeten Menschen als diesen berühmten Iren. Seine Liebenswürdigkeit und völlige Natürlichkeit bezauberten mich. Was könnte einem jungen Mann mehr schmeicheln als die Art McCormack's, mich bei unserer ersten Begegnung zu begrüßen? »Hallo, Gerald!« rief er. Das besagte, daß er meinen Namen kannte, daß wir Künstlerkollegen waren. Ich stand von diesem Augenblick an in seinem Bann.

An jenem Abend sang er nur vier oder fünf Lieder, nicht genug, um sich freizusingen, und war deshalb gar nicht in seiner besten Form. Ich kannte seine Stimme von einer Unmenge Schallplatten ganz genau und wußte, wie wunderbar er mit ihr umzugehen verstand; doch hörte ich ihn damals zum erstenmal persönlich. Ein paar Tage später traf ich ihn wieder bei Lady Ravensdale, einer guten Freundin von ihm, die mich gebeten hatte, eine junge Sopranistin, für die sie sich interessierte und über die sie John's Meinung hören wollte, zu begleiten. Seiner natürlichen Art gemäß schob er seinen Stuhl neben mich und blätterte mir um. Das Lied war ›Clair de Lune‹ von Schulz. Nun war es – Pech für die Sängerin – John unmöglich, sich zu verstellen. Was ihm in den Sinn kam, mußte er ohne Hemmung aussprechen, und anstatt etwas über den Gesang zu sagen, platzte er heraus: »Wie wunderbar hat Gerald diese Begleitung gespielt.« Als ich mich verabschiedete, flüsterte er mir mit seinem irischen Akzent zu: »Eines Tages, mein Junge, wenn Teddy sich zurückzieht, werden Sie für mich spielen.«

Im Jahre 1938 engagierte mich das Holt Office für eine riesige Tournee durch ganz Großbritannien; es war John McCormack's Abschiedstournee. Wir trafen uns in seinem Salon in Dorchester, um das Programm durchzuspielen, aber nach zwei oder drei Liedern explodierte er förmlich, während aus seinen Augen das irische Temperament blitzte: »Warum, zum Teufel, proben wir eigentlich?« Ich kann mich nicht erinnern, seit damals je eine Probe mit ihm gehabt zu haben. Sogar vor seinem Konzert in der Royal Albert Hall, in dem er von César Franck ›Panis Angelicus‹ mit obligatem Cello und Orgel sang, weigerte er sich, zur Saalprobe zu kommen, und ich wurde statt seiner abgesandt, um für die anderen Künstler den Gesang zu markieren – sehr zum Ergötzen des Aufräumepersonals.

Vor dem ersten Konzert auf unserer Tournee in Nordengland

klopfte ich an die Türe seines Zimmers – McCormack war einen Tag vor mir von London hingereist – und wollte ihm melden, daß ich angekommen sei. »Was, zum Teufel, wollen Sie?« lautete seine geflüsterte Begrüßung. Ich kann mich nicht erinnern, je anders von ihm empfangen worden zu sein. Am Tag eines Konzerts sprach er immer nur flüsternd, und in seinem Fall war diese selbstauferlegte Disziplin vielleicht wirklich notwendig, denn er pflegte sehr viel zu reden.

Man warf McCormack vor, daß er hie und da banale Gesänge auf sein Programm setzte wie ›I Hear You Calling Me‹ oder ›Mother Machree‹. Doch kamen seine Bonbons immer erst am Schluß des Abends. Auch Fritz Kreisler beendete seine Konzerte oft mit ›Kreisleriana‹, aber vorher hatte er Tartini, Mozart und Beethoven gespielt. McCormack's Programme lagen auf der gleichen Linie. Den von den Intellektuellen abgelehnten irischen Balladen gingen Arien von Händel oder frühen englischen und italienischen Komponisten voraus, dann folgte eine Gruppe deutscher Lieder mit mindestens einem Hugo Wolf-Lied, während sich der dritte Teil des Programms aus Liedern wie ›Earl Bristol's Farewell‹ von Lidgey und anderen von Stanford, Parry oder Rachmaninoff zusammensetzte. In dieser verachteten letzten Gruppe waren dann auch jene bezaubernden Volksmelodien von Herbert Hughes zu finden – und wer hätte sie besser singen können als John McCormack? Er trug diese gefühlvollen irischen Balladen mit ebenso makelloser Technik und gleicher Echtheit vor, wie er ›Il mio tesoro‹ von Mozart sang. Wenn ihm die Melodie eines Liedes gefiel und der Text ihm glaubhaft erschien, dann sang er es. Entweder war es für ihn das schönste Lied der Welt – und es gab viele Lieder, die er so bezeichnete – oder er fand es abscheulich, widerwärtig, und konnte nicht ertragen, wenn man es nur erwähnte.

Die Behauptung, daß sehr wenig Musik in genauem Tempo und mit sklavischer Beachtung der Taktstriche aufgeführt werde, besteht nicht zu Unrecht, und John McCormack – wie vor ihm John Coates – bewies dies durch seine Interpretation. Coates weigerte sich, den Satz »*Come into the garden, Maude*« im gleichmäßigen Eins-zwei-drei-vier-Rhythmus, wie er der Bezeichnung von Balfe entsprach, zu singen. (Würde man diese Worte tatsächlich zu Maude sagen, so wäre es ganz natürlich, das Gewicht auf »*come*« und »*garden*« zu legen und »*into*« und »*the*« unbetont zu lassen.) Auf die gleiche Art wandte McCormack die natürliche Sprechweise in seinen Liedern an. Beispiele davon kann man auf seinen Platten ›Fairy Story by the Fire‹ von Merikanto und ›She moved through the Fair‹ von Herbert Hughes hören. Bei diesem Sprechrhythmus mußte ich scharf aufpassen, denn McCormack gelang es manchmal, mich bei einer Unaufmerksamkeit zu ertappen, besonders wenn er ›The Star of the County Down‹ mit denkbar elastischem Rhythmus sang. Bei einer Zeile dieses Liedes mußte er sich wirklich die Zunge verrenken: »*No pipe I'll smoke and no horse I'll yoke till my plough is a rustcoloured brown*«. Ich kann schwören, daß ich ihn einmal deklamieren hörte: »*No horse I'll smoke and no pipe I'll yoke till my rust –*«, und dann ging der Satz in ein undefinierbares Gemurmel über. Ein Unfall dieser Art war bei McCormack deutlich wahrnehmbar. Irgendein anderer Sänger hätte sich herausgeschwindelt, aber John war nicht irgendein Sänger, und nie habe ich eine Aussprache wie die seine gehört. Jede einzelne Silbe, ganz gleich, wie leise er sang, konnte man hören und seine Konsonanten förmlich *sehen*.

Um so mehr erstaunte es mich, ihn bei dem alten englischen Lied von Thomas Ford, »*Since first I saw your face I resolved to honour and renown you*«, wie mir schien, das *n* mit einem *l* vertauschen zu hören, so daß es klang wie »*to holour and renowl you*«, und weiter, anstatt »*shall we begin to wrangle*« tönte es »*shall we begil to wralgle*«. Ich begleitete ihn zu diesem Lied sehr oft und fragte Robert Irwin, der nie einen Ton von McCormack versäumte, ob er etwas dagegen tun könne, oder ob ich mir dies nur einbildete, aber er gab mir absolut recht. Doch als ich mit John davon sprach, brummte er, daß ich lauter Quatsch rede. Also ließ ich es eben dabei.

John stritt gern um des Streites willen, und man wußte nie, auf welche Seite er sich schlagen würde – alles hing von Stunde und Laune ab. An einem Tag konnte er sich irischer als die Iren gebärden und am nächsten – um seine eigenen Worte zu gebrauchen – britischer als die Briten. Eine hübsche Nachbarin bei einer Dinner-Party sagte einmal zu ihm: »Ich nehme an, Sie interessieren sich wie alle Iren für Politik.« John teilte ihr darauf seine private Meinung über einige Regierungsmitglieder mit. »Aber was halten Sie vom Außenminister?« fragte sie. »Dieser aufgeblasene Esel!« lautete die Antwort. Seine Tischdame schüttelte sich vor Lachen: »Er ist mein Vater«, sagte sie. Danach blieb John einige Minuten sehr schweigsam.

Er machte keine Kompromisse – er liebte oder haßte. Er nannte die Dinge beim Namen. Es war in Derby, nach einem der

Konzerte, die er während des Krieges für das Rote Kreuz gab, wo der Polizeichef uneingeladen zu John's kleiner Party nach dem Konzert erschien und sich unangenehm aufführte. »Gehen Sie und lassen Sie mich mit meinen Freunden allein«, sagte John ohne Hemmung zu ihm, und da mit diesem *coup de grâce* der Feind in die Flucht geschlagen war, wurde nicht mehr davon gesprochen.

Bei diesen Parties floß reichlich Champagner, und man sah nicht nach der Uhr. Im Midland Hotel von Manchester gesellten sich Fay Compton und Stephen Potter zu uns auf John's Zimmer. Nach ungefähr einer Stunde schlich Stephen sich leise davon und telephonierte mir von der Rezeption aus: es sei so spät, und er habe am nächsten Tag eine Radiosendung, ich möge ihn bei John entschuldigen. Als ich Potter viele Jahre später einmal traf, erinnerte ich ihn an unsere fröhliche Party. »Und wissen Sie«, sagte er, »nachdem ich Sie eben bei John angerufen hatte, ergriff ich das Manuskript für meine Radiosendung und machte mich auf den Weg in mein Hotel. Am nächsten Morgen wachte ich später auf als beabsichtigt, nahm das Manuskript zur Hand, um meinen Vortrag zu studieren, und was las ich?: die vollständige Liste der an jenem Morgen zu weckenden Gäste des Midland Hotels. Ich möchte nur wissen, wieviele Leute damals ihren Zug versäumten!«

Während unserer Tournee war an diesen späten Nächten nichts zu ändern, auch wollte John nicht zugeben, daß ich mich zurückzog, bevor er selbst Lust hatte, zu Bett zu gehen. Wenn er mich aber in London anrief und mich zum Abendessen einlud, mußte ich eine Ausrede erfinden, denn ich hatte meistens am nächsten Morgen zu arbeiten. Ihm zu sagen, ich wollte früh nach Hause, hätte nichts genützt; ich mußte ihm vorlügen, daß ich an dem Abend ein Konzert oder schon eine Verabredung hätte. Er glaubte mir immer. Wäre John mißtrauisch geworden, so hätte mir das weniger ausgemacht, aber ich schämte mich immer, ihn zu betrügen. Er selbst konnte keine Unwahrheit sagen und leistete sich auch nicht den Luxus der Selbsttäuschung. Zum Beispiel antwortete er auf meine Frage, ob er gern in der Oper gesungen habe: »Ganz und gar nicht, ich war ein miserabler Schauspieler.« Auf seiner Abschiedstournee gab ich meinem Staunen darüber Ausdruck, daß er beschlossen hatte, obgleich er in so blendender Form war, nie mehr in Amerika zu singen. Warum? »Weil ich mein Publikum verloren habe.«

Diese erschütternde Ehrlichkeit machte mir tiefen Eindruck.

Heute frage ich mich, wieviel Tenöre es auf der Welt gibt, die sich mit diesem Manne messen können.

Lily McCormack schrieb eine rührende Biographie ihres Gatten mit dem Titel ›I Hear You Calling Me‹, eine beachtliche Leistung für jemanden, der zum erstenmal ein Buch schreibt. Der Versuch meines verstorbenen Freundes L. A. G. Strong, ›John McCormack, the Story of a Singer‹, war kein Erfolg. Leonard Strong gestand mir später, daß er John nur flüchtig gekannt habe, als er das Buch schrieb, und deshalb wirkt die Figur des Mannes darin so blaß. Wenn John selbst die Energie besessen hätte, eine Autobiographie zu schreiben – er schrieb genau, wie er dachte: lebhaft und leidenschaftlich –, dann wäre der *echte* John McCormack bekannt und vielleicht noch beliebter geworden. Wie bei jeder differenzierten Persönlichkeit gab es in seinem Charakter manche Herbheit. Er war durchaus nicht immer sanft in seinem Wesen. Wäre er nicht so überaus menschlich gewesen, hätte er nicht der große Künstler sein können, der er war.

Sein Aufbrausen war der Ausdruck einer extravertierten Natur. Sein Ehrgeiz bestand darin, eine Stradivarius zu besitzen, einen Frans Hals und ein Rennpferd, das im Derby gewann. Die ersten beiden Wünsche konnte er verwirklichen.

Wenn er das Gefühl hatte, jemanden, den er liebte, beleidigt zu haben, bekannte er demütig und offen seine Reue. »Verzeihen Sie mir, ich möchte Sie um keinen Preis verletzen.« Mit diesen Worten folgte er mir einmal aus dem Zimmer. Man muß eine große Persönlichkeit sein, um das zu tun.

Als er bei seinem letzten Londoner Konzert, zu dem ein riesiges Publikum erschienen war, im Künstlerzimmer Taubers Gattin zuraunte: »Sind Sie gekommen, um zu zählen, wieviele Leute da sind?«, wußte sie so gut wie er, daß zwischen ihm und Tauber keine Spur von Rivalität herrschte, denn diese beiden Sänger arbeiteten in zwei verschiedenen Welten; es war einfach eine Gelegenheit zum Necken, die John sich nicht entgehen lassen wollte. Eifersucht kannte er überhaupt nicht. Er versicherte mir, daß ich den Klang einer Tenorstimme nicht kenne, wenn ich Caruso noch nie gehört hätte. Seine Bewunderung für Caruso wurde von diesem erwidert.

Einmal, als John im Royal Opera House, Covent Garden, auftrat, klopfte Caruso, elegant im Abendmantel und Zylinder, an die Tür der Künstlergarderobe.

»Was tun Sie denn hier, Enrico?«

»Glauben Sie, ich würde Sie auf die Bühne gehen lassen, ohne Ihnen Glück zu wünschen?«

»Das ist wirklich ein großes Kompliment, das mir der größte Tenor der Welt spendet.«

»Seit wann, Giovanni, sind Sie ein Bariton geworden?«

Das historische Abschiedskonzert John McCormack's in der Royal Albert Hall wird den Tausenden, die den Abend miterlebten, unvergeßlich bleiben. Er begann mit dem alten deutschen Volkslied ›All mein Gedanken, die ich hab‹, und Ernest Newman schrieb in seiner Huldigung für diesen großen Künstler: »Anstatt, daß McCormack uns dieses Lied sang, hätten eher *wir* aufstehen und es im Chor für ihn singen sollen.«

Auf meinen Tourneen im Jahre 1938 mit Astra Desmond in Skandinavien, und mit ihr und Clifford Curzon in den Balkanländern im Frühjahr 1939 verlebte ich keine besonders glückliche Zeit. Dies soll aber keine abfällige Bemerkung über meine berühmten Reisegefährten sein, die ich sehr gern habe, sondern über Adolf Hitler. Wir verbrachten wohl schöne Tage in Athen als Gäste der British School of Archaeology, auch in Budapest, Zagreb und Sofia, aber der drohende Krieg bedrückte mich sehr. An unserem ersten Abend in dieser elenden Stadt Belgrad mußten Clifford und ich Astra Desmond's Gesellschaft entbehren und wanderten verloren durch die Straßen, auf der Suche nach einem guten Restaurant. Wir fanden eines in einer trostlosen Gegend, die mich, wie ich zu Clifford sagte, an die am wenigsten ansprechende Strecke der Edgeware Road oder der Sixth Avenue erinnerte. Clifford meinte ironisch, daß es vielleicht wirklich die Edgeware Road von Belgrad sei. Aber es stellte sich heraus, daß er sich irrte, wir befanden uns in der Bond Street oder Fifth Avenue von Jugoslawiens Hauptstadt. Und in meinem Hotelzimmer klebte ich mit dem Ohr an der dünnen Wand und versuchte, etwas von den Informationen zu erlauschen, die ein deutscher Journalist seiner Zeitung nach Berlin telefonierte.

Bei Ausbruch des Krieges wohnte ich in einem Studio mit Glasdach hinter einem Block von Bürogebäuden in der Marylebone High Street. (Ich konnte mich nicht rühmen, in Mayfair zu logieren, obwohl mein Quartier nur zweihundert Yards nördlich dieses feinen Viertels lag.) Als die Verdunklung zur Tages-, besser gesagt Nachtordnung wurde, stellte sich heraus, daß meine Vorhänge nicht genügten, und die Polizei teilte mir mit, mein Glasdach müsse schwarz gestrichen werden, mit andern Worten, ich sollte Tag und Nacht bei künstlichem Licht leben. Ich fürchtete, dies könnte meine Widerstandskraft lähmen, auch glaubte ich nicht, daß dünne Glasscheiben gegen eine wohlgezielte Bombe viel Schutz böten, weshalb ich einen strategischen und recht eiligen Rückzug antrat, und zwar in das Haus, wo Enid und ihre Eltern im Südosten Londons wohnten. Dieses Quartier bekam dann bald große Anziehungskraft für die deutsche Luftwaffe.

Eine Zeitlang, als niemand wußte, was demnächst geschehen

würde, waren alle Unterhaltungsstätten geschlossen. Es gab weder Theater noch Konzerte. Das war die erste Periode des Krieges, von den Amerikanern *phoney war* genannt, während der man sich auf unserer Insel zehn Monate oder noch länger zwar fieberhaft auf das Unvermeidliche vorbereitete, aber weder den Krach einer Explosion noch das Donnern eines Geschützes hörte. Als ich zufällig im Büro der Konzertagentur Ibbs and Tillet vorbeikam, fand ich meine guten Freunde John und Emmie Tillet mit Feuereifer schreibend, als ob ihr Leben davon abhinge. Sie waren dabei, alle ihre Verträge zu kündigen. Ich glaube, daß ich damals unangemeldet bei ihnen hineinschneite, weil unsere Beziehungen so freundschaftlich und persönlich waren, daß ich hoffte, mein Gleichgewicht wiederzufinden, wenn ich nur ein paar Worte mit ihnen spräche. Später, nach John's Tod, nahm Emmie allein die Zügel in die Hand, und sowohl ich als auch viele andere Künstler vor und nach mir fanden in Mrs. Tillet nicht nur eine sehr gewandte und umsichtige Managerin, sondern auch eine unerschütterlich treue Freundin.

Ich meldete mich zur Home Guard. Keinerlei Gelegenheit, Heldentaten zu vollbringen, kreuzte meinen Weg, auch kann ich mich nicht erinnern, in irgendeiner aufregenden Szene die geringste Rolle gespielt zu haben, aber ein – ich möchte sagen – militärisches Erlebnis hatte ich doch. Nach einigen Wochen des Marschierens und Exerzierens sollte unsere Home Guard-Einheit von irgendeinem General inspiziert werden. Ich wurde dazu eingeteilt, mit zwei mir unterstellten – ich wiederhole: mir unterstellten – Soldaten in einem Bunker Wache zu halten. Durch die Schießscharte meiner Festung gespannt Ausschau haltend, sah ich ein reizvolles Bild von Kindern, die zur Sonntagsschule gingen, dann ältliche Damen mit ihren Ehegesponsen vom Gottesdienst heimkehren. Ungesehen, und natürlich auch ohne es meinen Untergebenen zu sagen, legte ich mein (ungeladenes) Gewehr auf sie an und dachte dabei, welches Glück alle diese Leute hätten, nicht zu feindlichen Truppen zu gehören. Als es Zeit für meine Ablösung und mir schon ziemlich langweilig war, übergab ich meinem Stellvertreter die Wacht und ging auf einen Bummel hinaus. Seit zwei Stunden hatte ich kein Tageslicht gesehen. Man stelle sich mein Erstaunen vor, als ich eine Gruppe meiner Kameraden, die zweifellos in anderen, ebenso wichtigen Bunkern Wache gehalten hatten, rauchend und schwätzend an der Straßenecke herumstehen sah. »Wann«, stotterte ich, »kommt der General?« »Du Guter«, lautete die Antwort, »er war schon vor einer

Stunde da, kam und ging, jetzt ist er zu Hause beim Mittagessen.« Das verdroß mich sehr. Die eiserne Disziplin gewissenhafter Wachsamkeit, die ich meinen Leuten und mir selbst aufgezwungen hatte, war umsonst gewesen. Aber, meine gute Tat für diesen Tag war getan. Wenn Horatius in den alten Heldenzeiten die Brücke gehalten hat – ich habe meinen Bunker wenigstens *bemannt*.

Zum Glück für die allgemeine Moral im Lande wuchsen rasch zwei Organisationen aus dem Boden: die E. N. S. A. (*Entertainments National Service Association),* die sich mit der Unterhaltung der kämpfenden Truppen und der Arbeiter in den Munitionsfabriken befaßte; ferner der C. E. M. A. *(Council for the Encouragement of Music and the Arts),* der Konzerte in Krankenhäusern, Luftschutzräumen und Fabrikzentren veranstaltete. Man bedeutete mir bald, daß meine Dienste wahrscheinlich nützlicher wären, wenn ich bei diesen Organisationen spielte als beim Exerzieren oder bei den endlosen Fußmärschen, mit denen man soviel mehr Zeit brauchte als mit einem Taxi. Als ich aus der Home Guard austrat, verabschiedeten sich meine Kameraden mit einiger Erleichterung von mir und äußerten sich dahin, daß ich mit einem Klavier weniger gefährlich sein würde als mit einem Gewehr.

Wir Musiker trugen mit Begeisterung unser Teil zu den Unternehmen der E. N. S. A. und des C. E. M. A. bei. Gelegentlich, wenn wir ins Ausland gesandt wurden, mußten wir eine Khakiuniform anziehen, und das brachte mich manchmal in Verlegenheit. Soldaten, die einer stattlichen Gestalt in Uniform auf der Straße begegneten, vermuteten selbstverständlich, daß mein weiter Mantel einen General oder zumindest einen Oberst unter seinen Falten verbarg. Sie nahmen Habachtstellung an und grüßten. Was sollte ich tun? Ich konnte nicht zu jedem einzelnen hingehen und ihm erklären, daß ich kein Offizier sei. Also erwiderte ich verlegen den Gruß und eilte schnell weiter, bevor man mich erkannte.

Ein Hauptereignis im Londoner Leben der Kriegszeit bildete das tägliche Mittagskonzert in der National Gallery am Trafalgar Square. Es bedurfte nicht nur eines großen Namens, um dieses Unternehmen in Gang zu bringen, es mußte sogar ein Name von Weltruf, fast möchte ich sagen, von weltweiter Beliebtheit sein. Wer eignete sich besser dafür als *Dame* Myra Hess? Sie war es, die überhaupt auf den Gedanken kam und mit Hilfe von Ibbs and Tillet die Organisation schuf, die bald zur ständigen Einrichtung werden sollte. Sie selbst gab natürlich das Eröffnungskonzert. Da sie die Einstellung des Publikums nicht kannte, fühlte sie sich sehr erleichtert, als sie bei ihrer Ankunft am Haupteingang eine Menschenschlange über die Treppen bis auf die Straße hinaus vorfand.

Diese Konzerte wurden bis zum Kriegsende fortgesetzt. Sie fanden meistens in den geräumigen Galerien statt, mußten aber gelegentlich zufolge Feindeshandlung in den großen Luftschutzraum im Souterrain verlegt werden.

Myra selbst trat häufiger auf als irgendein anderer Künstler, und immer vor vollem Haus. Auch ich, obwohl ich nicht in einem Atem mit ihr zu nennen bin, spielte dort über hundertmal. Bei meinem fünfundsiebzigsten Konzert beschenkte mich Myra mit einer wunderschönen Regency-Silberschale, auf der eine herzliche persönliche Widmung eingraviert war. Eine ganz reizende Überraschung.

Während des Ersten Weltkrieges (1914–1918) war in England die deutsche Sprache tabu gewesen, und deutsche Lieder mußten in englischer Übersetzung gesungen werden. Jetzt aber hörten wir bei den Konzerten in der National Gallery Mozart- und Beethoven-, Schubert- und Brahmslieder in der Sprache gesungen, in der sie geschrieben waren. Nichtsdestoweniger war es Emmie Tillet etwas ängstlich zumute, als sie im Namen Myra's bei Mme. Gerhardt anfragte, ob sie geneigt sei zu singen. Elena Gerhardt war gerne bereit dazu. Sie lebte schon seit vielen Jahren in England, fühlte sich mit London völlig eins und hatte sich bereits um die britische Staatsbürgerschaft beworben, sie jedoch zu jenem Zeitpunkt noch nicht erhalten. Sie war also tatsächlich noch eine »feindliche Ausländerin«. Wie würde das Publikum sie aufnehmen? Würde es zu einer Kundgebung kommen? Myra beschloß, Elena selbst am Klavier zu begleiten.

Sie erzählte mir später, daß sie auf der Fahrt im Taxi zum Trafalgar Square sich genau zurechtgelegt habe, was sie tun und sagen würde, falls irgendein Protest aus dem Publikum laut werden sollte. Ihr gemeinsames Erscheinen auf dem Podium war einer der gespanntesten Augenblicke, den Myra je erlebte. Doch, was Elena betraf – sie dachte sich gar nichts dabei, denn Myra hatte ihr über ihre eigenen Befürchtungen nichts mitgeteilt. Es kam tatsächlich zu einer Kundgebung, einer Kundgebung von so überwältigender Begeisterung und Herzlichkeit, daß beide Künstlerinnen vor Rührung etliche Sekunden nicht imstande waren zu beginnen.

Ich erzähle dieses Ereignis nicht nur zu Ehren von zwei großen Künstlerinnen, sondern auch als Kompliment für ein getreues, vernünftiges und urteilsfähiges Publikum.

Damals wurde ich von der B.B.C. für eine Reihe von Vorträgen engagiert. Ich sollte über einige Künstler, die ich begleitet hatte, sprechen, Schallplatten von ihrem Gesang oder Spiel vorführen und auch meine allgemeine Auffassung von den verschiedenen Seiten meines Berufs darlegen. Myra Hess, die eines Abends zufällig zugehört hatte, machte mir den Vorschlag, auch in der National Gallery über dieses Thema zu sprechen. Sie fand, ich hätte einen köstlichen Anflug von Humor – ich behaupte das nicht, ich wiederhole nur – und mein Vortrag wäre eine Abwechslung in dem ewigen Reigen (ihre Worte) von Klavier-, Violinspiel, Gesang und Kammermusik; er würde ein Lächeln auf die Lippen der Kriegsmüden zaubern. Dies war nun allerdings etwas ganz anderes – ein sichtbares Publikum anzusprechen – als im Radio ein maschinegeschriebenes Manuskript vorzulesen. Ich wagte den Sprung und hielt, unterstützt von Roy Henderson und dessen Schülerin Joan Taylor, meinen ersten öffentlichen Vortrag mit musikalischen Erläuterungen. Damit eröffnete sich mir ein neuer Wirkungskreis: Vorträge mit Musik. Ich werde später noch mehr darüber zu berichten haben.

Die B.B.C.-Plaudereien über meine Arbeit nahmen nach und nach größere Ausmaße an. Alec Robertson, der die Aufgabe hatte, in Bedford Vorträge über Musik zu veranstalten, forderte mich auf, eine Vortragsreihe über Symphonien und Kammermusik von Beethoven mit Schallplattenerläuterung vorzubereiten, Vorträge, die für den Mann auf der Straße verständlich wären. Da war ich ganz in meinem Element. Ich verfaßte Gespräche zwischen einem Alleswisser (ich) und einem Dummkopf (Enid. Was unsere armen Frauen doch alles erdulden müssen!). Natürlich waren die Fragen, die ich ihr in den Mund legte, absichtlich einfach, sonst hätte ich sie nicht beantworten können; hätte ich jemand anderem gestattet, diese Fragen zu formulieren, so wäre ich geschlagen gewesen. Rückblickend ist mir klar, daß diese Radiosendungen zumindest in einer Beziehung für mich wichtig waren – ich lernte Alec Robertson kennen.

Man sagt mir, daß ich mit Natürlichkeit über den Äther spreche. Wenn das wahr ist, dann verdanke ich es Alec Robertson. Ich horchte aufmerksam auf alles, was er sagte: »Ihr Vortrag muß improvisiert und nicht abgelesen klingen. Er muß ebenso wie Musik Rhythmus und Elastizität besitzen und darf auch nicht starr werden. Es müssen Lichter und Schatten, Höhe- und Tiefpunkte darin sein.«

Ein Beispiel von Alec's Anleitungen ist dieses: In meinem Manuskript lautete ein Satz »jetzt wollen wir für Sie die Frühlings-Sonate von Beethoven spielen«. Zuerst änderten wir den Anfang, und ich sagte anstatt »jetzt wollen wir für Sie ...« – »und jetzt möchten wir Ihnen gern ...« Dann fanden wir heraus, daß ich meine Stimme am Schluß dieses Satzes senkte, als hielte ich ihn nicht für wichtig. Dabei sollte aber die höchste Note, wenn ich mich in einem musikalischen Begriff ausdrücken darf, die Note, die heraustönen sollte, das Wort »Frühling« sein. Solche Verbesserungen machten den Vortrag lebendig und natürlich.

Hinter diesen kleinen technischen Hinweisen spürte ich den Geist eines einfallsreichen und hochgebildeten Musikers. Aus allem, was Alec über Musik schreibt und sagt, spricht große Intelligenz, und dies übt, heute wie damals, starken Einfluß auf mich aus.

Als Nachschrift zu diesem Kapitel fällt mir noch ein, daß vielleicht einige meiner jüngeren Leser sich darüber wundern, daß diese Radiosendungen aus Bedford kamen. Der Grund lag darin, daß die BBC – wie Ariel seine Weisen – ihre Klänge zu zerstreuen wünschte. Das war eine Vorsichtsmaßnahme, und die Radiostudios wurden an verschiedene Orte des Landes gelegt – nach Bedford – nach Bristol – nach Evesham in Worcestershire. Irgendwo im Lande war auch eine wertvolle Musikbibliothek versteckt und von einer besonderen Feuerwache gehütet. Unglücklicherweise aber wählte man als Wächter einen Pyromanen! Er goß Benzin auf sein Depot und warf ein brennendes Zündholz hinein.

Zwei Namen waren dem Konzertpublikum während vieler Jahre vertraut: Frederick B. Kiddle und Samuel H. Liddle. Es war köstlich, auf den Programmen der Chappell Ballad-Konzerte in der Queen's Hall diese beiden Namen einen über dem andern geschrieben zu sehen. Der Reim und der freundliche rhythmische Gleichklang waren so hübsch zu lesen. Diese Herren waren die besten Freunde, und man konnte wirklich kaum höflichere und umgänglichere Künstler finden. Nur wenn man sie miteinander verwechselte, wurden sie augenblicklich wahre Berserker.

Die zweite Hälfte der Promenade Concert-Programme enthielt immer eine Gruppe Lieder, damit der Dirigent und das Orchester Zeit zum Verschnaufen hätten. Soweit ich zurückdenken kann, war Freddy Kiddle dort der offizielle Begleiter.

Im Laufe der Zeit übernahm die BBC diese wunderbaren Konzerte, und ihr Begleiter war Berkeley Mason. Aber als er sich im Jahre 1940 zurückzog, wurde ich eingeladen, seinen Platz einzunehmen. So wiederholte sich historisch wie im Jahre 1925 bei John Coates: ich wurde Mason's Nachfolger als Begleiter.

Es war nicht zu erwarten, daß Sir Henry Wood eine Konzertsaison aufheben würde, bloß eines Krieges wegen. Zunächst ging alles fröhlich weiter, und das Publikum nahm es willig auf sich, nach den Konzerten durch die Verdunklung den Heimweg zu suchen. Dann, eines Sonnabends, beschloß der Feind, uns die Bombentaufe zu geben. Als ich mir in meinem am St. James Park gelegenen Klub den Frack anzog, sah ich, eine Meile ostwärts, riesige schwarze Rauchsäulen aufsteigen. Doch unerschrocken schritt der elegante Sir Henry, wie üblich eine Nelke im Knopfloch, zehn Sekunden vor acht munter durch sein Orchester, um mit dem Konzert zu beginnen. Komme, was kommen mag: die »Queen's Hall Promenades« werden fortgesetzt.

Regelmäßig wie ein Uhrwerk hatten die Sirenen während zwölf Monaten beim Einbruch der Dämmerung geheult, aber erst mit diesem bestimmten Konzert setzte allnächtlich ihre gespenstische Todesdrohung ein. Den Zuhörern wurde geraten, nach Beendigung des Programms auf ihren Sitzen zu verbleiben, da sie hier sicherer wären. Die Hälfte des Publikums zog es aber vor, nach Hause zu gehen, und wie klug das von ihnen war, sollte sich später herausstellen. Doch für diejenigen, die dablieben, mußte etwas getan werden. Sir Henry's Hilfsdirigent, Basil Cameron, mehrere Orchestermitglieder und ich am Klavier veranstalteten mit den Zuhörern Chorgesänge, dazwischen spielten einzelne Orchestermusiker Solostücke, und sogar aus den Reihen des Publikums wurden Soli vorgetragen, bis nach vielen Stunden der Endalarm ertönte und wir auseinandergingen. Ohne Zweifel hätten weder die Zuhörer noch die Musiker diese Nachtwachen eine ganze »Prom«-Saison lang durchgehalten, doch zum Glück war diese Saison bis auf einige Konzerte schon abgelaufen. Das Problem stellte sich auch nicht mehr, weil die Queen's Hall an einem Frühlingsmorgen, von einer Bombe getroffen, bis auf den Grund niederbrannte. Glücklicherweise war kein Menschenleben zu beklagen, doch der Tod der Queen's Hall war ein trauriges Ereignis und bedeutete für Musikliebhaber einen unersetzlichen, ewig betrauerten Verlust.

Sofort entstanden neue Pläne für die nächste Saison der »Promenade Concerts«, die nun in der Royal Albert Hall stattfinden sollten. Und wieder betrat der unerschütterliche Sir Henry zehn Sekunden vor acht das Podium, als ob nichts geschehen wäre. Bis zum heutigen Tage werden die »Proms«, unter der Leitung von Sir Malcolm Sargent, regelmäßig weitergeführt.

Bei den »Promenades«, den National Gallery-Konzerten und bei den Veranstaltungen für die Soldaten mit unseren besten Orchestern und Solisten zeigte es sich, daß die Zuhörerschaft für ernste Musik zahlreicher war denn je.

Auf diese Ansprüche wurde auch in jeder Beziehung Rücksicht genommen; lediglich ein Impresario, der behauptete, den Geschmack des Publikums zu kennen, blieb dabei, daß die Leute »etwas Leichtes« hören wollten. (Dieses Papageiengeplapper war schon seit jeher sein Motto, und er äußerte es mit einer Grimasse, die sagen sollte: »So ist es nun mal«.) Sein Glanzstück leistete er, als er mich zusammen mit drei ausgezeichneten Künstlern, der Sopranistin Joan Hammond, der Geigerin Ida Haendel und dem seither verstorbenen Bassisten Oskar Natzke, nach Cambridge schickte, um ausgerechnet dort einen Nachmittag mit leichter Musik zu veranstalten. Da das Programm vorher nicht angekündigt wurde, kamen, ohne jede Ahnung, was ihnen bevorstand, Professor E. J. Dent, Professor Patrick Hadley, Dr. Hugh Middleton ins Konzert, die Spitzen des akademischen Musiklebens. Auf dem Programmzettel lasen sie mit Staunen, was sie zu hören bekämen: ›Un bel di vedremo‹ aus ›Madame Butterfly‹, ›Si, mi chiamano Mimi‹ aus ›La Bohème‹, den Prolog aus ›Bajazzo‹, das ›Largo al Factotum‹, Violinstücke von Kreisler und Sarasate. Die Herren entfernten sich, noch bevor wir begannen. Je weiter unser Konzert fortschritt, desto kleiner wurde unsere Zuhörerschaft. So kühl wurde unser Programm aufgenommen, daß Natzke meinte, es wäre für diese Leute zu gut. Da fragte ich ihn: »Wenn wir alle an einem Bank Holiday-Montag im Vergnügungsetablissement von Blackpool auftreten sollten, hätten Sie nicht genau das gleiche Programm gewählt wie heute?« Da er bejahte, stellte ich eine weitere Frage: »Haben Sie nicht das Gefühl, daß das Publikum in Blackpool nicht ganz das gleiche ist wie in der Universitätsstadt Cambridge?« Er schaute mich aber an, als ob ich ganz verrückt sei. Dieselben Konzertveranstalter hatten in glücklichen Friedenszeiten auch einmal das Lener-Quartett für dasselbe Cambridge engagiert. Wegen Erkrankung des ersten Geigers mußte das Quartett absagen, und als Ersatz schickte man Paul Robeson. Dieser Impresario rühmte sich aber, daß er sein Publikum grundsätzlich nie »enttäusche«: »Wenn ein Programm wegen Krankheit oder aus sonst einem Grunde abgesagt werden muß, sende ich noch bessere oder noch teurere Künstler als Ersatz.« In diesem Fall bekamen die Leute, die Eintrittskarten gekauft hatten, um Beethoven-Quartette zu hören, ›Old Man River‹ und Negro-Spirituals vorgesetzt.

Zwischen diesen Kriegskonzerten, ein wenig Unterrichten und gelegentlichen Feuerwachen begann ich ein Buch zu schreiben. Walter Eastman, der Chef des Musikverlags Ascherberg, Hopwood and Crew machte mir den Vorschlag, ich solle meine Gedanken über das Begleiten niederschreiben. Ich taufte dieses Werk ›The Unashamed Accompanist‹. Das Manuskript entwarf ich auf Briefumschlägen und kleinen Zetteln, wenn ich Muße hatte und an gelegentlichen – sehr seltenen – Wochenendtagen, die ich außerhalb Londons verbrachte, um nach den geräuschvollen Nächten ein wenig Ruhe zu finden.

Zu dem Beiwort »unashamed« wurde ich durch die mir häufig gestellte Frage angeregt: »Wann werden Sie Solopianist sein?«, und das war als Kompliment gemeint. Damit begrüßte mich auch regelmäßig, doch etwas weniger freundlich, eine liebe alte Tante, sooft ich sie besuchte, und bis zu ihrem vorzeitigen Tode – im Alter von dreiundneunzig Jahren – habe ich während vierzig Jahren ihr vergebens zu erklären versucht, warum ich es vorziehe, Begleiter zu sein.

Eines schönen Tages war mein kleines Buch fertig, und zufällig lief ich auf der Straße, das Manuskript in der Tasche, meinem

Freund, dem Schriftsteller L.A.G. Strong, in die Arme, der einer der Direktoren des Methuen's-Buchverlages war. Gemischte Gefühle beschlichen mich, als er mir sagte, daß sein Verlag das Buch gern herausgäbe. Ascherberg, Hopwood and Crew war zwar als Musikverlag sehr angesehen, aber Mr. Eastman gab zu jener Zeit zu, daß sie im Herausgeben von Büchern noch wenig Erfahrung hätten. Ich erklärte aber L.A.G., daß ich mich dem Manne verpflichtet fühle, der mir die Anregung zu meinen ›Freimütigen Bekenntnissen‹ gegeben hatte, und ich habe nie bedauert, daß das Buch in jenem Verlag erschien. Die Aufnahme bei der Presse übertraf alle meine Erwartungen. Ernest Newman, der Doyen der Kritiker, widmete ihm zwei witzige, lobende Artikel in ›The Sunday Times‹ und amüsierte sich über meine spöttischen Bemerkungen gegen die »Musikkritiker, die ich in den hintersten Reihen schlafen ließ«. Er parierte den Angriff mit den Worten: »Welch ein Irrtum, anzunehmen, wir schliefen! Seit Jahr und Tag bemühe ich mich, in Konzerten einzuschlafen, doch bis jetzt ist dieser Versuch immer kläglich gescheitert.«

Erstmals erschien das Büchlein als Kriegskind in einer billigen, gehefteten Ausgabe. Doch L.A.G. Strong verlor nie sein Interesse daran, und dank ihm und Alan White von Methuen and Company sowie der großzügigen Mitarbeit von Noel Johnson vom Ascherberg-Verlag kam das Buch in erweiterter, verbesserter und mit Notenbeispielen versehener Auflage bei Methuen heraus.

Seine Erstausgabe erfolgte im Jahre 1943, und noch heute verkauft sich das kleine Werk in der englischsprechenden Welt (Macmillan and Company brachte es nach Amerika). Gegenwärtig kommen Übersetzungen davon in Deutschland, Japan und Rußland heraus.

Da Eigenlob keine Empfehlung ist, schlage ich denjenigen meiner Leser, die vielleicht die zweifelnden Gefühle meiner Tante über mich teilen, vor, sogleich ein Exemplar der ›Freimütigen Bekenntnisse eines Begleiters‹ zu erwerben.

Aber, selbst wenn meine »freimütigen« Anstrengungen sonst nichts erreicht hätten, sie verschafften mir jedenfalls eine Ahnung davon – und ich behaupte auch nicht, daß es mehr als eine Ahnung sei –, wie man seine Gedanken zu Papier bringt. Durch das Schreiben und das Unterrichten lernte ich, in mir schlummernde Ideen wach werden zu lassen, und diese bildeten die Grundlage meiner Vorträge ›Der Begleiter spricht‹. Zu meiner Freude zog mein Debüt als Vortragender in der National Gallery ziemlich viel Aufmerksamkeit auf sich, und die Organisatoren des C.E.M.A. und der E.N.S.A. traten mit dem Vorschlag an mich heran, diese Plaudereien unter ihrem Patronat zu wiederholen.

Es ist vielleicht zu hochtrabend, wenn ich mein Geplauder als Vortrag bezeichne. Es galt und gilt immer noch als Unterhaltung, um so mehr, als sich herausstellte, daß die Soldaten und Kriegsarbeiter über meine Scherze und Possen in tosendes Gelächter ausbrachen. Ich hatte immer das eine Ziel vor Augen, ihr Interesse für gute Musik zu wecken oder das Verständnis dafür zu erweitern, und wenn ich sie dabei zum Lachen brachte, um so besser. Ich sprach davon, wie verhängnisvoll es sei, wenn ein Sänger vom zu laut spielenden Begleiter zugedeckt würde, und zitierte den berühmten Dirigenten vom Royal Opera House, dem im Künstlerzimmer ein Freund nach dem Konzert zum wundervollen Spiel des Orchesters gratulierte, ihm aber vorwarf, er habe die Sänger ertränkt. Hier wartete ich einige Sekunden, bevor ich fortfuhr: »Und Sir Thomas antwortete (lautes Gelächter): ›Ich weiß, ich tat es mit Absicht – im Interesse des Publikums.‹« Ich erzählte von dem Bassisten, dem Schuberts ›Der Einsame‹ in F-Dur zu hoch und in E-Dur zu tief war, worauf er mich fragte, ob ich »nichts dazwischen« hätte. Aber hinter all diesen Scherzen, die nur die Zuckerschicht um die Pille bildeten, lag mein ernsthaftes Bestreben, eine Lektion über musikalisches Verständnis zu erteilen. Ich zeigte an Beispielen aus den Liederzyklen von Schubert, ›Winterreise‹ oder ›Die schöne Müllerin‹, die von der Musik gemalten Bilder und erläuterte die Bedeutung und die Stimmungen in den Klängen dieses von manchen so gefürchteten Schreckgespensts, der Kammermusik. Auch ich lernte, was jeder erfolgreiche Politiker oder Varietékünstler vermag (dem ersteren gebe ich den Ehrenplatz, denn oft ist er der Komischere der beiden), nämlich die Zuhörer sofort zu packen und sie in Spannung zu halten. In meine Ausführungen flocht ich viele Beispiele am Klavier ein. Diese Abstecher auf die Klaviatur bekamen, nachdem alles andere gesagt und getan war, größte Bedeutung, denn nun galt es, in der Praxis zu zeigen, was ich gepredigt hatte. Es war außerordentlich wichtig, daß ich diese herausgeholten Beispiele nicht nur Note für Note absolut richtig, sondern auch sinnvoll und so schön als irgend möglich spielte. Bei einem Konzert habe ich Zeit, bevor ich beginne, meinen Stuhl zurechtzurücken, meine Manschetten zurückzuschieben und die richtige Haltung anzunehmen – nicht aber bei einem musikalischen Vortrag. Sobald ich zu meinen Zuhörern sage: »Horchen Sie nun auf das Rauschen der Blätter in der Begleitung zu Schuberts Lied, ›Der Lindenbaum‹«, muß ich mich augenblicklich umdrehen, auf den Klaviersessel fallen lassen und ohne Verzug zu spielen beginnen. Daß man es so machen müsse, wurde mir klar, als ich einmal einer Geigerin zuhörte, die einer Kinderschar ein irisches Märchen (eines in der Bearbeitung von Herbert Hughes) erzählte. Sie schloß mit den Worten »und dies ist die liebliche Melodie, die sie sang«. Aber was geschah? Es war keine liebliche Melodie zu hören, sondern die Geigerin stimmte zuerst eine ganze Minute lang ihr Instrument. Die Kinder wurden unruhig und einige begannen zu kichern. Der Zuhörer verliert rasch sein Interesse, wenn sich Rede und Musik nicht in einer ununterbrochenen Linie fortsetzen.

Es fällt mir nicht leicht, wenn ich fünf bis zehn Minuten gesprochen habe, mich in die Stimmung der Musik zu versetzen und tadellos zu spielen. Deshalb muß ich auf die Beispiele am Klavier, allerdings nicht zu offensichtlich, sehr viel Sorgfalt verwenden. In einer Rede kann man zögern, sich räuspern, sich versprechen und wieder verbessern – dies wird die Wirkung von spontaner Natürlichkeit nur erhöhen –, aber kann man all dies beim Spielen tun? Keineswegs. Es ist leichter zu sprechen, als zu spielen.

Manches Mal wurde ich gebeten, nach Beendigung meines Vortrages Fragen zu beantworten. Diese waren oft sinnvoll oder das Gegenteil davon. Ich weiß nicht, ob meine verdutzte Miene oder die kühle Eindringlichkeit des Fragestellers bewirkten, daß mein Publikum so laut lachte, als jener wissen wollte: »Haben Sie, als Sie jünger waren, je daran gedacht, Pianist zu werden?«

Eine noch naivere Frage – glücklicherweise nicht während einer öffentlichen Diskussion – stellten zwei Teenager in La Junta, Colorado, an mich. Sie wollten brennend gern wissen, wie und wo ich meine »wundervolle Schuhwichse« gefunden hätte. Sie hatten zum erstenmal in ihrem Leben Lackschuhe erblickt.

In einer Phase zog ich auch in Erwägung, einen Sänger zu engagieren, der die Lieder, über die ich sprach, nachher singen sollte. Aber ich kam zu dem Schluß, daß dies den Zweck meiner Vorträge untergraben würde, denn ein Teil meines Publikums hört diese Begleitungen zum erstenmal. Viele Leute hören sie buchstäblich zum erstenmal, denn sie haben zwar die meisten dieser Lieder schon singen hören, aber dabei nur auf die Singstimme geachtet oder nur diese in sich aufgenommen. Zum Vorteil dieser Zuhörer lenke ich ihre Aufmerksamkeit mit meinen Klavierbeispielen fast ausschließlich darauf, was die Begleitung zu sagen hat, und behandle die Singstimme überhaupt nur nebenbei.

Wenn eine Sängerin bei mir auf dem Podium stünde, würde sie mir den Wind aus den Segeln nehmen und mein geplanter Vortrag sich bald zu einem Lieder-Abend entwickeln. Ist sie eine blendende Schönheit mit blondem Haar? Dann wird das Publikum seine Augen nicht von ihr wenden können, und wenn sie brünett wäre, würde es mich zu sehr ablenken.

Und noch ein Einwand: möge sie dunkel oder blond, schlank oder dick sein – sie wird mir mein halbes Honorar davontragen.

Der Einspruch ist berechtigt.

Im Jahre 1929 fuhr ich zu einem kurzen Besuch meiner Eltern nach Kanada, und damals sah ich meine Mutter zum letztenmal. Am Neujahrstag 1944 teilte mir mein Bruder Trevor in einem Telegramm mit, daß sie gestorben sei. Ich verdanke ihr sehr viel. Mit ihrem Mut verfrachtete sie die Familie im Jahre 1913 über den Atlantik, damit sie sich eine neue Existenz gründe; durch ihre Entschlossenheit wurde ich Musiker, und Trevor besuchte die Universität in Toronto. Trevor ist, wie ich frei heraussagen möchte, der Star der Familie; nicht nur ein äußerst erfolgreicher Geschäftsmann, sondern auch eine starke Persönlichkeit; er ist ein Mensch, der nie aus dem Gleichgewicht gerät. Bescheiden und großzügig, widmet er auch einen beträchtlichen Teil seiner Zeit und seines Vermögens dem Wohl anderer. Er war meinen Eltern in jeder erdenklichen Weise Stab und Stütze, während ich, Tausende Meilen entfernt, ihnen keinerlei Hilfe bot. Meine Karriere, wenn auch durchaus nicht mit der Trevors vergleichbar, war immerhin von bescheidenem Erfolg gekrönt, nur dem armen Basil, unserem jüngsten Bruder, dessen warmer, herzlicher Charakter ihn überall beliebt machte, gelang es nicht, sich eine richtige Existenz zu gründen. Bei Kriegsausbruch trat er in die kanadische Armee ein, wurde 1944 in England demobilisiert, heiratete ein englisches Mädchen und starb wenige Jahre später nach kurzer Krankheit.

Kaum war der letzte Schuß des Krieges gefallen – das heißt, zwei Monate, nachdem in London die letzte V-2-Bombe explodiert war –, meldete mir ein Telegramm aus Toronto, daß mein Vater zu Enid und mir nach London kommen und meinen Bruder Basil in Südengland besuchen wolle. In einem eiligst abgesandten Rückschreiben bat ich meinen Vater, seinen Besuch aufzuschieben, denn ich war sicher, daß er keine Ahnung hatte von den Zuständen, die nach fünf Jahren Bombardement in England herrschten, von der eingeschränkten Lebensweise und der strengen Rationierung, der wir unterworfen waren. Aber die Nachricht kam zu spät, mein Vater hatte sich bereits eingeschifft.

Meine Bedenken wegen seines Besuches hatten verschiedene Gründe; wir lebten damals in einer winzigen Wohnung in Bayswater, in Verhältnissen, die man kaum als glänzend bezeichnen konnte, und für einen Besucher hatten wir nur wenig Platz. Die einzigen normal honorierten Engagements waren während des Krieges Schallplatten-Aufnahmen und Radio-Verpflichtungen gewesen. Als der Waffenstillstand unterzeichnet wurde, fühlte ich endlich den Tag nahen, da ich mich ernstlich meiner Arbeit widmen, an mein Klavierspiel und mein Vorwärtskommen als Musiker denken konnte. Zu meinem Vater hatte ich immer ein sehr herzliches Verhältnis, aber wir waren im Charakter und hinsichtlich unseres Geschmacks sehr verschieden. Wie die meisten Geschäftsleute wußte er verständlicherweise kaum etwas von der ehrfürchtigen Versenkung, die für meinen Beruf nötig ist. Er konnte sich nicht vorstellen, daß seine Anwesenheit in meinem Studio, während ich übte, mich in meiner Konzentration störte, denn, obwohl ich mich dazu erzogen habe, in Räumen, wo Lärm herrscht, und mit Staubsaugerbegleitung zu üben, ist es in meinem eigenen Studio lebenswichtig, daß ich für mich allein bin und absolute Ruhe sowie unbegrenzte Zeit habe, wenn ich in meiner Arbeit etwas erreichen will. Ich glaube, es war Osbert Sitwell, der, während er mit dem Verfassen eines Essays oder Buches rang, ein Gespräch zweier Bediensteten außerhalb seines Arbeitszimmers hörte, das lautete:

»Arbeitet er?« – »Nein, er schreibt nur.«

Es gab noch einen andern eigennützigen Grund, aus welchem mir der Zeitpunkt für den Besuch meines Vaters schlecht gewählt schien. Einige Wochen vorher war mir angekündigt worden, daß Pablo Casals nach London komme und mich als Partner wünsche. Man kann sich vorstellen, was das für mich bedeutete. Nachdem ich sechs Jahre Verdunklung erlebt hatte, kam dieses strahlende Licht – ich sollte mit dem größten lebenden Musiker der Welt spielen. Es war die bedeutendste Aufgabe, die mir je übertragen wurde.

Am 2. Juli 1945 begleitete ich Robert Irwin in einem Mittagskonzert der National Gallery, und meine erste Begegnung und Probe mit dem Meister war für den Nachmittag anberaumt. Dies war ausgerechnet der Tag, an dem mein Vater, den ich sechzehn Jahre lang nicht gesehen hatte, in London ankam. Enid holte ihn ab und kümmerte sich um ihn, während ich mich zitternden Herzens zu meiner Probe begab.

Casals begrüßte mich herzlich, zündete seine Pfeife an, und wir begannen zu spielen. Der Prüfstein in dem Programm war, was mich betraf, die Sonate in D-Dur, Op. 102, Nr. 2 aus Beethovens dritter Schaffensperiode. Es ist ein großes Werk mit einem leidenschaftlichen ersten Satz, dem ein *Adagio con molto sentimen-*

to d'affetto folgt und dessen Schluß eine unerhört schwierige Fuge bildet. Ich glaube nicht, daß ich diese Sonate schon öffentlich gespielt hatte, aber eines ist sicher, nämlich, daß ich das Werk seit Wochen fieberhaft übte, seit ich wußte, daß Casals es auf seinem Programm hatte. Die besondere Schwierigkeit dieser Sonate liegt darin, daß vollkommene Übereinstimmung zwischen den Spielern, die empfindsam aufeinander eingehen müssen, nötig ist. Der zweite Satz, dessen Noten leicht zu spielen sind, hat ein langsames, edles Thema mit äußerst heiklen dynamischen Modulationen, die sich innerhalb der Phrase steigern und wieder abfallen, und die von beiden Spielern gleichmäßig zu behandeln sind. Wenn einer der beiden mehr steigert oder abfällt als der andere, verliert die Musik ihr Ebenmaß und wird sinnlos. Und diesen Satz wählte Casals an jenem Nachmittag zum Beginn unserer gemeinsamen Arbeit. Er sang auf seinem Cello, und ich beugte mich über meine Klaviatur, jeden Nerv gespannt und meine ganze Seele in den Fingerspitzen. So spielten wir zusammen, ohne ein Wort zu sprechen. Dann, als wir zwei Dutzend Takte hinter uns hatten, hörte Casals unvermutet zu spielen auf, legte sein Cello sanft zur Seite, heftete seinen Blick auf mich und sagte: »Ich bin sehr glücklich.« Ich möchte hervorheben, daß Casals nicht die vertrackten Windungen der Fuge oder den dramatischen Aufbau des ersten Satzes wählte, um auszuprobieren, ob unsere künstlerischen Charaktere zusammenpaßten, sondern die langsame, sichtlich einfache Melodie des Chorals, dessen Noten – zumindest die ersten zwanzig Takte – jeder Dilettant leicht hätte vom Blatt spielen können. In einem der folgenden Kapitel werde ich über das Thema der langsamen, getragenen Musik noch mehr zu sagen haben.

Bei Casals, wie bei allen großen Künstlern, ist die Musik die Hauptsache, sie ist wichtiger als der Ausübende. Nun behauptet zwar jeder Musiker, daß er den Komponisten voranstelle, und freut sich, wenn man ihn für die getreu übermittelte Botschaft lobt, aber in neunundneunzig von hundert Fällen denkt der Spieler die ganze Zeit an sich selbst. Es ist begreiflich, daß er egozentrisch der Musik seine eigene Persönlichkeit aufprägt, aber das allein erklärt nicht alles. Mancher gute und bescheidene Musiker stellt sich unwillkürlich zwischen den Komponisten und den Zuhörer aus technischer Unsicherheit; weil er auf seinen vierten Finger aufpassen muß, oder aus Angst. Der Kampf um die Beherrschung der Technik, das Bemühen, den bogenführenden Arm ruhig zu halten, die Note genau zu treffen, nimmt all seine Kräfte in Anspruch, und die Musik selbst leidet darunter. Für Casals gibt es keine solchen Probleme, er hat sich zum vollkommenen Meister seines Instruments gemacht. Und an dem Punkt, wo viele Musiker aufhören, beginnt er. Von hier aus ist er imstande, zum zweiten Ich des Komponisten zu werden, in dessen Herz und Geist einzudringen. Sein Aufgehen in der Musik wurde mir mehr als einmal klar, wenn er im Künstlerzimmer vor einem Konzert die Stimme erhob und eine Passage aus dem Werk sang, das wir gerade spielen wollten. Plötzlich hörte er dann zu singen auf, blickte mich mit sichtbarer Bewegung an und rief aus: »Ist schön, ist schön!«

Als ich viele Jahre später in der Kirche von Prades Fischer-Dieskau zu Schuberts ›Winterreise‹ begleitete, saß Casals in der ersten Reihe und war vom Gesang des jungen Mannes überwältigt. Nachher fanden wir uns im Arbeitszimmer des Meisters zusammen, und dieser ermahnte uns, demütig zu sein, immer daran zu denken, daß wir Diener der Musik seien, und daß des Sängers Gaben von Gott kämen.

Er sprach so eingehend in dieser Richtung, daß Fischer-Dieskau mich später fragte: »Hält er mich für eingebildet?« Aber dieser unberechtigte Vorwurf lag Casals fern. Er war bewegt, tief bewegt vom Gesang dieses außergewöhnlichen Künstlers und dadurch inspiriert, ihm das Casals'sche Evangelium zu predigen. Ein gutes Evangelium, das sich jeder Musiker zu Herzen nehmen könnte. Und es ist die Wahrheit, vielleicht das Geheimnis von Casals eigener Größe.

Bei seinem ersten Besuch in London nach dem Krieg glich sein Hotelappartement einer zweiten spanischen Gesandtschaft; so groß war der Strom von Spaniern, die ihn besuchen und mit ihm sprechen wollten, daß er selbst erklärte, er sei kein Musiker mehr, sondern ein Staatsmann. Ich erzählte ihm von Georges Clemenceau, der bei der Friedenskonferenz von Versailles der eindrucksvollen Gestalt Ignaz Jan Paderewski begegnete und sich erkundigte, wer das sei. Man erklärte ihm, dies sei der große Pianist, der nun Polens Premierminister geworden wäre, und Clemenceau rief aus: *»Quelle chute!«* Sicher ist, daß die täglichen Zusammenkünfte Casals mit seinen Landsleuten uns am Proben hinderten, und für ein Konzert in Chelsea konnten wir das Programm gerade nur einmal am Vorabend durchspielen, obwohl wir es noch nie vorher zusammen aufgeführt hatten.

Seine gradlinige politische Meinung und strikte Ablehnung des Franco-Regimes veranlaßten Casals, sich in Prades bei Perpignan niederzulassen. Hier und in Puerto Rico veranstaltet er seine Festspiele. Möge die Welt zu ihm kommen. Die Wallfahrt zu diesem Weisen zu unternehmen, tut jedem gut, und daß sie Zeit und Mühe kostet, ist gerade recht.

Mir fehlen ganz offensichtlich die richtigen Worte für die Musik dieses Mannes. An den Menschen Casals und seine Warmherzigkeit bewahre ich unauslöschliche Erinnerungen; seine Unterschrift auf meinem zerfetzten Exemplar der Beethoven-Cellosonaten mit den von ihm beigefügten Worten: *»What a pleasure!«* Und schließlich die Botschaft, die er mir durch meine junge Freundin Eileen Croxford, die mit ihm in Prades gearbeitet hatte, sandte. Seit unserem letzten Beisammensein waren schon einige Jahre verstrichen, und als sich Eileen von ihm verabschiedete, sagte er: »Bitte empfehlen Sie mich bei Mr. X und Mr. Y, grüßen Sie den Soundso und den Soundso – *and my love, you understand, my love to Gerald Moore.«*

Schon einmal Erlebtes schien sich zu wiederholen, denn wie in den Vorkriegsjahren waren es auch jetzt viel mehr Cellisten als Geiger, mit denen ich spielte. Den erstklassigen Violinkünstlern Josef Szigeti, Symon Goldberg, Max Rostal, Ida Haendel standen außer Casals noch Fournier, Tortelier, Navarra, Schuster, Antoni Sala, Nelsova Eisenberg und die englischen Cellisten Antoni Pini und James Whitehead gegenüber.

Von der B.B.C. wurde ich zum Sonatenspielen mit dem Katalanen Sala aus Barcelona »zusammengespannt«. Dieser wohnte in einem riesigen Studio, voll mit alten spanischen Möbeln und einem Faß »Tio Pepe«. Alles nahm er *con brio* – sein Cellospiel, seine Holzschnitzereien, sein Kochen –, und wir wurden sehr gute Freunde. Während des Krieges rackerte er sich bei der Landwirtschaft in Sussex ab und pflanzte Kartoffeln, *»for Victoria«*, wie er sagte.

Mein nächster Partner war Jimmy Whitehead, ein erstklassiger Musiker. Als ich einmal mit ihm die Cellosonate von Rachmaninoff spielte, erhielt ich nachher ein sehr charmantes Schreiben von Benno Moiseiwitsch: diese Aufführung sei für ihn – seit langem – eine der schönsten halben Stunden gewesen. Benno ist einer meiner besten Freunde, und ich weiß, daß er mir in dieser Weise nur schrieb, weil er es ehrlich meinte. Da er selbst ein phantastischer Künstler ist, bedeutete mir sein Kompliment besonders viel. Doch ist er als ein Schalk bekannt, und auch dieser Brief war nicht ohne Spitze: »Übrigens gibt es in dieser Sonate doch auch einen Klavierpart«, schrieb er, »aber diesen habe ich nicht gehört.« Ich bedankte mich sehr für seine anerkennenden Worte und fügte hinzu, ich wisse, daß er selbst dieses Werk schon oft gespielt habe, aber »vielleicht hörtest Du es noch nie von jemandem anderen spielen und hast aus diesem Grunde jetzt den *Cello*part zum erstenmal gehört«.

Mit Yehudi Menuhin musizierte ich damals sehr häufig (doch das war, bevor es in seinem Familienkreis so viele Pianisten gab), und wir veranstalteten eine große Reihe von Konzerten zusammen. Im Laufe einer Provinztournee eilten wir einmal wegen eines ungewöhnlichen Engagements zwischen zwei Konzerten nach London zurück; die »Gainsborough Pictures Limited« hatten beschlossen, einen Film über das Leben Paganinis zu drehen, und dazu sollten Yehudi und ich auf Tonband die Musik liefern. Gelegentlich fragte ich einen der Direktoren, wer den dämonischen Paganini mit dem hohlwangigen, bleichen Gesicht und den langen schwarzen Haaren darstellen würde, worauf man mir ganz offen sagte, es müsse ein Schauspieler sein, in den sich die Verkäuferinnen von Woolworth verlieben würden. Die Wahl fiel auf Stewart Granger.

So widerwärtig dieses Musizieren durch das bis zum Überdruß häufige Wiederholen der Moses-Variationen und anderer Bravourstücke auch wurde – es war nichts gegen die tödliche Langeweile, die ich empfand, als ich den fertigen Film anschaute.

Dankbar stelle ich fest, daß ich immer Gelegenheit hatte, mit Sängern zu arbeiten; einen neuen Freund gewann ich in dem großen Dänen Aksel Schiötz, als er nach London kam, um ›Die schöne Müllerin‹ auf Schallplatten zu singen. Ich glaube, daß Aksel Schiötz einer der wenigen bescheidenen Tenöre war, die ich je kennenlernte. Er sprach nicht immer nur von sich; er erzählte mir nicht, woher er kam und wohin er ging, nicht von seinen Erfolgen und wie sehr gesucht er sei. Er war ruhig, er war bescheiden, und das ist bei einem Tenor ein Wunder. Nachdem er während der deutschen Besetzung seines Landes in der Untergrundbewegung gearbeitet hatte, eröffnete sich ihm nunmehr eine sehr vielversprechende Karriere. Die Kritiken über unsere gemeinsamen Londoner Lieder-Abende und Schallplatten waren ausgezeichnet; in Glyndebourne sang er, abwechselnd mit Peter Pears, in Benjamin Britten's ›The Rape of Lucretia‹. Sein Englisch war vorzüglich. Er hatte ungeheuren Erfolg in der ersten Festspielsaison von Edinburgh im Jahre 1947; und dann brach seine Karriere jäh in nichts zusammen. Ein Gehirntumor befiel ihn. Nach einer gefährlichen Operation und nach langer Rekonvaleszenz lernte er wieder gehen und sprechen, er lernte wieder singen und ist zur Zeit einer der gesuchtesten Gesangslehrer von Nordamerika.

Kathleen Ferrier

Jeder kennt die herrliche, glänzende Entwicklung Kathleen's als Mensch und Künstlerin, und viel wurde über ihr Leben und ihre Arbeit geschrieben. Einer ihrer ergebensten Freunde, Hamish Hamilton, veröffentlichte über die *Ferrier story* zwei Bücher: eine Biographie über sie von ihrer Schwester Winifred und ein von Neville Cardus herausgegebenes Buch, ›Kathleen Ferrier: A Memoir‹, das Beiträge enthält von Bruno Walter, John Barbirolli, Roy Henderson und anderen ihrer intimen Freunde. Ich frage mich, ob es möglich ist, etwas Neues über sie zu sagen. Aber ich bin dabei, die Geschichte meines Lebens zu schreiben, und möge dieses noch so uninteressant und farblos scheinen – ohne Kathleen Ferrier wäre es unendlich viel ärmer gewesen.

Während des Krieges hörte man Gerüchte über ein junges Mädchen mit einer außerordentlich schönen Stimme, das in verschiedenen Konzerten anläßlich der C. E. M. A.-Tourneen in den Fabriken sang. Malcolm Sargent, der sie gehört hatte, redete ihr zu, nach London zu kommen. Im Jahre 1943 wurde ich zum erstenmal mit ihr zusammen engagiert.

Sie hatte mich schon in einigen Londoner Konzerten spielen hören, bevor ich sie kannte, und ihr, der lieben Seele, hatte mein Spiel Eindruck gemacht. Dieses erste gemeinsame Konzert fand in Lewes in Sussex statt. Da sie aber in letzter Minute für eine andere Sängerin, die indisponiert war, einspringen mußte, hatten wir einander vorher nicht einmal kennengelernt, geschweige denn miteinander geprobt. So bescheiden war sie, so einfach und so unbewußt ihres eigenen Wertes, daß sie sich in die Ecke eines anderen Abteils verkroch, als sie mich den Zug besteigen sah, und in Lewes wartete, bis ich den Bahnhof verlassen hatte, bevor sie sich auf den Weg zum Konzertsaal machte. Nach dem Konzert fragte sie mich, ob ich mit ihrem Gesang zufrieden gewesen sei, und wenn ja, ob ich es, bitte, Mr. Tillet sagen würde? Das würde ihr sehr nützlich sein. Ich war nicht nur zufrieden, ich war entzückt, doch ich hatte wohl erkannt, daß ihre Stimme und ihre Schönheit noch nicht zur vollen Geltung kamen; es fehlte ihr noch an Haltung. Sie wußte nicht, sich richtig zu verbeugen und nicht, wie man aufs Podium schreitet und wieder abgeht. Man konnte nicht erwarten, daß sie sich unter den ungünstigen Bedingungen der improvisierten Kriegskonzerte das Auftreten einer erfahrenen Künstlerin angeeignet hätte. Mr. und Mrs. Tillet rieten ihr, mit Roy Henderson zu arbeiten, er sei der richtige Mann, ihr zu helfen, ihren eigenen, natürlichen Stil und die nötige Würde zu finden.

Nach dem Konzert in Lewes befreundeten wir uns, aber ich war ein kritischer Freund, der in Kathleen so große Hoffnungen setzte, daß ich sie, ohne es zu wissen, beunruhigte. Im Herbst 1948 schwärmte ich Richard Capell von ihrem Gesang vor. Zu meiner Freude lobte er mit Wärme, wie sie Bach, Gluck, Händel und Purcell sang, auch die ›Kindertotenlieder‹ von Mahler und die Alt-Partie der h-Moll-Messe von Bach. »Aber«, fügte er hinzu, »bei den Liedern steht sie, wenn man den höchsten Maßstab anlegen wollte, doch erst am Anfang.« Was trieb mich dazu, Kathleen diese Bemerkung zu wiederholen? Es war unverzeihlich dumm von mir. Ich hatte wohl gemeint, ihr damit vorwärtshelfen zu können, aber gerade die gegenteilige Wirkung trat ein. Es entmutigte sie, und über unsere Beziehung fiel ein Schatten. Dies wurde mir klar, als ich sie einmal anrief und sie sagte: »Was habe ich jetzt wieder falsch gemacht?«

Wenn man bedachte, welche Wunder dieses Mädchen schon vollbracht hatte, wie konnte man dann von ihr erwarten, daß sie nach vier oder fünf Jahren eine Hohepriesterin des Liedes wäre?

Einige Monate lang, während sie sich mit John Newark auf einer Amerika-Tournee befand, sahen wir einander nicht. Nach einer Pause, die mir sehr lang erschien, kamen wir wieder zusammen. Unter dem liebevollen Einfluß von Bruno Walter war ihre Interpretation von Schubert- und Brahms-Liedern in wundersamer Weise gereift, und ich fand Gelegenheit, ihr das zu sagen. Kathleen wußte, daß ich, wenn es um Musik ging, mich nicht verstellen oder schmeicheln konnte, und unsere Freundschaft wurde herzlicher denn je.

Kathleen's Stimme war von natürlicher Schönheit und mußte nicht wie eine Treibhauspflanze gehegt und gepflegt werden; sie strömte aus ihr wie ein kristallklarer Fluß und besaß Frische und warmes Timbre. Man war gerührt von der herzbewegenden Menschlichkeit dieses Organs. Da war nichts von dem traditionellen pastosen Klang, der uns oft bei englischen Oratoriums-Altistinnen auffällt. John McCormack pflegte zu sagen, Caruso sei nicht ein Tenor, sondern ein Mann mit einer hohen Stimme; für mich war Kathleen keine Altistin, sondern eine Frau mit einer tiefen Stimme. Damit will ich aber nicht andeuten, daß ihr Stimmumfang beschränkt gewesen sei. Ich hörte sie wundervolle hohe A's in Elgar's ›Traum des Gerontius‹ singen, doch wie bei Caruso lag unter den hohen Tönen eine Tiefe, die ihnen zusätzliche Fülle verlieh.

Man wird vielleicht erstaunt die Augenbrauen hochziehen, daß ich die Namen Caruso und Ferrier in einem Atem nenne. Es ist mir bewußt, daß der Tenor eine Wunderstimme besaß, wie wir sie seither nie wieder hörten, eine Stimme, die legendär geworden ist. Kathleen hätte ihren Ruhm durch den bloßen Klang ihres Organs erringen können, denn dieses war ein herrliches, kunstvoll geführtes Instrument. Doch wäre es müßig zu sagen, daß, wie im Falle Carusos, niemand vor oder nach ihr eine solche Stimme besessen hätte. Es gab in der Vergangenheit große Altistinnen mit ebenso schönen Stimmen, aber Kathleen's Stimme hinterließ einen unauslöschlichen Eindruck durch den offenen, frischen Geist, der ihr lebhaftes, sensibles Gemüt leitete. Ihre Botschaft war einfach, unverfälscht und echt – sie ging direkt zu Herzen. Dies schuf ihren Ruhm und war der Grund, warum sich eine Art Zauber um ihren Namen bildete. Der Roman ihres Aufstiegs war wie ein Märchen und erscheint nun allen, die mit ihr vertraut waren, wie ein lieblicher Traum. Zurückblickend glaube ich, daß uns, die wir sie liebten, eine unbewußte Angst verfolgte, es könne ihr ein allzu kurzer Lebenssommer beschieden sein.

Kathleen Ferrier wurde der Welt als eine der besten Sängerinnen ihrer Zeit bekannt, aber für uns in England bedeutete sie mehr, für uns war sie ein Phänomen. Wir hatten wohl Dirigenten und Pianisten von internationalem Ruf, doch kenne ich kaum eine oder gar keine englische Konzertsängerin, die mit Kathleen im gleichen Rang stünde. Ihr Erscheinen bewies das Gegenteil des Spruches, daß der Prophet im eigenen Vaterlande nichts gelte, denn wir in England erkannten ihr Format sehr rasch, und wir mußten auch nirgends für sie kämpfen. In Wien, Mailand, Paris, Amsterdam, New York – überall wurde diese englische Blüte, diese Rose von Lancaster, jubelnd empfangen.

Wer von uns, überlegt man unwillkürlich, könnte einer Verhimmelung standhalten, wie sie ihr entgegengebracht wurde, ohne daß sein Charakter darunter litte? Für sie war diese Prüfung noch unvergleichlich schwieriger, weil alles so plötzlich kam. Ihr Ruhm stieg auf wie ein steiler Blitz. Der Riesensprung, der sie in die vorderste Reihe der Künstler stellte, veränderte ihr Wesen nicht, obwohl sie manchmal erstaunt und ungläubig über das Wunder lachte, welches das Mädchen aus der Telephonzentrale in einen Star verwandelt hatte. Ihre schlichte, ungekünstelte Erscheinung erstickte jeden Gedanken an Rivalität bei den älteren, erfahreneren Gesangskolleginnen im Keime. Einige unserer besten Altistinnen – Gladys Ripley, Nancy Evans, Marjorie Thomas – waren Kathleen's gute Freundinnen, und Astra Desmond, die schon so lange hohe Achtung beim Publikum genoß, schrieb einen ganz reizenden Brief an Kathleen, als diese in Manchester für sie einsprang.

Kathleen erwarb sich bestimmt überall Wohlwollen und Zuneigung. Freunde sammelten sich um sie wie Motten um das Licht, doch sie stellte keinerlei Ansprüche, und niemand mußte ihr den Hof machen. Sie war gar nicht verwöhnt. Man ging zu Kathleen, weil man mit ihr beisammen und mit ihr fröhlich sein wollte; unter ihrem Zauber wob sich ein Band, das nicht nur uns an sie knüpfte, sondern auch ihre Freunde miteinander vereinte.

Ungekünstelt, immer bereit zu lachen, war sie sich ihres Wertes dennoch bewußt. In Rotterdam – beim ersten Konzert unserer Holland-Tournee – beklagte sie sich über Durchzug auf dem Podium. »Ich fürchte, mich zu erkälten«, sagte sie zu dem dortigen Manager; dieser besaß die Unverschämtheit zu antworten: »Sie sind ausgezeichnet in Form für dieses Konzert, und das ist mir die Hauptsache.« – »Ich muß aber an später denken. Das ist das erste Konzert auf meiner Tournee, und es zählt für mich am wenigsten. Die Fenster müssen geschlossen werden, sonst singe ich keinen Ton mehr.«

Kathleen hielt dieses Konzert gar nicht für so unwichtig, aber der Mann hatte eine Rüge verdient.

Seinen eigenen Wert zu erkennen ist eine königliche, mit wahrer Größe vereinbare Eigenschaft, die nichts mit jener Eitelkeit zu tun hat, mit der sich die Mittelmäßigkeit manchmal aufbläst. Dieses Selbstbewußtsein sehe ich heute bei Victoria de los Angeles und bei Dietrich Fischer-Dieskau; es nimmt ihnen kein Jota von ihrer Demut als Wahrheitssucher, noch macht es sie weniger menschlich gegenüber ihren Freunden. Dieses Gefühl gehört zur Würde der Persönlichkeit und bildet gleichzeitig einen Schutz. Kathleen nahm in ihrer Größe diese vornehme Haltung ganz von selbst an. Sie zersplitterte ihre Kräfte nicht mit fünf oder sechs Konzerten in einer Woche, obwohl Emmie Tillet Kathleen's Terminkalender mit Leichtigkeit hätte vollschreiben können. (Ben Davies verurteilte die Sänger schwer, die jedes angebotene Engagement annahmen, und bezeichnete sie als von Ort zu Ort eilende Handelsreisende.) Kathleen nahm ihre Arbeit viel zu ernst, als daß sie einen so unwürdigen Weg eingeschlagen hätte, und brachte es fertig, sich wöchentlich zwei bis drei Tage für Ruhe und Studium zu gönnen. So gab sie unweigerlich immer ihr Bestes, und jedes Auftreten wurde zu einem bedeutenden Ereignis. Die unvermeidliche Folge davon war, daß ihr Honorar zu Höhen aufstieg, von denen sich kein britischer Sänger vor ihr je träumen ließ. Vor jedem wichtigen Konzert spannten sich ihre Nerven wie die eines Rennpferdes, und sie brannte vor Eifer, aber ihre Nervosität war nicht von Furcht beschattet. Angst und Sorge, worunter so viele – auch sehr gute – Künstler leiden, waren ihr fremd. Sie war ihrer selbst und ihrer Stimmtechnik überaus sicher, doch sie trug diese Sicherheit mit der ihr eigenen Würde und Anmut, ohne den leisesten Anflug von Selbstgefälligkeit.

Meine Gefühle für Kathleen drückte ich in einem Brief an sie nach einer dreiwöchigen Tournee aus:

»Unsere gemeinsame Holland-Tournee war für mich ungetrübte Freude; niemals, in all den Jahren, fühlte ich mich mit irgendeinem anderen Sänger so wohl und glücklich. Wenn zwei Menschen auf solchen Reisen ununterbrochen beisammen sein müssen, können kleine Meinungsverschiedenheiten oder Launen leicht zu zeitweiligen Verstimmungen der persönlichen Beziehungen führen – aber nichts dergleichen geschah zwischen uns. Sicher, ich fühlte mich die ganze Zeit hindurch glücklich – und das einzig allein dank Deinem lieben Wesen, Deiner Bescheidenheit und Deinem Mangel an Primadonna-Allüren ... aber ich sagte noch nichts von der ungeheuren Freude, die mir Dein aufregender Triumph bereitete. Du hast herrlich gesungen, und ein glückliches Schicksal erlaubte mir, an diesem Riesenerfolg einen Anteil zu haben. Möge ich noch viele Jahre mit Dir verbunden bleiben dürfen.«

Dies schrieb ich im Jahre 1950. Nur drei Jahre waren uns noch beschieden.

Die Konzerte, die folgten, sind für mich kostbare Erinnerungen. Kathleen gab unter der bewundernswerten Mitwirkung von Phyllis Spurr Lieder-Abende in Europa, aber auf Amerika mußte sie, der großen Entfernung wegen, zu ihrem Leidwesen verzichten. Sie in Deutschland zu begleiten und die Begeisterung des Publikums über ihren Liedgesang mitzuerleben, war ergreifend, und von der wie Champagner sprühenden Zuhörerschaft in Paris wurde man mitgerissen. Doch die beiden Konzerte, die uns vielleicht am meisten bewegten, waren das eine in der Norman

Cathedral von Peterborough, wo sie uns mit der Alt-Rhapsodie von Brahms zu Tränen rührte, und ihr letzter Liederabend mit mir in der Royal Festival Hall.

Wie ich später erzählen werde, hatten Enid und ich inzwischen bei Dorking, oben auf Box Hill, ein Haus mit einer unbeschreiblich schönen Aussicht über Surrey und Sussex gekauft. Zu unserer unendlichen Freude verliebte sich Kathleen in dieses Haus und kam mit ihrer Schwester Winifred und mit Bernie (Bernadette Hammond, ihrer getreuen Freundin, Sekretärin und Pflegerin) häufig übers Wochenende heraus. Sie behauptete, hier glücklicher zu sein als irgendwo anders. Sie richtete sich sogar ihr Standquartier bei uns ein, wenn wir in Westengland Konzerte gaben, und jedesmal, wenn wir bei unserer Rückkehr durch das Tor fuhren, sagte sie zu mir: »Wie schön ist es, nach Hause zu kommen, Lieber.«

Ihren letzten Besuch bei uns machte sie, bevor ihre Proben für die Covent Garden-Aufführung von ›Orfeo‹ begannen. Ob sie wohl eine Vorahnung beschlich, daß sie unser Haus zum letztenmal sehe? Ich weiß nur, daß sie, ehe wir nach London fuhren, zu Enid und mir sagte, sie möchte gerne noch einige Augenblicke allein sein und sich an der Aussicht berauschen.

In diesem Hause in St. John's Wood, wo ich jetzt diese Zeilen schreibe, hat Kathleen gelebt, und der Garten wurde für »Kaff« von ihrer ergebenen Freundin Ruth Draper wunderschön angelegt. Kathleen nannte Brockham Warren »Home«, und wir nennen das Haus jetzt auch so. Hier sind wir von Erinnerungen an »Kaff« umgeben, und es wäre ihr gegenüber unrecht, wenn es nur traurige Erinnerungen wären. Zu ihren Lebzeiten war sie ein Mensch voll Fröhlichkeit, der die anderen aufrichtete und anregte, und so lebt sie in unserem Gedächtnis weiter.

Noch wenige Wochen, bevor sie zum letztenmal das Krankenhaus aufsuchte, hat sie hier gewohnt und kehrte nie mehr zurück. Enid und ich besuchten sie knapp vor dem Ende, und sie begrüßte uns lächelnd und herzlich. Sie ermüdete rasch und entließ uns sanft, indem sie flüsterte: »Jetzt will ich eine kleine Pause machen.« Das waren die letzten Worte, die wir aus ihrem Munde vernahmen.

Nach dem Tode von Kathleen wurde ich von ›The Sunday Times‹ gebeten, meiner geliebten Freundin einen kleinen Nachruf zu schreiben, den ich hier, mit Erlaubnis der Redaktion, zitiere:

»Sie ist unersetzlich.« Mit diesen Worten drückte Bruno Walter die Gefühle aller Menschen, die Musik, Wahrhaftigkeit und Schönheit lieben, über den Verlust von Kathleen Ferrier aus. Ihr Leben mit uns war so grausam kurz, die Liebe, die sie entfachte, so groß, daß unser Schmerz kaum zu ertragen ist. Sie ist zu früh von uns gegangen.

Während eines Zeitraums von zehn Jahren trat Kathleen Ferrier aus der Stille ihres Heims in Lancashire in die Welt hinaus und eroberte sie. Wir sahen ihr Talent zur Größe heranwachsen. Wir sahen es mit unseren eigenen Augen. Wir hörten diese Stimme – eine Stimme von natürlicher Wärme und Lieblichkeit – von Jahr zu Jahr herrlicher werden, bis sie schließlich eine vergeistigte Schönheit und überirdischen Adel erlangte und sich mit allumfassender Menschlichkeit in unsere Seelen einbrannte. Diejenigen von uns, die den Segen ihrer Freundschaft genossen, kennen das Maß ihrer Größe.

Kurse in Kanada

Beim Unterrichten der wenigen Privatschüler während des Krieges lernte ich zwar eine ganze Menge, aber nicht, wie man Unterricht in Klassen gibt; deshalb war es für mich ein neues Unterfangen, als ich dem Ruf des inzwischen verstorbenen Direktors der Royal Academy of Music, Sir Reginald Thatcher, folgte und an seinem Institut einen Kurs für Begleiter gab. Zwar setzte ich während mehrerer Semester diese Kurse fort, aber ich begriff bald, wie nutzlos es ist, Massenunterricht zu erteilen. Wenn es um Musik geht, braucht jeder Schüler individuelle Behandlung, und er bekommt sie nicht, wenn er in eine Gruppe eingeteilt ist. Eine Kolonne bewegt sich, so sagt man, mit der Geschwindigkeit ihres langsamsten Fahrers, und in einer Klasse ist der Fortschritt langsam; das hemmt die guten Schüler und macht diejenigen, die nicht mitkommen, unsicher.

Ich möchte mir natürlich nicht selbst einen Strich durch die Rechnung machen und die Musikschulen davon abbringen, mir für das Erteilen von Meisterkursen – wenn es meine Zeit erlaubt – gute Honorare zu bezahlen; von diesem lobenswerten Standpunkt aus folgte ich denn auch mit Freuden der Einladung von Ettore Mazzoleni, dem Direktor des Royal Conservatory of Music in Toronto, in der dortigen Sommerschule des Jahres 1948 einen Kurs für Begleiten zu geben.

Plangemäß flogen Enid und ich über den Atlantik – ich möchte diesen unangenehmen Ozean nie mehr auf andere Weise überqueren –, und wir aßen mit Freunden im Montreal Yacht-Klub zu Mittag, nachdem wir am Abend vorher London verlassen hatten. Heutzutage führen die Flugzeuge diesen kleinen Sprung in kaum der halben Zeit aus, doch uns war dieser Flug damals zu schnell; ich hatte Kanada seit 1929, also seit fast zwanzig Jahren, nicht mehr gesehen, und Enid kam zum erstenmal in dieses Land. Der Übergang war zu plötzlich; unsere kanadischen Freunde fanden uns benommen und müde. Seither bin ich jedes Jahr einmal nach Amerika geflogen, überstehe diese Reise nun ohne weiteres und brauche mich nicht mehr allmählich zu akklimatisieren.

Mein Kurs in Toronto fand im Konzertsaal des Konservatoriums statt; ich stand dabei auf der Bühne, und die Studenten sowie einige zahlende Zuhörer saßen unten im Saal. Die Regie rückte den Lehrer, dem es oblag, das Interesse aller mit einer Vorstellung wachzuhalten, ins Rampenlicht. Und ich gab eine Vorstellung, fand es aber schwierig, unter diesen Umständen schlicht und aufrichtig zu bleiben. Gewiß hörte ich dem Spiel der Schüler intensiv zu und versuchte, ihnen so viel als möglich beizubringen, doch mußte ich, damit mich alle verstanden, mit lauter Stimme sprechen. Meine Aussagen wurden zu Kundgebungen; meine Gesten wurden dramatisch. So versuchte ich vielleicht einen ängstlichen Schüler zu ermutigen, auch wenn er es nicht verdiente, und dafür einen besonders vielversprechenden Spieler zu kritisieren, nur um des Effekts willen, der zeigen sollte, wie hoch mein eigener Standard sei.

Es war eine Gruppe aufgeweckter, angeregter junger Leute, die an meinem Kurs teilnahmen, und kaum einer zögerte, wenn ich ihn aufforderte, aufs Podium zu kommen und zu spielen, sich unterbrechen zu lassen und meine Kritik *coram publico* anzuhören.

Mazzoleni war bei meinem einführenden Vortrag am ersten Kurstag zugegen und meinte, es sei vielleicht zweckmäßig, einen Sänger dabei zu haben, den die Schüler begleiten könnten. Es gebe da eine junge, seiner Ansicht nach hochbegabte Sängerin. Ich war für diese Anregung sehr dankbar und lernte das junge Mädchen am nächsten Tag kennen. Sobald sie zu singen begann, war ich betroffen von der Schönheit ihrer Stimme, von ihrer Kenntnis und Beherrschung der Schubert-Lieder. Wenn sie sang, flog die Zeit nur so dahin, sie begeisterte uns alle. Sie hieß Lois Marshall und ist heute eine berühmte Sängerin.

Das Klavierspiel der meisten Kursteilnehmer fand ich recht gut, nicht aber ihr Ensemble-Spiel oder ihr Begleiten. Dennoch muß dieser Kurs wohl als erfolgreich anerkannt worden sein, denn im Jahre 1949 hatte ich ihn zu wiederholen, und zwar trotz einer entmutigenden Zeitungsnotiz in einem Blatt von Toronto, die lautete: »Gerald Moore gibt für eine Klasse von Konservatoriumsschülern eine Serie von zwölf öffentlichen Lektionen über die Kunst des Begleitens, obwohl man sich kaum vorstellen kann, was es auf diesem besonderen Gebiet zu lernen oder zu sagen gäbe.« Diesem Musikkritiker hätte es zweifellos gut getan, am Kurs teilzunehmen, allerdings hätte er das Zeitmaß des Fortschritts gewiß wesentlich verlangsamt.

Diese Engagements nach Toronto waren für mich dadurch noch anziehender, daß sie mir Gelegenheit verschafften, meinen Bruder Trevor und seine Familie zu besuchen. Mein Vater war zwei Jahre vorher gestorben, so war ich nur zu dankbar, daß er mich damals, als er es wollte, in England besuchte. Groß war die Freude, wieder mit Trevor vereint zu sein und seine Kinder David und Nancy kennenzulernen. Während der Kurse wohnten wir in der Stadt bei ihm, und nachher waren wir Gäste in seinem Sommerhaus an den Muskoka Lakes und ließen es uns in der Sonne wohl sein. Auf halbem Weg zu Trevor's Haus kommt man am Lake Simcoe vorbei; dorthin werden wahrscheinlich in ferner Zukunft Wallfahrer pilgern, um das Haus zu besichtigen, in dem Glenn Gould lebte und wirkte.

Das Muskoka-Gebiet liegt drei Autostunden nördlich von Toronto, ist schön bewaldet, und es gibt dort viele Seen, Flüsse und Inseln. Für gelegentliche Feriengäste findet man gute Hotels, aber ein *habitué* wie Trevor besitzt natürlich eine eigene Insel, auf der er mit seiner Familie Sommer für Sommer verbringt.

Enid und ich verlebten dort himmlische Tage mit Schwimmen, Bootfahren, Golf- und Krocketspielen (wobei wir alle aufeinander böse wurden). Wir spielten Bridge und machten Picknickausflüge. Meiner Leidenschaft für geröstete Maiskolben durfte ich reichlich frönen, denn oft saßen wir abends um ein Lagerfeuer herum, brieten daran unsern Mais und spülten ihn mit Whisky hinunter. Hätte mir irgend etwas besser zusagen können? O ja, wenn es Scotch Whisky gewesen wäre. Es gab in einem Umkreis von zweihundert Meilen kein Klavier, was Muskoka zu einer wahren Wonne für uns machte.

Doch in einer Beziehung sind die Inseln von Muskoka nichts Außergewöhnliches – sie sind, wie alle Inseln auf der Welt, von Wasser umgeben. Zum Herumfahren, Einkaufen oder für Angelexpeditionen ist man auf Boote angewiesen. Trevor besaß eine Flotte von Kanus und Ruderbooten, dazu zwei Motorboote. Gleich zwei davon, das fand ich etwas übertrieben, aber Trevor erwiderte, es sei absolut nötig, eines in Reserve zu haben. Tatsächlich war einer seiner Freunde so unvorsichtig, nur ein einziges zu besitzen; da passierte es eines Samstagnachmittags, daß sein fünfjähriges Söhnchen einen Knopf in der Größe eines mittleren Geldstückes verschluckte und er den Motor seines Bootes nicht in Gang bringen konnte. Er mußte in der brennenden Sonne zwei bis drei Meilen den See hinunter zum Kai rudern, wo sein Auto in der Garage eingestellt war, und dann mit seinem Jungen noch fünfzehn Meilen bis zum Doktor fahren. Der Arzt war zum Glück zu Hause und befreite den verängstigten kleinen

Kerl mittels einer Magenpumpe von seinem Knopf. Zurück ging es zur Garage und wieder den langen Ruderweg über den See nach Hause. Ermüdet und in Schweiß gebadet zog der Mann langsam seine Ruder, schon war sein Haus in Sicht, da hörte er plötzlich ein klägliches Gewimmer, und als er sich umdrehte, sah er zu seinem Entsetzen, daß der hoffnungsvolle Knabe einen Finger in die Dolle gesteckt hatte und ihn nicht mehr herausbrachte. Ich habe nie erfahren, wie er aus dieser verzwickten Situation befreit wurde, und ich stelle mir nun vor, daß das Kind – jetzt ein junger Mann – zeitlebens mit einem dekorativen Bordstück an seiner Hand herumgeht.

Nach dem Frieden und der Ruhe, die wir bei meinem Bruder genossen hatten, fanden Enid und ich den Lärm in unserer Wohnung in Bayswater ganz unerträglich. Sie lag an einer vielbefahrenen Kreuzung mit Verkehrsampeln; Lastwagen, beladen mit Frachten für die Bahnhöfe von Paddington, Euston, King's Cross und St. Pancras, donnerten an unserem Haus vorüber, denn die Straße führte direkt zu diesen Stationen. Wenn bei schönem Wetter die Fenster offenstanden, meinte man, auf dem Times Square oder Piccadilly Circus zu sitzen. Wir beschlossen, eine Zuflucht auf dem Lande zu suchen. In einem Dorfe namens Ripe in Sussex fanden wir ein bezauberndes altes Haus, hinter Gartenmauern gelegen. Entzückt von der Lage und vom landschaftlichen Reiz, beschloß ich, das Haus zu kaufen, und leistete eine größere Anzahlung. Dann nahm ich meinen alten Freund und Anwalt, Mr. T.E. Crocker, mit, führte ihn herum und erwartete selbstzufrieden seine Billigung. Er warf nur einen Blick auf die alten Eichenbalken, die durch das Haus liefen, und sagte: »Bist du verrückt? Da, schau her!« Er langte mit der Hand nach einem der Holzbalken, die wir vorher so zärtlich gestreichelt hatten, packte ihn fest an und brach eine Handvoll faules Holz heraus. Das ganze Haus war morsch und vom Holzschwamm befallen. Crocker stellte fest, daß die vom Agenten angegebenen Maße des Gartens nicht stimmten, indem er mit seinem Zollstock zwischen dem Dickicht der Brombeer- und Dornensträucher herumkroch. Er zerriß dabei seine Hosen, rettete aber meine Anzahlung. Ich fand, das war es wert.

Unbeirrt suchten wir weiter nach einem Haus auf dem Lande und fanden es schließlich, wie ich schon früher erwähnte, in Brockham in der Nähe von Dorking. Es waren große Rasenflächen mit Bäumen dabei, ein Rhododendronstrauch, der den halben Oxford Circus ausgefüllt hätte, und außerdem – kaum zu glauben – besaß das Haus Zentralheizung. Trevor verbrachte zwei Sommer hintereinander mit seiner Frau Kathleen bei uns – und sie froren sich beinahe zu Tode.

Elisabeth Schwarzkopf

Bei Interviews werde ich immer wieder gefragt, wer von allen, die ich begleite, mein Lieblingssänger oder meine Lieblingssängerin sei. Eine dumme Frage, die ich gar nicht zu beantworten versuche, da ich mich ja noch nicht von meiner Tätigkeit zurückgezogen habe. Wie kann man, zum Beispiel, Elisabeth Schumann mit Alexander Kipnis vergleichen? Wer von den beiden steht höher im Kurs? Gewiß, gegenwärtig sind drei meiner Lieblingssänger – um sie, wie auf Theaterprogrammen zu lesen ist, »in der Reihenfolge ihres Auftretens« in meinem Leben – zu nennen: Elisabeth Schwarzkopf, Victoria de los Angeles und Dietrich Fischer-Dieskau. Für diese drei Künstler spiele ich zur Zeit, da ich diese Zeilen schreibe, häufiger als für irgendwelche anderen. Ich liebe die Arbeit mit ihnen und bin mit ihnen eng befreundet.

Neville Cardus ist der Meinung, daß ich ein sehr reizvolles Leben führe, da ich einigen der schönsten Frauen der Welt aufs Podium folge, und ich kann diesem hochqualifizierten Kenner nur begeistert recht geben. Eine Liste dieser Grazien wäre verwirrend, aber ich müßte sie in streng alphabetischer Reihenfolge aufstellen, und damit beginnen bereits meine Schwierigkeiten. Schreibe ich Victoria de los Angeles unter Buchstabe D oder L oder A, Lisa della Casa unter D oder C? Die beiden S – Elisabeth Schwarzkopf, Elaine Shaffer – sind zwar leicht einzureihen, aber diese Künstlerinnen erschienen dann am Ende der Liste, und das könnte ich nicht ertragen. Und angenommen, ich hätte mit oder ohne Absicht irgendeine eitle Königin, eine Dame »Spieglein, Spieglein an der Wand, wer ist die Schönste im ganzen Land?« zu nennen vergessen! Nein, ich muß bitten, es mir zu erlassen.

Solche Gedanken gehen mir durch den Kopf, wenn ich an meine erste Begegnung mit Elisabeth Schwarzkopf in den Aufnahmestudios zurückdenke. Es scheint mir geradezu unfair, daß jemand so hinreißend aussehen und zugleich so wunderschön singen kann. Aber wenn auch ihre Schönheit ein Gottesgeschenk ist, den Ruhm ihres Künstlertums verdankt sie ihrer Hingabe und ihrem Fleiß.

In der Tat kann ich mit Sicherheit behaupten, daß ich noch bei keinem Sänger eine solche Leistungsfähigkeit angetroffen habe wie bei Elisabeth. Und mit Leistung meine ich nicht nur den geistigen Vorgang – das stille Studium, das dem Darstellen einer

Opernrolle vorangeht, oder die intensive Gedankenarbeit, mit der allein man die Psychologie Mignons in der Wolfschen Vertonung von Goethes Dichtung erfassen kann. Denn jeder ernsthafte Künstler stellt über alles, was er aufführt, zuerst scharfe, tiefgehende Betrachtungen an, bevor es sich, dank diesem disziplinierten Verfahren, nachher ganz natürlich in seinem Gedächtnis verankert. Nein, Elisabeth verblüfft mich, weil sie Stunde um Stunde mit voller Stimme übt. Sie besitzt eben die physischen Kräfte und die Stimmtechnik, um dies durchzuhalten.

Sehr häufig habe ich, wenn ich einen Sänger zum erstenmal begleitete, seine volle Stimme nicht vor dem Konzert zu hören bekommen, denn bei allen unseren Proben war nur *mezza voce* gesungen worden. Manche Sänger schonen sich auf diese Weise, aus Angst, ihre Stimme zu ermüden – sogar sehr gute Künstler tun dies; die weniger hervorragenden tun es zu Recht, wenn sie mit mangelhafter Technik singen –, aber bei Elisabeth Schwarzkopf gibt es kein Zurückhalten, kein Schonen der Stimme; sie arbeitet mit mir am Tage eines Konzerts zwei Stunden und mehr, und weiß der Himmel, wie lange sie am gleichen Tag für sich allein gesungen hat. Sie gestattet sich keinerlei technische Unvollkommenheit und ist zum voraus ganz sicher, wohin sie jeden Ton und jeden Vokal setzen wird, sie hat für jeden einzelnen Ton einen ganz bestimmten Weg. Der Erfolg dieser Arbeitsweise zeigt sich darin, daß sie als einzige Sängerin der Welt – um nur das eine Beispiel zu nennen – die letzte Phrase im dritten ›Mignon‹-Lied *»macht mich ewig wieder jung«* singen kann, wie Wolf sie geschrieben hat. Erbarmungslos läßt der Komponist hier die Phrase *forte* hoch oben mit Ges – G – F beginnen, dann *diminuendo* eine Oktave hinunterfallen und wieder eine ganze Oktave *piano* hinaufsteigen. Dazu gehört eine virtuose Technik. Wohl habe ich die Töne von manchen Sängerinnen richtig singen hören, aber das vom Komponisten vorgeschriebene allmähliche *diminuendo* war ihnen nicht gelungen, und sie sangen den letzten Ton mit einem schrillen, sinnlosen *forte*. Bei denjenigen aber, die sich bemühten, die Dynamik von Wolf getreulich wiederzugeben, klang dieser leise und hohe letzte Ton so gepreßt, daß sich der Zuhörer ebenso unbehaglich fühlte wie die Sängerin. Elisabeth Schwarzkopf singt diesen Ton vollendet. Die selbstauferlegte Disziplin, ein Lied nochmals und nochmals zu wiederholen, birgt die Gefahr in sich, es seiner ursprünglichen Frische zu berauben, und davor ist jeder Sänger ängstlich auf der Hut. Auch Geiger und Pianisten, die nach der gleichen, hartnäckigen Methode arbeiten, stehen vor demselben Problem; doch es ist der einzige Weg, Hugo Wolf zu meistern, und deshalb ist Elisabeth Schwarzkopf von allen Sängerinnen die beste Interpretin dieses Komponisten.

Ich sagte vorher, daß Elisabeth ihrer selbst sicher sei, aber vielleicht wäre es richtiger, zu sagen, daß ich Elisabeths immer sicher bin. Je ernsthafter und idealistischer eine Künstlerin ist, desto weniger selbstsicher ist sie. Wenn Elisabeth bei der Probe feststellt, daß sie gewiß schlecht bei Stimme sei, »höre doch, ich kann diesen Ton überhaupt nicht herausbringen, ich werde heute abend unmöglich singen können«, dann betrachte ich diese Klagen als gutes Vorzeichen; würde sie behaupten, tip-top in Form zu sein, könnte ich meinen Ohren nicht trauen und müßte fürchten, irgend etwas sei nicht in Ordnung.

Denn Elisabeth ist ein Mensch mit der grausamsten Selbstkritik, die man sich nur vorstellen kann. Reine Intonation ist ihr höchstes Gebot. Jedesmal, wenn wir – sie, ihr Gatte Walter Legge und ich – uns zusammen eine Grammophonaufnahme zurückspielen lassen, macht sie ununterbrochen Zeichen in die Noten, Pfeile, Striche, Schlingen und Kreise. Ihre Notenhefte sehen aus, als seien sie einer Horde von Schmierern in die Hände gefallen. Dabei murmelt sie: »Das war zu hoch« – »das war zu tief« – »mein Gott, wie schrecklich« –; ich zweifle manchmal daran, daß wir je eine Platte zusammenbringen werden. Walter hat ein hochentwickeltes Musikgehör; meine Ohren sind nicht schlecht; aber Elisabeth verwirrt uns manchmal, wenn sie behauptet, unrein gesungen zu haben, und wir dies nicht hören. Ich habe schon öfters den vernünftigsten Weg, mit ihr gute Schallplatten zu machen, angeregt, nämlich sie um jeden Preis daran zu hindern, sich ihre Aufnahmen zurückspielen zu lassen; sie ist allzu bereit, diese in Grund und Boden zu verdammen.

Ihre Bescheidenheit und ihr geringes Vertrauen in ihr eigenes Urteilsvermögen sind bei einer so erfahrenen und berühmten Sängerin sehr ungewöhnlich. Walter Legge hört Elisabeth aufmerksam zu, und da er in allem, was Musik betrifft, ein Diaghileff ist, hat er enorm viel zu ihrer glänzenden Karriere beigetragen. Walters Musikkenntnisse sind weitumfassend. Wie ich schon erwähnte, war er als zwanzigjähriger junger Mann der Begründer des *London Lieder Club;* jetzt ist er künstlerischer Direktor der *Philharmonia Society* und eine machtvolle Persönlichkeit im englischen Musikleben. Wenn es sich um Musik handelt, kennt er keine Nachsicht; das von ihm gegründete *Phil-*

harmonia Orchestra zeugt von dem Standard, für den er kämpft. Sein Wort ist für Elisabeth, wenn es um ihren Gesang geht, Gesetz, und sie fügt sich ohne Widerrede seinem Rat. Sämtliche Programme ihrer Lieder-Abende werden von ihm zusammengestellt, womit verbürgt ist, daß die Auswahl nicht nach banalem Schema erfolgt. Elisabeths Gedächtnis, ihre Fähigkeit, ein neues Werk zu lernen und zu beherrschen, sind so außerordentlich, daß Walter Legge ihr Aufgaben stellt, welche die Möglichkeiten jeder andern Sängerin übersteigen würden.

Früher einmal pflegten meine Kollegen zu sagen, ein Opernsänger könne unmöglich ein guter Liedersänger sein und umgekehrt. Sie nannten John McCormack und Schaljapin. Ersterer war ein hervorragender Konzertsänger, aber in der Oper nicht so recht zu Hause, und Schaljapin – in der Opernaufmachung ein Löwe – wirkte in Konzerten mit Klavierbegleitung weit weniger gut. Aber diese Feststellung ist nicht unumstößlich, und heute kennen wir etliche glänzende Künstler, die auf beiden Gebieten Großartiges leisten. Natürlich sind nicht alle gleich gut, manche sind fähiger als andere – zum Beispiel Elisabeth Schwarzkopf.

In der Oper hat der Sänger ein großes Orchester mit oder gegen sich, und irgendwelche Unvollkommenheit fällt weit weniger auf als wenn er nur von einem Klavier begleitet wird. Auf der Bühne ist er geschminkt und kostümiert, er kann sich bewegen und – wir hoffen es – Theater spielen. In der Biegung eines Flügels stehend, sind seine Möglichkeiten begrenzt, denn jedes Gestikulieren ist streng verpönt; die Stimme allein ist es, die im Konzert zählt. Natürlich lebt der Sänger in seinem Lied und die Stimmung oder Stimmungen des Gedichts werden sich in seinem Gesichtsausdruck widerspiegeln. In Schuberts ›Erlkönig‹ zum Beispiel, haben das fiebernde Kind, der tröstende Vater, der gespenstische Verfolger verschiedene Stimmen, und für jede wechselt der Sänger seinen Ausdruck; doch er macht keine Gesten. Aber – so wahr ich lebe – ich erinnere mich an einen Sänger, der sich zum Rhythmus des Reiters auf und ab bewegte, als ob er selbst ritte. Das sah unbeschreiblich komisch aus, war aber nicht Schubert.

Auch ist es nicht Schumann, wenn die Sängerin *Du Ring an meinem Finger* singt und dabei zärtlich ihre linke Hand betrachtet. Warum beobachten Gesangslehrer und Korrepetitoren nicht Elisabeth Schwarzkopf und lernen von ihr? Ich frage dies absichtlich, weil ich viele kenne, deren Schüler durch eine Armbewegung oder Drehung des Kopfes einen glaubhaften Eindruck zu erwecken suchen. Sicherlich könnten sie von der großartigen Schauspielerin etwas lernen; eine unübertreffliche Donna Elvira, Gräfin Almaviva, Marschallin, die im Konzertsaal nie eine Bewegung macht. Alles an ihr ist Stimme, meisterhafte Diktion und lebhaftester Gesichtsausdruck.

Es beglückt mich, ihr Partner zu sein, weil sie eine vollendete Musikerin und ihre Anerkennung der Wichtigkeit des Klavierparts für den Begleiter so wertvoll ist. Nie will sie Applaus entgegennehmen, ohne ihn mit mir zu teilen. Während wir uns beide verneigen, ruft sie mir Fragen zu, wie »habe ich rein gesungen?«, aber da ich durch das Klatschen hindurch nie verstehen kann, was sie sagt, antworte ich stets »wundervoll, wundervoll« – was auch immer wieder wahr ist. Ebenso großherzig benimmt sie sich auf der Opernbühne, wo sie von ihren Kollegen hoch geachtet und verehrt wird.

Nach einer kürzlichen Aufführung des Don Giovanni in Salzburg war alles, was sie mir darüber zu sagen wußte, daß Leontyne Price wundervoll gewesen sei und sie selbst noch nie mit einer solchen Donna Anna gesungen habe. Als ich der Amerikanerin dieses Lob von seiten der besten Donna Elvira unserer Zeit erzählte, sagte Leontyne: »Elisabeth machte es mir durch ihre freundschaftliche Ermutigung so leicht.«

Ich habe von Elisabeths Künstlertum, ihrer Technik, ihrem Geschmack geschwärmt, aber ich sagte noch nichts von ihrer Stimme. Vielleicht kann ich, zusammenfassend, nichts Besseres tun, als eine andere Sopranistin zu zitieren, die als Gast bei Roy Plomley's Radioprogramm ›Desert Islands Discs‹ sagte: »Ich werde nie vergessen, wie ich bei einer Fidelio-Aufführung in Salzburg Elisabeth Schwarzkopf zum erstenmal hörte. Als sie die ersten Töne von ›Mir ist so wunderbar‹ sang, war mir, als hätte ich noch niemals einen schöneren Klang aus einer menschlichen Kehle kommen hören.«

Die Sprecherin war Kirsten Flagstad.

Das Jahr 1950 brachte mir eine reiche Ernte. Ich nenne das – vom Standpunkt des Lesers – unwichtigste Ereignis zuerst: ich stellte mich dem Publikum in einem Wigmore Hall-Vortragsabend vor, und dies erwies sich später als lohnender Einsatz.

In bezug auf mein Begleiten hatten mir die Rezensenten während all der Jahre ermunternde Kritiken geschrieben. Wenn ich mich enthalte, diese zu zitieren, so tue ich es nicht, weil ich die Urteilskraft dieser Herren unterschätze, sondern aus angeborener Bescheidenheit. Aber in bezug auf meine Vortragskunst und meine mimische Ausdruckskraft habe ich keine Skrupel und kann eindeutig feststellen, daß ich hervorragend war und daß die Kritiker meine Begeisterung teilten. Abgesehen von den National Gallery-Konzerten war der Wigmore Hall-Abend meine offizielle Einführung in London auf einem Gebiet, das neue Aussichten für mich eröffnete.

Damit aber niemand glaube, daß ich mir zu sehr im Eigenlob gefiele, sei von Anfang an zugestanden, daß meine Konzerte mit Irmgard Seefried, Hans Hotter, dem Schweden Bernard Sonnerstedt, mit Boris Christoff und Herbert Janssen (nach seiner zwölfjährigen Abwesenheit) weit größeren musikalischen Wert als meine Vorträge hatten. Die Wigmore Hall erwies sich als zu klein für diese Konzerte, und sie fanden deshalb in der düsteren Kingsway Hall statt, wo für mehr Leute Platz war. Elisabeth Schumann wechselte zwischen der Central Hall (Westminster), in der man wegen des dort herrschenden Durchzugs widerstandsfähig wie ein Shetland-Pony sein mußte, und der Royal Albert Hall, wo man in einem Konzert, das sie gleichzeitig mit Josef Szigeti gab, für ein Eintrittsgeld zwei Konzerte zu hören bekam – wegen des Echos.

Doch die Wigmore Hall, die ich immer gern hatte, wurde keineswegs vernachlässigt; sie ist und bleibt der ideale Saal ebenso für intime Kammermusik wie für das ehrgeizige Fräulein X, das hier an ein und demselben Abend ihr Debüt und ihr Abschiedskonzert gibt. Jedenfalls hat dieser Saal in der Geschichte des Musiklebens seine Rolle gespielt; Riesen der Vergangenheit – Ferruccio Busoni, Eugen Ysaye, Wladimir de Pachmann – haben dieses Podium beehrt, und es war Zeuge vom Beginn mancher großen Karriere. Und am 4. März 1950 war die

Wigmore abermals zur Szene eines wahrhaft denkwürdigen Ereignisses bestimmt: Victoria de los Angeles machte London mit einem Lieder-Abend ihre erste Aufwartung und überflutete die Zuhörer mit einem Goldstrom von Tönen, so warm und üppig wie die Sonne ihrer spanischen Heimat.

Einige Tage vor diesem Konzert, für das mich Wilfried Van Wyck engagiert hatte, ging ich, nach der Probe mit einem Geiger, durch das Foyer der Wigmore Hall und sah Astra Desmond, die Karten für das de los Angeles-Konzert kaufte. Da ich wußte, wie kritisch sie war, fragte ich: »Ist sie wirklich so gut?« Ich hatte nichts über die neue Sängerin gehört und noch nicht mit ihr geprobt. »Victoria de los Angeles singt morgen in Covent Garden in ›La Bohème‹«, lautete die Antwort, »und nach dieser Vorstellung wird die Kasse hier bestimmt belagert und der Saal in einer Stunde ausverkauft sein.«

Und so war es auch. Der kleine Saal war gestopft voll mit einer Masse jubelnder, stampfender, gerührter Menschen. Allen Anwesenden wurde bewußt, daß sie an einem historischen Ereignis teilnahmen. Mark Raphael, der von Gesang so viel versteht wie kaum ein anderer, drückte wahrscheinlich die Gefühle aller Konzertbesucher jenes Abends aus, indem er sagte, er möchte in die Knie sinken und Gott dafür danken, daß er diese Stimme hören durfte.

Victoria ist – einzigartig für eine Primadonna – weder ehrgeizig, noch strebt sie nach Propaganda. Neid und Lieblosigkeit sind ihr fremd, denn sie ist niemandes Rivalin und sucht ihre Kollegen nicht auszustechen. Die Direktoren des Royal Opera House Covent Garden und der Metropolitan Opera, Sir David Webster und Mr. Rudolph Bing, sind gewiß der Ansicht, daß sie in ihrer ganzen Laufbahn noch nie mit einer anspruchsloseren und anpassungsfähigeren Künstlerin als Victoria gearbeitet haben. Denn sie ist eine ruhige, bescheidene Dame, die ihre glücklichsten Stunden mit Lesen, Lernen, Nähen, Grammophon- und Radiohören in ihrem eigenen Heim verbringt.

Ein temperamentvoller Mensch muß sich nicht unbedingt schlecht benehmen, und es wäre falsch zu glauben, daß Victoria, weil sie sich normalerweise ruhig und sanft verhält, weder Feuer noch Leidenschaft besitze. Beides kommt in ihrem Gesang zum Ausdruck, und man ist von dieser Entdeckung gepackt. Wenn sie wollte, könnte sie erklären: »Ein kleines Kind kann mich führen, aber nicht einmal ein ganzes Regiment Soldaten kann mich zu etwas zwingen.« Ihr erster Versuch einer ›Carmen‹-Aufnahme in

Paris unter Sir Thomas Beecham lieferte einen Beweis ihres Stolzes. Solisten, Chor, Orchester, alle waren im Studio versammelt, nur der Dirigent fehlte. Als Sir Thomas schließlich, zwei Tage zu spät, ankam, wurde die Zeit so knapp, daß man die Arien Victorias nicht zur Kontrolle für sie zurückspielen wollte. Sie aber, mit ihrem Gesang unzufrieden, wünschte die Arien zu wiederholen. »Keine Zeit dafür, meine Liebe«, sagte Sir Thomas sanft. Daraufhin wandte sie sich durch das Mikrophon an den Aufnahmeleiter, Victor Olof, mit der Bitte, dem Dirigenten zu erklären, daß sie entweder die Arien wiederholen oder keinen Ton mehr singen werde. Beecham schlug jedoch alle Warnungen in den Wind und fuhr fröhlich mit der Probe fort, worauf die Sängerin ruhig ihr Notenheft zumachte und das Studio verließ. Hilferufe nach London veranlaßten dort David Bicknell, am nächsten Tag per Flugzeug nach Paris zu eilen, um die Sache in Ordnung zu bringen, und »wo ist meine geliebte Carmen?« schrie T.B. ihn an. »Ich glaube, ihr Flugzeug landet in diesem Augenblick gerade in Barcelona«, antwortete Bicknell mit seiner sachlich-kühlen englischen Stimme. »Und recht hat sie«, kam Beecham's Erwiderung, als er sich von seinem Schock erholt hatte. Schallplattensammler wissen genau, wie hervorragend die später gemachte ›Carmen‹-Aufnahme, Beecham–Victoria de los Angeles, gelang – was an sich schon beweist, wie hoch die beiden großen Künstler einander einschätzten.

Zurück nach Barcelona! Wie glücklich erregt ist sie, wenn sie sich mit ihrem Gatten Enrique Magriña auf den Heimweg begibt. Dort allein findet sie die Ruhe, nach der sie sich sehnt.

Wie kann diese schüchterne, häusliche Frau das ruhelose Primadonnenleben mit all den Reisen, dem Ein- und Auspacken, dem ständigen Hotelwechsel, den Telefonanrufen, den Interviews und allem übrigen ertragen? Sie kann es nur, weil Enrique Magriña sie von aller Verantwortung für diese Dinge befreit und die gesamte Managerarbeit für sie allein auf sich nimmt. Wann immer Victoria hinter die Kulissen – sei es der Oper, sei es des Konzertsaals – zurücktritt, wartet Enrique auf sie – mit einem Glas Wasser, mit ihrem Mantel – und, was noch wichtiger ist, mit liebevollen, aufmunternden Worten, und in Wirklichkeit ist die ruhmreiche Laufbahn Victoria de los Angeles' eine Angelegenheit zweier Partner. Ohne Enrique hätte Victoria wenig Bedürfnis, ihre Karriere fortzusetzen. Im wahrsten Sinne ein Beschützer, spricht er ihr Mut zu, wenn sie nicht in Stimmung, und beruhigt sie, wenn sie aufgeregt ist. Durch ihn und seine Bereitschaft, für alle ihre Angelegenheiten – Korrespondenz, Interviews, Verträge, Verabredungen – die Verantwortung zu tragen, ist es ihr möglich, die für ihr Studium wie für ihre Erholung so nötige Abgeschiedenheit zu finden; kostbare Stunden, in denen nichts sie stören darf. Nicht einmal das dauernd läutende Telefon wird abgenommen, falls Enrique in Geschäften unterwegs ist.

In Spanien gilt sie als nationales Idol und wird vom Publikum bestürmt, wenn sie ein öffentliches Lokal betritt; und da ihr nichts ferner läge, als zu ihren Bewunderern unliebenswürdig zu sein, hält sie es für einfacher, »verschleiert« zu bleiben.

Sogar wenn ich mit ihnen auf Tournee durch Italien oder Deutschland reise, sehe ich Victoria nur selten. Natürlich sind wir während der Fahrt beisammen – sie freuen sich, wenn auch Enid mitkommt –, und wir sind eine fröhliche Gesellschaft, aber nur bei seltenen Gelegenheiten nehmen wir unsere Mahlzeiten gemeinsam ein.

Gewiß sehe ich Victoria auch bei den Proben, aber es ist nicht ihre Art, diese zu übertreiben. Mein guter Freund Fritz Ganss, der Aufnahmedirektor von Electrola, mit seiner charakteristischen und bewundernswerten Gründlichkeit, war sehr erstaunt, daß wir vor unserem ersten Konzert in Deutschland keine Probe abhielten. Er hatte mich am Tag vor dem Konzert von Berlin, wo ich mit Fischer-Dieskau Aufnahmen machte, im Auto nach Bielefeld gebracht. Ich hatte Victoria seit sechs Monaten nicht mehr gesehen, und ich erblickte sie auch jetzt erst, als sie, strahlend schön, in ihrem Abendkleid das Auto bestieg, um mit mir ins Konzert zu fahren. Damit machte sie mir, wie ich dem leicht schockierten Fritz erklärte, jedoch ein großes Kompliment. Ich kannte ihr Programm genau, und sie wußte, ohne zu fragen, daß ich es von neuem studiert und geübt hatte, so gewiß wie sie das gleiche in der Zurückgezogenheit ihres Zimmers tat.

Fritz, der die Reise von Berlin eigens unternommen hatte, um Victoria zu hören, versicherte mir nachher, daß er eine Stimme wie die ihre noch nie gehört habe.

Das deutsche Publikum ist mit Schubert und dem Liedgesang an sich so vertraut, daß es für Ausländer eine Art Feuerprobe bedeutet, sich vor diese Zuhörer zu stellen und ihnen ihre deutschen Lieder vorzusingen. Ich weiß, daß Victoria ihren ersten Konzerten in Deutschland mit einiger Angst entgegensah, aber sie hätte nichts zu fürchten brauchen, denn ihr Gesang besitzt die Frische und Unmittelbarkeit, die das Wesen Schuberts ausmachen. »Seine Musik«, schrieb Capell, »enthält rieselnde Bewegung und daneben ein Blühen, denn in ihr liegt die Vielfalt und selbstverständliche Natürlichkeit von fließendem Wasser und sprießendem Gras.« Daran gewöhnt, deutsche und österreichische Sänger zu begleiten, finde ich es faszinierend zu sehen, wie anders Victoria an Schubert herangeht. Viele der deutschen Künstler hegen vor diesem Komponisten eine so scheue Ehrfurcht, daß sie vor lauter ängstlichem Austüfteln den Glanz und die Sonne aus seiner Musik vertreiben. Nicht so Victoria, sie öffnet ihm ihr Herz und singt. Und Deutschland liegt ihr zu Füßen.

Als ich Victoria de los Angeles zum erstenmal bei spanischen Liedern begleitete, fühlte ich mich genauso unsicher wie sie, als sie vor Berliner und Münchner Publikum erstmals deutsche Lieder sang. Gewiß kannte ich die spanischen Lieder von Granados, Manuel de Falla, Joaquin Nin und den übrigen recht gut, aber ich hatte sie noch nie mit einem Künstler vom Format Victorias gespielt.

Wir Ausländer neigen dazu, spanische Musik als ein geheimnisvolles Rätsel anzusehen und als Ausdrucksmittel für überbordendes Temperament, das in lebhaften Farben und mit übertriebenen rhythmischen Verzerrungen den Anschein von Echtheit erwecken soll. Diese Auffassung greift aber weit daneben. Victoria de los Angeles, Pablo Casals, Andrés Segovia, sie alle führen ihre heimatliche Musik nicht unbekümmert oder ungezügelt auf; ihre Interpretation ist edel, wohlgeformt und poetisch, ohne jede Spur von Geschmacklosigkeit. Hauptsächlich unter Victorias eigener Führung gelang es mir, ihr Vertrauen zu gewinnen, und ich bin sehr stolz darauf, daß ich diese Lieder überall in Spanien mit ihr spielen darf; denn es ist nicht zu leugnen, daß man Rhythmus und Färbung dieser Gesänge im Blut haben sollte.

Die spanischen Lieder sind aus dem Tanz geboren, und wenn Victoria ›Granadina‹ singt, hört man (vorausgesetzt, daß man die Begleitung bemerkt) den stolz stampfenden *Zapateado,* in ›Malagueña‹ und ›Jota‹ das schnelle Klappern der Kastagnetten und in allen zusammen den sehnsüchtigen Klang der gezupften Gitarre. Diese Anregungen sind wichtig und dem Vortragenden immer gegenwärtig, doch an sich genügen sie nicht, denn sogar in einem einzelnen Lied oder Tanz kann die Stimmung rasch wechseln. Entspannte, sinnliche Gelöstheit schlägt plötzlich in ungestüme Energie um, und der Spieler muß seine vollen physischen Kräfte einsetzen, um das männliche Feuer zum Ausdruck zu bringen. Sänger und Begleiter sollten diese Stimmungen so wiedergeben, daß die Wirkung ebenso erregend ist wie das *sforzando*-Gestampfe der tänzerischen Absätze, und doch muß alles, wie ich bereits sagte, ohne Verzerrung und nie völlig unbeherrscht dargeboten werden.

Nachdem ich ein Leben lang Hunderte und Aberhunderte schöner Stimmen gehört habe, kann ich ohne Zögern sagen, daß mich die Tonqualität der Stimme Victorias an sich am meisten von allen anspricht. Ihre ›Mimi‹ kann ich nie trockenen Auges hören, und nach einer Vorstellung in Covent Garden war ich so ergriffen, daß ich kaum sprechen konnte, als ich zu Victoria in die Garderobe kam. Dies amüsierte sie sehr, und sie umarmte mich mit den Worten: »*Don't worry, my dee-ah boy*« (wie sehr liebe ich es, wenn sie mich »*dee-ah boy*« nennt), »ich bin ja nur zum Schein gestorben, weißt du.« Wenn sie in der Alhambra, im Patio de las Arrayanes, zu ihrer eigenen Gitarrenbegleitung ›Adios Granadas‹ singt, rührt mich ihr köstliches *Flamenco* – eine wunderbar abgestimmte, sich steigernde Perlenreihe von Tönen – jedesmal wieder zu Tränen, sooft ich auch dies Lied schon von ihr hörte.

Solche Gefühle überwältigen mich – wie ich zu meiner Verteidigung sagen möchte – aber nur als Zuhörer und nicht, wenn ich mich mit ihr zusammen auf dem Podium befinde. Dort lebe ich nur in der Musik und konzentriere mich darauf, mit der Sängerin – dynamisch, rhythmisch und geistig – eins zu werden. Allerdings versuche ich vergebens, mein Klavier zum Echo des Goldes in ihrer Stimme zu machen. Während des Spieles bin ich keineswegs ergriffen, zu sehr geht mein Trachten danach, der Sängerin gerecht zu werden. Bei der Aufführung sind Geisteskraft, Sensibilität und Hingabe an das Werk angebracht, doch die Gemütsbewegungen kommen jetzt – vergeistigt und beherrscht – nur in der Stimme des Sängers und in den Fingern des Pianisten zum Ausdruck. Auch der Schauspieler, der sein Publikum zu rühren hofft, läßt seine Tränen nur bei den Proben fließen, und dasselbe tut der Musiker. Ich kannte eine Sängerin, die nicht imstande war, ein bestimmtes Lied zu singen, weil sie einfach zu bewegt war und die Beherrschung verlor.

Auf alle Fälle macht der Ruhm von Victorias Stimme auf Miss de los Angeles wenig Eindruck, denn sie ist selten mit ihrem Gesang zufrieden. Sie muß zuviel nachdenken, studieren, memorieren, als daß sie Neigung verspürte, sich zurückzulehnen und selbstgefällig um sich zu blicken. Ihre umfassenden Neigungen kommen in ihren Konzertprogrammen zum Ausdruck, und auch in der Oper kann man Rolle über Rolle von ihr aufzählen. ›Tannhäuser‹ in Bayreuth; ›Pelléas et Mélisande‹, ›Manon‹ in Paris; ›La vida breve‹ in Barcelona; ›Butterfly‹, ›Bohème‹, ›Traviata‹ in der Scala; und alle nur denkbaren Opernpartien in Covent Garden und in der Metropolitan. Welche Vielseitigkeit!

Vor mehr als zehn Jahren begleitete ich Victoria de los Angeles zum erstenmal, und seither begeistert mich jedes Konzert mehr als das vorhergehende. Und wenn sie nach jedem Lied ihre strahlenden dunklen Augen anerkennend und – ja – liebevoll auf mich richtet, dann spüre ich, daß es schön ist zu leben, mit ihr beisammen zu sein und sich in den Strahlen ihrer bewundernswerten Persönlichkeit zu sonnen.

Natürlich liebe ich sie, aber wer bin ich schon unter so vielen?

Dietrich Fischer-Dieskau

Mit Kathleen Ferrier kam ich am 16. März 1951 nach Köln. Ich erwähne dieses besondere Datum, weil mich gerade nach diesem Konzert mein Tischnachbar beim Abendessen fragte, ob ich schon von einem jungen, etwas über zwanzigjährigen Bariton, namens Dietrich Fischer-Dieskau gehört hätte. Der Name war mir nicht bekannt, aber sogleich wurde mir gesagt: »Dann wird er Ihnen bald bekannt werden. Er ist einer der größten Interpreten, den Deutschland je hervorbrachte, und bereits der beste Liedersänger der Welt.«

Kaum sechs Monate später betrat dieser junge Riese, begleitet von seiner schönen Gattin, das Aufnahmestudio in London. Wir waren für die Aufnahme von Schuberts ›Die schöne Müllerin‹ engagiert. Er ist in jeder Hinsicht groß: körperlich, geistig und musikalisch. Er hat das imponierende Auftreten eines Schaljapin, benimmt sich jedoch bescheiden; mit einer Bescheidenheit, die aus dem unbewußten Wissen um seine großartigen Fähigkeiten, um die Bedeutung der vor ihm liegenden Aufgaben und um die Last der mit dem Wachsen seines Ruhms und seiner Ideale immer schwerer werdenden Verantwortung geboren ist. Er brauchte nur eine Passage zu singen, und ich wußte, daß ich einen Meister vor mir hatte.

Man könnte mich fragen, wie mir zumute sei, wenn ich in meinem Alter, ein Vierteljahrhundert älter als Fischer-Dieskau, und mit meiner reichen Erfahrung nun einen Sänger begleite, der mir mit seiner hohen Künstlerschaft überraschende Offenbarungen zu machen vermag. Es ist wohl nur ehrlich mir selbst gegenüber, zu sagen, daß ich ein zu ernsthafter Musiker bin und deshalb keinerlei Mißgunst empfinde; es ist ja die immerwährende Freude meines Berufes, ewig ein Lernender zu sein. Das Alter spielt dabei keine Rolle, und jedem, der mir eine Türe öffnet und damit die Dinge in neuem Lichte zeigt, bin ich für neue, erleuchtende Erkenntnisse dankbar. Solche Gefühle hatte ich bei dem Knabengeiger Josef Hassid, und ich empfinde dasselbe heute bei Fischer-Dieskau.

Frank Howes könnte dieselben Worte, die er seinerzeit über Solomon schrieb, auch auf diesen genialen jungen Berliner angewendet haben, nämlich: »Interpretation auf dieser hohen Ebene ist im Grunde der Kunst des Komponierens gleichzusetzen – ist schöpferische Musik.«

Unsere gemeinsamen Konzerte sind sehr anregende Erlebnisse, aber der höchste Genuß für mich sind die Proben mit diesem Sänger. Aufgeregt und hingerissen wie ein Archäologe, der einen lange vergrabenen Schatz ans Tageslicht bringt, konzentriert er sich dabei mit solcher Anspannung, daß er gar nicht merkt, wie seine Hände vor Erregung zittern. Er empfängt mich mit seiner engelhaften, in Heiterkeit getauchten Miene, denn trotz der gewaltigen geistigen und körperlichen Anstrengungen, die unsere Arbeit erfordert, gehen wir beide mit größtem Vergnügen an sie heran.

Dieser Mann, Fischer-Dieskau, hat mich tiefer in das Wesen von Schubert, Schumann, Wolf, Brahms eingeführt, als ich selbst je eindringen konnte.

Wörtlich genommen, könnte diese Feststellung leicht den Anschein erwecken, daß wir zahl- und endlose Proben miteinander abhalten, aber dem ist nicht so. Vor einem Konzert, sei es in Berlin, London, Paris oder Mailand, haben wir zwei – höchstens drei – Proben, von denen keine länger als neunzig Minuten dauert; für Programme, die wir schon früher einmal zusammen aufgeführt haben, genügt eine einzige Probe. Selbstverständlich sind wir in der Musik Vertraute, die einander vollkommen verstehen, und während unserer Vorbereitung reagieren wir sehr lebendig aufeinander. Es ist eine gegenseitige Angelegenheit. So dankbar ich ihm für seinen inspirierenden Einfluß bin und so eifrig ich jede seiner Anregungen aufgreife, täte ich diesem großen Sänger doch mehr als unrecht, wenn ich den Anschein erwecken wollte, daß er sich allein das Recht anmaße, Vorschläge zu machen. Bei unserer gemeinsamen Arbeit sind wir keine widerspruchsvollen Persönlichkeiten; wir diskutieren, wir probieren, wir versuchen es auf die eine und die andere Weise, und recht oft bittet mich Dieter um einen Rat und erwägt ihn, denn er ist ein Künstler und kein Star.

Was ist das Wesentliche, das seine Kunst erleuchtet, wie heißt die Zauberformel, die es ihm ermöglicht, uns alles, was er anrührt, klar und verständlich darzulegen?

Es genügt nicht festzustellen, daß seine Stimme wundervoll, seine Technik unglaublich und er dadurch fähig ist, alles, was er will, auszuführen. Auch seine makellose Diktion und die vollkommene Verschmelzung von Wort und Ton in seinem Gesang sind nicht allein ausschlaggebend. Besitzt er Temperament? Im Überfluß. Leidenschaftliche Liebe zur Musik? Natürlich. Aber auch andere große Sänger sind mit diesen Tugenden ausgestattet.

Wenn ich die Schlußformel für Fischer-Dieskaus Überlegenheit, die ihn vor jedem andern Sänger auszeichnet, finden müßte, würde ich mit einem Wort sagen: Rhythmus. Dieser ist der Lebenssaft der Musik, und Fischer-Dieskau ist ein Meister des Rhythmus.

Im Kapitel über John McCormack erzählte ich, wie der irische Tenor sich ebenso wie John Coates bemühte, beim Singen einen natürlichen Sprechrhythmus anzuwenden, und daß diese Sänger sich weder an das mechanische Ticken des Metronoms hielten noch glaubten, jeden ersten Schlag eines Taktes betonen zu müssen. Fischer-Dieskau geht darin noch weiter als jene hervorragenden Künstler. Seine Freiheit und Elastizität hängen nicht nur von den Worten ab, die er singt, sondern auch von seinem Erfühlen der Musik selbst. Er versteht, was der Komponist empfand, und ist fähig, dies zu enthüllen und so eindrücklich darzustellen, daß es zu Herzen geht. Mit anderen, einfacheren Worten: ich kann mir kein Lied vorstellen, bei dem Fischer-Dieskau durchweg das genaue Tempo einhalten würde. In der Klaviereinleitung des ersten Harfenspieler-Liedes von Wolf (›Wer sich der Einsamkeit ergibt‹) würde ich schon beim ersten Takt mit dem Metronom in Konflikt geraten, denn der dritte und vierte Schlag dauern länger als die ersten beiden. Der zweite Takt ist ähnlich wie der erste, aber der dritte, mit seiner Steigerung zum vierten Takte hin, braucht im ganzen ein rascheres Tempo, während der fünfte Takt wieder langsamer ist. Das ist die Form, die Fischer-Dieskau annimmt und die er mit Farbe und Gefühl ausfüllt. Wenn einmal diese befriedigende Anlage da ist, ergibt sich die Verteilung von Licht und Schatten beinahe von selbst; an einer Stelle sind kräftige, an der andern leichtere Pinselstriche erforderlich, die dem Werke Sinn und Überzeugungskraft verleihen. Jedenfalls scheint es mir so zu sein, daß Farben und Schattierungen auf natürliche Weise das Gerüst der kräftigen, aber elastischen Struktur des Werkes bekleiden.

Fischer-Dieskau geht nicht nur bei getragenen oder lyrischen Liedern, sondern auch bei Musik von heroischem oder kraftvollem Charakter auf dieselbe Art vor. Bei den Schubert-Liedern ›An Schwager Kronos‹ und ›Abschied‹ rafft er das Tempo – ähnlich wie ein Pianist bei Chopins Militärpolonaise – mit einem kaum merkbaren *rubato.* Die Reihe der wiederholten Akkorde in Wolfs ›Der Rattenfänger‹ spielen wir nicht, wie sie gedruckt stehen – weder wie das regelmäßige Geknatter eines Maschinengewehrs noch gleichmäßig *fortissimo* –, sondern es gibt unvermutete Unterbrechungen und Einschnitte oder verminderte Lautstärke und dann wieder gewaltiges Vorwärtsstürmen in beschleunigtem Tempo und mit steilem *crescendo*. Hier kann man entweder mit der seelenlosen Korrektheit eines Pianolas spielen oder das menschliche Element der Gemütsbewegung einbeziehen.

Rhythmus ist, wie Paderewski sagt, die Seele der Musik, und niemand anerkennt diese Macht stärker als Fischer-Dieskau.

Als er noch anfangs der Zwanzig war, hörte er häufig den Vorwurf, zu ernst zu sein; nur in Liedern düsteren Charakters sei er ganz auf der Höhe, es fehle ihm das heitere Wesen. Es kann wohl sein, daß er sich zu jener Zeit von Liederzyklen wie ›Winterreise‹, ›Vier ernste Gesänge‹ oder den ›Michelangelo-Liedern‹ besonders angezogen fühlte, denn sie fordern ungeheure Leistungen von einem jungen Künstler. Aber wenn auch in der damaligen Kritik vielleicht ein Körnchen Wahrheit steckte, so wäre sie heute ganz bestimmt nicht mehr am Platz. Auf seinen Schallplatten der Wolf-Mörike-Lieder finden wir wahre Meisterstücke der Interpretation: ›Zur Warnung‹, ›Storchenbotschaft‹, ›Abschied‹. Ich habe kaum je Komischeres gehört und gesehen als seine Darstellung des Mannes – in ›Zur Warnung‹ –, der nach einer durchzechten Nacht mit einem gräßlichen Kater aufwacht und zu singen versucht. Gibt es einen besseren Saufbruder Falstaff als ihn, oder kann man sich einen Grafen Almaviva vorstellen, der dem Mozartschen Humor mit mehr Feinheit gerecht wird als er?

Vielleicht ist der Künstler, dessen Darstellungskraft in diesen Opernpartien so großartig ist, dessen Gestaltung von Rollen wie Bergs ›Wozzeck‹ oder Busonis ›Dr. Faustus‹ so mitleiderwekkend und tragisch wirkt, nicht der gleiche Mensch, den ich bei den Liedern begleite. Er hält einen Lieder-Abend für eine größere geistige und physische Anstrengung als eine Opernrolle. Und ich erinnere mich an einen gemeinsamen Konzerttag in Berlin, an dem er so bleich und wegen seiner, wie er es nannte, schwachen Punkte so besorgt war, daß sein achtjähriger kleiner Sohn erklärte: »Vati, ich möchte nicht so berühmt werden wie du, denn das macht dir so viel Kummer.« Es ist wahr, daß er, am Flügel stehend, ohne ein Lächeln, mit feierlicher Miene, die Begrüßung der Zuhörerschaft erwidert. Ist dies, fragt man sich, derselbe ungezwungene, gelöste Mensch, der auf der Opernbühne ein so vollendeter Schauspieler ist? Es würde dem Charakter Fischer-Dieskaus nicht liegen, eine lächelnde, selbstsichere Haltung anzunehmen, genausowenig wie, nebenbei bemerkt, Heifetz oder Casals ein strahlendes Gesicht aufsetzen, wenn sie vor uns erscheinen. Von einer Elisabeth Schumann oder Frieda Hempel erwartet man, daß sie ihrem Publikum ein Lächeln schenken, denn das gehört zu ihrer Schönheit, aber ein Mann muß das nicht unbedingt tun und darf ohne weiteres ernst auftreten.

Die Persönlichkeit Fischer-Dieskaus macht auf alle, die ihn sehen und hören, einen so starken Eindruck, daß immer wieder die Neugier laut wird, was für eine Art Mensch dieses Phänomen wohl sei.

Würde ich sagen, er lebe in der Musik, er denke an Musik, er spreche über Musik, wäre es wohl die Wahrheit, und doch erweckte ich damit den falschen Eindruck, daß er sich ausschließlich seiner Kunst widme und es in seinem Leben für keinen anderen Gedanken Raum gäbe. Das wäre unrichtig, denn es würde bedeuten, daß er, wie man in unserem Beruf sagt, ein »Musiknarr« sei, ein Mensch, mit einem Übel behaftet, das insbesondere für seine Kollegen lästig und langweilig ist.

Ich kenne keinen anregenderen Gefährten als Dieter, denn er besitzt einen weitumfassenden Geist und reiche Phantasie. Er spricht Englisch ohne den geringsten deutschen Akzent, und in seine literarischen Neigungen schließt er alles, von Shakespeare bis Somerset Maugham, ein. Diese Lebenshaltung, in Verbindung mit seinen Reisen nach England, Amerika und Italien, macht ihn zu einem hochkultivierten Menschen, und infolgedessen ist auch sein Humor nicht »teutonisch« – sein Witz ist scharf und sprühend, er lacht oft, aber immer leise, und dabei ist plötzlich ein langes, tiefes Glucksen zu hören. In dieses köstliche Geräusch stimmte ich ein, als ich ihn im Anfang unserer Freundschaft einmal fragte, ob er römisch-katholisch sei. »Nein«, antwortete er, »ich bin lutherisch, und mein Vater war Pastor.« »Aber«, unterbrach Dieters Frau, Irmgard, sehr ernsthaft und mit Nachdruck, »du mußt verstehen, Gerald, sein Vater war nicht Pfarrer der römisch-katholischen Kirche, sonst gäbe es Dieter nicht.«

In einem neuen Leben würde Dieter entweder Schauspieler (niemand, der ihn auf der Opernbühne sah, wundert sich darüber) oder Maler werden wollen. Während der Ferien vergißt er die Musik, sitzt in seinem Garten in der Lindenallee, malt oder liest Bücher über Malerei. Er liebt schöne Dinge und besitzt eine köstliche Glas- und Porzellansammlung und antike Möbel. Den

Umbau seines hübschen Hauses hat er selbst geplant, und es wäre undenkbar, in seinem Garten einen neuen Baum zu pflanzen ohne seine sorgfältige Überlegung. Er ist sehr stolz auf die Kleider und den Schmuck seiner Gattin, und sie ist ein reizendes, schönes Geschöpf; als ich einmal ein apartes Armband an ihr bewunderte, erzählte sie mir: »Dieter hat es entworfen.«

Natürlich ist die Musik der Hauptquell seines Lebens. Er besitzt eine riesige Bibliothek von Musikliteratur und Schallplatten. Möchten Sie vergleichen, wie Schlusnus und Slezak ein Hugo Wolf-Lied vortragen? Die Platten sind im Nu herausgegriffen – denn sie sind sorgfältig verzeichnet und jede hat ihre eigene Nische auf den geräumigen Regalen –, dann diskutiert man über die verschiedenen Vortragsweisen. Im Gegensatz zu vielen Sängern, die nur an Liedern und Operngesang interessiert sind, möchte Fischer-Dieskau alles hören – er liebt Orchester- und Kammermusik leidenschaftlich. Sein Schallplattenkatalog, den er mit seiner Gelehrtenschrift selbst aufgezeichnet hat, ist ein wahres Lexikon. Neben dem Verzeichnis der Platten eines Komponisten befindet sich sein Bild mit einer kurzen Biographie von ihm, oft ist auch ein Bild des Sängers, Dirigenten oder Pianisten dabei.

Häufig werden Verwandte und Freunde zu einem Musikabend in sein Haus geladen. Dieter wählt einen Komponisten und spricht selbst über ihn und seinen Lebenslauf. Den Vortrag hat er vorher auf Tonband aufgenommen, damit er seine volle Aufmerksamkeit den Bildern widmen kann, die er auf der Leinwand zeigt und mit seinen Worten synchronisiert. Nach diesem kleinen belehrenden, witzigen, manchmal ergreifenden Vortrag dürfen sich die Zuhörer zurücklehnen und ein sorgfältig zusammengestelltes Programm auf Schallplatten aus den Werken des betreffenden Komponisten hören.

Fischer-Dieskaus Hunger nach Musik ist unersättlich. Als wir einmal dazu verurteilt waren, eine Woche in Island zu verbringen, spielten ihm seine Frau – eine sehr gute Cellistin – und ich zu seinem bloßen Vergnügen ein ganzes Sonatenprogramm als Wunschkonzert vor.

Irmgard ist in der Tat eine bemerkenswerte junge Frau; neben ihrem Haushalt mit Dienerschaft und der Betreuung ihrer beiden kleinen Söhne trägt sie zusammen mit Dieters Sekretärin die Verantwortung für alle Geschäfte, die mit der Sängerlaufbahn zusammenhängen. Denn, wie er selbst sagt, wenn er nicht an seinem Gesang arbeitet, ruht er: »Für einen Sänger gibt es nur zwei Körperstellungen – auf den Füßen oder auf dem Rücken.« Er hat ein unheimlich sicheres Gefühl für seine physischen Kräfte und weiß genau, wann er »halt« rufen muß. In meinem Terminkalender steht, zum Beispiel, folgendes Programm für eine gemeinsame Aufnahme in Berlin: Montag – Probe, Dienstag – Probe, Mittwoch – Ruhe, Donnerstag – Aufnahme, Freitag – Aufnahme, Samstag – Ruhe, Sonntag – Probe, Montag – Aufnahme, Dienstag – Ruhe, Mittwoch – Aufnahme. Studiert er wohl, während er ruht, meistens? Höchstwahrscheinlich, aber er schont dabei wenigstens seine Stimme und seine Kräfte. Als er in Schwetzingen zur ersten Probe der ›Elegie für junge Liebende‹ von Werner Henze auf die Bühne trat, hatte er vorher keinen einzigen Ton des Werks gehört, während alle übrigen Mitglieder des Ensembles bereits mehrere Orchesterproben mitgemacht hatten. Und doch beherrschte er Noten und Text vollkommen. Er hatte die große Rolle des Mittenhofer gelernt und memoriert, während er krank im Bett lag. Ich weiß, daß er Schallplatten-Aufnahmen sofort unterbricht, wenn er die leiseste Müdigkeit verspürt, und keine Überredungskunst könnte ihn dazu bringen weiterzusingen. Das sind keine Starallüren, sondern er tut einfach, was er für das klügste hält.

Auf dieser Klugheit und seiner Gabe für nüchterne Selbstkritik beruht auch die Antwort auf eine Frage, mit der er schon seit Jahren bestürmt wird, nämlich, wann er den ›Hans Sachs‹ singen werde. Er könnte diese gewaltige Partie auf Wunsch jederzeit erhalten, und niemand würde daran zweifeln, daß er der überragende Meistersinger seiner Zeit wäre. Jeder große Bariton hat den Ehrgeiz, den *Sachs* zu singen, genauso wie ein Geiger danach strebt, die Chaconne von Bach, und ein Pianist, die Hammerklavier-Sonate zu spielen. Dieter entgegnet allen Versuchungen unerbittlich: »Den ›Hans Sachs‹ singe ich nicht, bevor ich vierzig Jahre alt bin.« So sehr ich persönlich darauf warte, ihn in dieser Rolle zu hören, kann ich nicht umhin, diesen weisen jungen Mann zu bewundern, der es ablehnt, sich vom Ruhme verführen zu lassen.

Für die Begeisterung und Anerkennung, die ihm das Publikum zollt, ist er natürlich empfänglich, denn er ist nur ein Mensch, der sich ebenso über gute Kritiken freut, wie er durch ungünstige enttäuscht wird. Doch Ruhm und Glanz, die ihm durch seine in der Musikwelt einzigartige Stellung zuteil werden, lassen ihn unberührt. Sein Privatleben hütet er sorgfältig. Er will nichts wissen von einer Menge Fremder und Autogrammjäger, die nach dem Konzert in das Heiligtum seines Künstlerzimmers eindringen. Sein Gefühl für Würde rebelliert, wenn man als selbstverständlich annimmt, daß er nach einem schwierigen Liederabend, müde und verschwitzt, Krethi und Plethi zur Verfügung steht, um Autogramme zu erteilen. Wenn das Konzert vorbei ist, will er sich nicht mehr sehen lassen und schlüpft so unauffällig wie möglich hinaus.

Dieses leise Verschwinden hat manchmal auch komische Seiten. Weder der Empfangschef in seinem Münchner Hotel noch der Portier bekommen ihn je zu Gesicht, aus dem einfachen Grunde, weil er nie durch die Halle geht. Er stiehlt sich die Hintertreppe hinunter und zum rückwärtigen Ausgang aus dem Hotel hinaus, wo sein Wagen auf ihn wartet – das erzählt er mir mit listigem Augenzwinkern. Und er freut sich diebisch, wenn ich darauf sage, daß der Portier bei meiner Frage nach der Zimmernummer von Herrn und Frau Fischer-Dieskau mich so ansah, als wollte er sagen: »An die Existenz dieses Herrn glaube ich gar nicht.«

Die Bereitschaft zum Lachen, auch wenn es auf seine Kosten geht, ist eine der liebenswertesten Eigenschaften dieses Künstlers, ein Ausdruck seines gütigen Charakters und seiner Bescheidenheit.

Ich habe von diesem großen Musiker, diesem jungen Mann, der noch kaum auf der Welt war, als ich schon John Coates begleitete, unendlich viel gelernt. Er begegnete mir im Herbst meiner Karriere und gab mir durch sein wunderbares Künstlertum so viel Anregung und Inspiration, daß ich nichts anderes sagen kann als – für alles, was mir zuteil wurde, bin ich aufrichtig dankbar.

Pause

Ich habe jedes Wort des Romans ›Moby Dick‹ gelesen und bin fast dabei gestorben. Die Vorbereitungen für die Fahrt und die aufgeschobene Reise nehmen eine Ewigkeit in Anspruch, aber endlich schlägt bei der Vorstellung vom Silberstrahl, den der Wal ausspeit, der Puls des Lesers schneller – »Jetzt sprüht der Strahl heraus«, ruft der Mann vom Ausguck. Im selben Augenblick läßt Herman Melville die Quelle, die aus dem Wal schießt, ebenso versiegen wie die Spannung des Lesers, indem er eine lange Abhandlung mit folgenden Worten einleitet: »Dies ist eine Art systematischer Kundgebung der allgemeinen Gattung Wale, über die ich nun berichten möchte.«

Immer wieder tut der Autor dem Leser dies an. Kaum passiert oben auf Deck irgend etwas Aufregendes, wird man hinuntergeführt und hört einen Vortrag über gräßliche Abbildungen von Walen und über nicht ganz so falsche Bilder von Walen. Ich muß gestehen, daß mir meine jungenhafte Begeisterung verlorenging, wenn ich dumpfe Museums- oder Laboratoriumsluft atmen mußte, anstatt den salzigen Geschmack des Meeres zu verspüren.

Alle sagen, daß ›Moby Dick‹ ein großartiges Buch ist, denn Melville ist ein ehrenwerter Mann. Und warum sollte ich nicht seinem Beispiel folgen? Ich habe den Leser durch die Kämpfe meiner Jugend geführt, er sah mich meinen Beruf ergreifen, er entrann mit mir heil den Wechselfällen des Krieges, war Zeuge der Wiederaufnahme meiner Karriere durch die Verbindung mit Pablo Casals – und jetzt wäre ich im Begriffe, meine erste – bis jetzt einzige – Tournee nach Australien zu unternehmen. Es erscheint mir deshalb der Augenblick günstig, den chronologischen Bericht über meine atemraubenden Heldentaten zu unterbrechen und ein wenig um mich zu blicken.

Der Leser gestatte mir, seine wachsende Spannung damit zu erleichtern, daß ich ihn veranlasse, über die Dinge auf eine Weise nachzudenken, die für ein gründliches, verständnisvolles Erfassen der ganz besonderen Offenbarungen und Täuschungen aller Art, die noch folgen werden, beinahe unerläßlich ist.

An einem Sommerabend trat meine Frau bei der Bühnentüre der Wigmore Hall auf die Straße heraus, wohin ich ihr einige Sekunden früher vorausgegangen war, und fand mich dort, rot vor Wut einem flüchtenden Manne nachschreiend: »... in Merthyr Tydfil!« Natürlich fragte sie mich, was in aller Welt ich da brülle und was die Aufregung bedeute. Ich hatte in diesem Konzert den sehr erfolgreichen walisisch-amerikanischen Bariton Thomas L. Thomas begleitet und viele seiner Landsleute waren aus dem Fürstentum (Wales) nach London gekommen, um ihn zu hören; es war die Reise wohl wert. Meine Mutter stammte zwar auch aus Wales und die Wigmore Hall war zeitweilig meine geistige Heimat; trotzdem hatte ich das Gefühl – als ich in das Meer fremder Gesichter aus Ebb Vale, Llanfairfechan, Llangollen und Dolgelly blickte –, in den Winkel eines fremden Gefildes geraten zu sein. Meinem Wunsche folgend, bei der ersten Gelegenheit von der Bildfläche zu verschwinden, ging ich beim Bühnenausgang hinaus und wurde dort von einem Fremden angerempelt, der mich fragte: »Entschuldigen Sie bitte, aber gehören Sie zum Sänger oder zum Konzertsaal?«

»Herr«, donnerte ich mit Stentorstimme, »ich gehöre mir selbst. Ich spiele in Amerika, Europa, Australien und Asien.«

Als er sich recht bestürzt der Straße entlang zurückzog, rief ich ihm mit erhobener Stimme nach: »In der vergangenen Woche spielte ich in Moskau, und nächste Woche spiele ich in Merthyr Tydfil!« (Ich hatte wohl in der Woche vorher in Moskau gespielt, aber es war unrichtig von mir, zu behaupten, ich müsse in der kommenden nach Merthyr, denn in Wirklichkeit hatte ich dann in Swansea zu spielen, doch in der Hitze meines Redeflusses fand ich die Alliteration Moskau – Merthyr schöner; diese dichterische Freiheit sei mir verziehen.)

Doch warum mußte dieser einfältige Bursche meinen heiligen Zorn erdulden, wenn diejenigen, die es besser verstehen sollten, noch schuldiger sind? Sogar einige meiner Berufskollegen sind voreingenommen gegen die Arbeit des Begleiters.

Der derb-gutmütige Peter Dawson, zum Beispiel, schlägt in seinem Buch ›Fifty Years of Song‹ vor, der Begleiter solle samt seinem Klavier den Augen der Zuhörer verborgen bleiben, damit diese ihre Blicke einzig auf den Sänger richten können und nicht das demütige Auf- und Abtreten des Begleiters sowie sein eifriges Notenumblättern mit ansehen müßten. Zu noch weniger Nachsicht neige ich, wenn ich daran denke, daß das größte Kompliment, das Peter Dawson mir je zollte, lautete – »unter allen ihm bekannten Begleitern sei ich der einzige, der ihn nicht *ärgerte*« – allerdings war Peter mehr in der Welt des Varietés als im Konzertsaal zu Hause.

In eine noch unangenehmere Situation gerät man, wenn ein so ausgezeichneter Musiker wie Josef Szigeti seinen Kollegen am Klavier – sogar wenn sie zusammen Sonaten spielen – als seinen Angestellten betrachtet. Es schien mir Zeitverschwendung, für ein Szigeti-Konzert einen Frack angezogen zu haben, denn der Künstler stand vor meiner Klaviatur, zwischen mir und den Zuhörern, und machte mich dadurch unsichtbar. Und nachdem wir unsere Sonate gespielt hatten, nickte Szigeti, ohne zu lächeln, gnädig in meine Richtung – als ob er einen Kellner herbeiriefe –, womit er mir die Erlaubnis erteilte, aufzustehen und für den Applaus zu danken. Obwohl es mir nicht im Traum einfiele, sein Nicken abzuwarten, sondern ich nach einem Duo auf jeden Fall aufstünde und mich verbeugte, fand ich diese Behandlung im Vergleich zu dem warmen Händeschütteln und den geflüsterten Gratulationen von anderen Partnern sehr frostig. Ich möchte das Vergnügen und den Nutzen, die mir die Proben mit Szigeti brachten, keineswegs herabsetzen. Nur in den Konzerten trat sein Mangel an Menschenfreundlichkeit zutage. In seiner Autobiographie ›Zwischen den Saiten‹ (›With Strings Attached‹) wird Nikita Magaloff, sein getreuer Freund und großartiger Partner während so vieler Jahre, mit keinem einzigen Wort erwähnt.

Daß es altmodisch ist, sich seinem Begleiter gegenüber so zu verhalten wie Szigeti, finden wir durch das Buch ›The Welltempered Accompanist‹ von Coenraad V. Bos (erschienen bei Theodor Presser & Co.) bestätigt. Dieser Doyen der Begleiter seiner Zeit betreibt darin Sabotage oder tut zumindest sehr wenig, um die Lage seiner Standesbrüder zu verbessern. Immer und immer wieder predigt er: »Selbstverleugnung«, »unaufdringliche Unterstützung«, »sich in den Hintergrund stellen« und spricht vom »Verdacht der Anmaßung«. Jede überraschende oder auffallende Differenzierung im Spiel des Begleiters wird in diesem kleinen Buch als »eine Ungehörigkeit« bezeichnet. Und sollte es dem kleinen bescheidenen Mann für einen Moment gestattet werden, aus der grünen Türe heraus nach vorne zu treten, setzt ihm Bos gleich einen Dämpfer auf und sagt: »Wenn dem Begleiter Gelegenheit geboten wird, Soli zu spielen, sollten diese weder zu bedeutend noch zu lang sein, und auch Zugaben dürfen nur mit Zustimmung des Solisten gespielt werden. Die Großmut des Sängers, der diese Erlaubnis erteilt, soll nicht mißbraucht werden.«

Bos wurde gewiß von der Primadonna einer vergangenen Ära sehr verehrt, wenn all dies seine wirkliche Einstellung war.

Es ist nicht freundlich von mir, einen alten Kollegen, dessen Spiel ich sehr bewunderte, auf diese Art zu zitieren. Es wäre eher fair, anzunehmen, Bos habe, als er seinem Sekretär diese Worte diktierte, wenig Ahnung davon gehabt, wie ekelhaft unterwürfig sie sich im kalten Druck ausnehmen würden.

Es besteht gar kein Zweifel darüber, daß der Begleiter in »der guten alten Zeit« einer niedrigeren Kaste angehörte als der Solist. Nicht ohne Grund hat Max Beerbohm in seinem Buch ›Zuleika Dobson‹ das ergötzliche Bild der fülligen Sopranistin beschrieben, der es nachträglich einfiel, mit gnädiger Herablassung den widerstrebenden Pianisten, dessen Existenz sie anscheinend vorher nicht beachtet, aufs Podium zu schleppen, damit er eine kleine Verbeugung mache.

Die weniger kultivierten Instrumentalisten und Sänger unter meinen gelegentlichen Partnern in jungen Jahren maßten sich mir gegenüber eine sehr willkürliche Behandlung an. Sie verlangten vom Begleiter, daß er eine Maus sei. Den Gedanken an Partnerschaft, wäre er ihnen je in den Sinn gekommen, hätten sie als widerwärtig empfunden. Und als mein Name zum erstenmal auf einer Schallplatte erschien, schrie der Sänger, den ich darauf begleitete, Zeter und Mordio. Tatsächlich beklagte sich einmal George Reeves bitterlich bei mir, ein gewisser Begleiter sei beliebter und bekäme viel mehr Arbeit als jeder von uns beiden, hauptsächlich weil jener so schlechte Zeitungskritiken erhalte und dies den Sängern passe.

Heutzutage gibt es glücklicherweise nur sehr wenige Künstler dieser Art, man kann also vielleicht einen gewissen Fortschritt verzeichnen. Wenn dem erstklassigen Begleiter nicht die ihm zweifellos gebührende Anerkennung zuteil wird, dann muß man dies dem Impresario oder dem Konzertveranstalter und dem einsichtslosen Journalisten zur Last legen.

Sogar in Wohltätigkeitskonzerten, wo ich mich gratis zur Verfügung stellte, habe ich gespielt, ohne ein Wort des Dankes zu erhalten. Noch schlimmer, der Organisationsausschuß, der eine Reihe glänzender Stars versammelt hat, scheint sich zu verschwören, den Begleiter aus der Fassung zu bringen. Wenn das Konzert in irgendeinem privaten Salon stattfindet, werden die Organisatoren den Flügel hinter einer Säule verstecken. Sollte keine Säule vorhanden sein, dann setzen sie den Pianisten hinter ein großes Blumenmassiv. Es geschah tatsächlich einmal, daß mein Instrument mitsamt mir hinter riesigen, schützenden Palmen versteckt war, hinter deren Wedeln man mich schwach erkennen konnte – geduckt auf meinen Tasten klimpernd und mit meinen Frackschwänzen den Boden wischend –, ich sah genau aus wie ein Affe. Nach dem Konzert begrüßte mich ein Freund mit »hallo, Tarzan« und war erstaunt darüber, daß ich in sein herzliches Lachen nicht einstimmte.

Doch der wirksamste aller Streiche ist es, den Namen des Begleiters auf den Plakaten wegzulassen – ein Meisterstreich, der ausgeheckt ist, den Künstler mehr als irgend etwas anderes aufzubringen.

Während des Krieges wurde ich einmal gebeten, mich für ein großes Konzert zu irgendeinem wohltätigen Zweck im Zusammenhang mit der *London Fire Brigade,* das in der Royal Albert Hall stattfand, zur Verfügung zu stellen. Ich tat dies sehr gern. Zu jener Zeit wohnte ich in Bayswater, und an Sommerabenden spazierte ich mit Enid häufig durch Kensington Gardens. Da wir uns gegenüber der Albert Hall befanden, sahen wir jenseits der Straße die Plakate an, welche die verschiedenen Veranstaltungen ankündigten. Da war es, das Konzert der *Fire Brigade,* bei dem ich mitwirkte. Ich las die Namen aller Sänger, Schauspieler, Komiker, die sich großzügigerweise in den Dienst der Sache stellten. Ich sah die Namen der Künstler, für die ich spielte: der Tenor John McCormack, der Bariton Robert Irwin, der Geiger Harold Fielding, aber vom Begleiter fand ich keine Erwähnung. Die Tatsache, daß ich öfter aufzutreten hatte als alle anderen und mit drei verschiedenen Künstlern proben mußte, spielte keine Rolle – ich wurde nicht genannt. Ich schrieb dem Veranstalter des Konzerts einen Brief, in dem ich gegen diese schimpfliche Nichtachtung protestierte. Vielleicht gebrauchte ich kräftige Ausdrücke, aber wie es auch war, man lud mich nie wieder ein zu spielen. Ich stellte jedoch mit einiger Genugtuung fest, daß beim nächsten Konzert, das unter dem gleichen Patronat stattfand, der Name des Begleiters – ich glaube, es war mein Kollege Ivor Newton – so augenfällig gewürdigt wurde, wie es jeder sich zur Verfügung stellende Künstler erwarten darf.

Eine derartige Geringschätzung – nicht nur meiner Person,

sondern, was noch viel mehr ins Gewicht fällt, meines Berufs – mag vielleicht dort, wo Unwissenheit herrscht, verzeihlich sein. Aber was soll man dazu sagen, wenn es an einer der großen Londoner Hochschulen oder Musikakademien passiert?

An einem heißen Samstagnachmittag, einem köstlichen Tag, an dem die Sonne von einem wolkenlosen Himmel schien und Kricket bei Lord's in vollem Gange war, begab ich mich in die Duke's Hall, wo zu Ehren von Frank Eames, anläßlich seines Rücktritts als Sekretär der *Incorporated Society of Musicians*, eine Feier stattfand. Man dachte, ein bißchen Musik würde die Veranstaltung verschönern. Ich begleitete Astra Desmond zu ihrem Gesang, May Muckle zu einigen Cellostücken, und zwischen diesen Programm-Nummern spielte Harold Craxton frühe englische Klaviermusik. Das Präsidium der ganzen Zusammenkunft hatte der jetzt in den Ruhestand getretene Direktor eines unserer Londoner Konservatorien für Musik. Er dankte der Sängerin, er dankte dem Cellisten und er dankte dem Solopianisten für deren Liebenswürdigkeit, mit ihrer Musik dem Ehrengast zu huldigen, aber den armen Begleiter erwähnte er überhaupt nicht. Ich schrieb auch *ihm* einen Brief. Er entschuldigte sich vielmals, aber das Unheil war geschehen. Daß ich persönlich verletzt wurde, war nicht so wichtig, doch die verächtliche Einstellung zur Kunst des Begleiters ist bezeichnend. In dieser Beziehung bin ich empfindlich. Und daß es in den Räumen eines Instituts passierte, wo ich mehrere Vorträge gehalten, Kurse im Begleiten gegeben hatte und jetzt ohne Honorar spielte (und viel lieber bei Lord's gewesen wäre), milderte den Stich nicht.

Glücklicherweise liegen diese Ereignisse in der Vergangenheit, aber in Amerika gilt der Begleiter heute noch als eine Null; gewiß nicht für die Musikkritiker, die den Wert seiner Leistung anerkennen, jedoch für den allmächtigen Impresario.

In Chicago studierte ich mit äußerster Sorgfalt die Plakate für den Lieder-Abend von Renata Tebaldi. Ich las ihren Namen, den des Saales, den des Impresarios, die Zeit, das Datum, die Eintrittspreise. Ich las das Programm, das im Detail geschrieben stand – aber der Name jenes Künstlers, der als Partner der Sängerin in einem Liederkonzert, bei dem das Klavier lebenswichtig ist, wirken würde, war nicht erwähnt. Zufällig wußte ich, daß Giorgio Favoretto spielen würde – einer der ersten Begleiter in Italien.

Ich mache alljährlich eine Vortragstournee in Amerika und genieße sie restlos, nicht nur wegen der Freundlichkeit und

Wärme, die mir von allen Menschen entgegengebracht wird, sondern auch, weil die Anregung von seiten meiner Zuhörer so wertvoll ist – aber nichts könnte mich dazu bewegen, in Amerika irgendeinen Sänger zu begleiten, denn meinem Herzen fehlt jene sanftmütige Untertänigkeit, um die mir bestimmte Anonymität zu ertragen.

Angenommen, ein Dirigent oder Solopianist hätte sich anläßlich des Tebaldi-Liederabends als Begleiter angeboten, wäre dann sein Name auf den Konzertankündigungen auch verschwiegen worden? Im Gegenteil. Und man würde ihm überdies zubilligen, seinen Namen in gleicher Weise hervortreten zu lassen wie den von Miss Tebaldi. Soviel ich weiß, läßt sich Renata Tebaldi immer von Favoretto begleiten, aber es gibt Sänger, die ohne Bedenken auf die Dienste eines in dieser schweren und anspruchsvollen Kunst wohlgeübten Mannes verzichten und sich lieber der Unbequemlichkeit, einen berühmten Klaviervirtuosen oder Dirigenten als Partner zu haben, unterziehen.

Es gibt vielleicht auch dafür mildernde Umstände. Man kann den Vorteil für die junge Sängerin Elena Gerhardt verstehen, bei ihrem Debüt in England den berühmten Dirigenten Arthur Nikisch am Flügel zu haben, denn das große Publikum wurde zunächst nur von der Neugierde angezogen, einen großen Musiker in einer ungewohnten Rolle zu hören.

Als mir Kathleen Ferrier vom Angebot Bruno Walters, sie bei einem ihrer Lieder-Abende in Edingburgh zu begleiten, erzählte, begrüßte ich diese Idee sehr warm, da mir bewußt war, daß der Glanz dieser Verbindung mit dem großen Dirigenten seine Strahlen auf die junge englische Künstlerin werfen würde.

Begreiflicherweise empfindet eine junge Sängerin es als ungeheuren Ansporn für ihre Karriere, sich mit einem weltberühmten Mann auf dem Podium zu befinden. Aber man hat Mühe, zu verstehen, warum ein bereits anerkannter und berühmter Sänger auf die Dienste des Berufsbegleiters zugunsten eines nicht berufsmäßigen Begleiters verzichtet.

In der Besprechung einer Schallplatte von Hilde Güden, begleitet von Friedrich Gulda, traf Alec Robertson den Nagel auf den Kopf, indem er schrieb: »Es ist erstaunlich, daß in der heutigen Zeit der gewerkschaftlichen Abgrenzungen den Solopianisten und Dirigenten nicht verboten wird, gelegentlich als Begleiter zu wirken, eine Aufgabe, die ihnen – aus verständlichen Gründen – nur selten gelingt. Natürlich spielt Gulda auf dieser Platte sehr schön, aber er *begleitet* weniger gut; er benützt zuviel Pedal und trifft nicht die Feinheiten des erfahrenen Begleiters.«

Hat Hilde Güden ihren beachtlichen Ruhm durch die Partnerschaft mit einem Solovirtuosen vermehrt? Ich glaube nicht.

Natürlich hat jeder, der fähig ist, einen Finger auf die Klaviatur zu setzen, den Ehrgeiz, Elisabeth Schwarzkopf zu begleiten. Ihr Name ist allen ein Begriff, und mit ihr zu arbeiten eine Freude; ich frage mich aber, ob den Künstlern Edwin Fischer oder Walter Gieseking, als sie Lieder mit ihr aufnahmen, oder Furtwängler, als er sie an einem Salzburger Lieder-Abend begleitete (mit ganz offenem Klavierdeckel, so daß er den herrlichen Gesang übertönte), ob ihnen je der Gedanke kam, daß sie dieser Künstlerin nicht die Unterstützung boten, die sie von einem Manne, der sich dieser Art des Musizierens verschrieben hat, erhalten würde.

Der Berufsbegleiter darf seinen Gefühlen in dieser Angelegenheit nicht freien Lauf lassen, ja, ich frage mich manchmal tatsächlich, ob er überhaupt als Künstler betrachtet wird. Sogar die Kritiker weisen eher auf sein Handwerk denn auf seine Kunst hin, als ob er ein Schreiner oder Weber wäre. In Bernard Shaw's ›Die heilige Johanna‹ ist der Mann, der stolz von seiner handwerklichen Meisterschaft spricht, kein anderer als der Scharfrichter, und ich muß gestehen, daß ich diese Analogie, soweit sie mich betrifft, nicht für sehr glücklich halte.

Kürzlich erschien in der über die ganze Welt verbreiteten amerikanischen Wochenzeitschrift *Time* eine Besprechung über die Laufbahn eines Begleiters mit einem Bild von mir. Tatsächlich wurde dieser Artikel mir zu Ehren ›Unashamed Accompanist‹ betitelt, und man interviewte mich und stellte mir viele Fragen. Ich nannte verschiedene Namen von besten Künstlern auf meinem Gebiet: Erik Werba, Ulanowsky, Rupp, Lush, Favoretto, Klust, zwei junge Künstler – Geoffrey Parsons und Martin Isepp – und den sehr verehrten Harold Craxton, der sich aus dem Konzertleben zurückgezogen hat. Nach einer Erklärung, daß ich Rhythmus und Tonfarben meinen Sängern in »perfekter Maßarbeit« anpasse (einer Bemerkung, die mir zwar nicht besonders gut gefiel, da sie aalglatte Verbindlichkeit einschließt), endete der Artikel mit einem Bonmot meines Freundes Harold Craxton, das alles zerstörte, wofür ich gekämpft hatte. Es hieß: »Alles in allem kann der Begleiter nach einem Konzert als größten Beweis für die Dankbarkeit des Sängers erhoffen, daß dieser zu ihm sagt: ›Sie müssen heute abend gut gewesen sein, ich bemerkte gar nicht, daß Sie da waren.‹.« Journalistisch betrachtet, bildete dieser Satz zweifellos eine gute Pointe für den Schluß eines Artikels, aber vom Gesichtspunkt des Begleiters aus war es wirklich ein schlechter Witz und machte alles, was der Artikel vielleicht Gutes tat, zunichte. Es war der gleiche alte Spruch, den Raymond von zur Mühlen vor siebzig Jahren Coenraad V. Bos gegenüber verwendete.

Hat die Kunst des Begleitens seit jener Zeit keinerlei Fortschritte gemacht? Täusche ich mich selbst, wenn ich behaupte, diese Einstellung zu meiner Arbeit sei altmodisch? Habe ich in meiner Aufgabe versagt?

Die Antwort auf diese Frage kommt von hoch oben. Sie kommt von Dietrich Fischer-Dieskau, der zur deutschen Ausgabe meines ›Unashamed Accompanist‹ ein warmherziges Geleitwort schrieb. Nachdem er sagt, daß »nichts mehr von dem blassen Schemen am Klavier zu finden« und der Begleiter »immer ein Gleichwertiger neben seinem Partner« sei, fügt er den bezeichnenden Satz hinzu: »Es geht klar hervor, wie neu und einzigartig der von ihm verkörperte Typ des Begleiters ist.«

So sind die Philister aufs Haupt geschlagen, sie sind schließlich doch altmodisch. Man kann neue Hoffnung schöpfen.

Vielleicht gibt es für meine Beschwerden im vorigen Kapitel schließlich doch einen anderen Grund. Ist der Begleiter selbst zu tadeln? Die Antwort lautet im allgemeinen, fürchte ich, ja. Denn so oft scheint er die Bedeutung dessen, was in seinen Händen liegt, nicht zu erkennen, kommt ihren unendlichen Möglichkeiten nirgends nahe und nimmt sich auch nicht die Zeit nachzudenken, zu studieren, zu üben, jene Bedeutung innerlich zu verarbeiten und sich über sie klarzuwerden.

Ich möchte gern hie und da einen durchschnittlichen, um nicht zu sagen mittelmäßigen Begleiter dazu anhalten (einige von ihnen sind wohlbekannt und sozusagen erfolgreich), täglich hundertmal aufzuschreiben: »Es ist nicht leicht.« Für einen Toscanini, einen Solomon, einen Fischer-Dieskau ist nichts leicht, und je weiter sie vorankommen, je tiefer sie in die Kunst eindringen, je mehr Erfahrungen sie sammeln – desto schwieriger finden sie das Arbeiten, und desto schwerer sind sie befriedigt.

Auf die Gefahr hin, daß es mir viele Begleiter nicht glauben, behaupte ich kategorisch, nicht ein einziges Schubert-Lied zu kennen, das leicht zu spielen ist. Man würde meinen, daß die Begleitungen zu ›Wanderers Nachtlied‹, ›Nacht und Träume‹, ›Thränenregen‹, ›Litanei‹, ›Du bist die Ruh‹, ›Der Neugierige‹ – um nur willkürlich ein halbes Dutzend Lieder zu nennen – mit Leichtigkeit vom Blatt gelesen werden können. Aber ich beharre darauf, daß der Ruf des Begleiters gerade von seinem Spiel dieser Lieder abhängt – sie brauchen viel mehr Bedacht und peinliche Sorgfalt als ›Erlkönig‹. Dieses Lied ist zweifellos ein großes Werk und stellt an den Pianisten ungeheure Anforderungen, aber – ohne Respektlosigkeit – wenn man das Lied einmal gemeistert hat, dann beherrscht man es. Es geht einem wie beim Radfahren; vorausgesetzt, daß man in Übung und in guter physischer Verfassung ist, kann man ohne Furcht an das Werk herangehen. Seine Schwierigkeiten sind offensichtlich, und der Begleiter wird fleißig daran arbeiten, genau wie er die schwierigen Passagen der Kreutzer-Sonate unermüdlich üben muß; aber um keinen Preis will oder kann er verstehen, warum er für ›Wanderers Nachtlied‹ überhaupt Zeit aufwenden sollte. »›Wanderers Nachtlied‹ üben?« wird er fragen: »Wozu? Ich kann es ja vom Blatt spielen.«

Ich gehöre nicht zu den Menschen, die glauben, daß die mechanische Fähigkeit des Blattlesens die wichtigste Anforderung an den Begleiter darstellt. Man kann die meisten Lieder des Zyklus ›Winterreise‹ leicht vom Blatt spielen, aber es wäre eine ungeheure Anmaßung, zu glauben, man könne mit dem ersten Blick auf die Noten alles, was Schubert im Sinne hatte, erfassen. Wenigstens ich persönlich bin nicht so selbstherrlich und weiß, daß mein Genius nicht dazu ausreicht, mit Schubert so leicht »eins« zu werden. Man mag Noten fließend lesen können wie eine Zeitung, ist aber deshalb noch kein Künstler, und für mich gilt es als geradeso tüchtig, wie gut zu stenographieren.

Man gestatte mir den Versuch, zu erklären, weshalb ich glaube, daß ›Wanderers Nachtlied‹ viel Nachdenken und Vorbereitung braucht.

Es ist ein langsames, weihevoll ruhiges Lied mit einer akkordmäßigen Begleitung. Goethes Worte beschreiben die Nachtszene, die Stille auf dem Berggipfel, sogar »die Vöglein schweigen«, alles ist Frieden. Und dann: »warte nur, warte nur, balde ruhest du auch.« Die Einleitung zu diesem Lied besteht aus acht oder neun Akkorden, die in wenigen Sekunden gespielt werden.

Dynamisch ist dieses kleine Vorspiel durchweg *pianissimo,* aber innerhalb dieses Pianissimos muß ein leichtes Ansteigen oder Anschwellen und ein darauffolgendes Absinken des Tons zu hören sein. Es ist ein Bogen – steigend und fallend; es ist der sanfteste aller Bogen, in dem sich ein Akkord dem anderen anschließt. So beschränkt ist der Raum, so gering der Unterschied zwischen dem leisesten und dem am wenigsten leisen Ton, daß alles verdorben ist, wenn der höchste Punkt des Bogens nur um einen Bruchteil überschritten wird. Wenn auch jeder der Akkorde seinem Nachbar verwandt und verbunden ist, hat doch jeder ein anderes Gewicht, und der Unterschied beträgt nicht mehr als eine Feder. Man muß sich beim Üben des Liedes selbst sehr kritisch zuhören. Man experimentiert. Man spielt so, daß man jedem Akkord einen gleichmäßigen und sanften Druck verleiht und der Ton weder steigt noch fällt – alles *pianissimo.* Dann versucht man das kaum merkbare *crescendo* und *diminuendo* zu machen, das in Wirklichkeit nötig ist, um dieser Phrase Form und Sinn zu verleihen. Wenn das Verhältnis aber nicht stimmte – wenn man übertrieben hat –, so beginnt man nochmals. Jetzt tönen einem die Akkorde verschwommen, die Pedalgebung ist fehlerhaft, ein Akkord dringt in den anderen ein, anstatt daß sie, ohne verschmiert zu sein, sanft ineinander übergehen. Daran arbeitet man. Nun hat man das *pianissimo* herausbekommen, beginnt aber zu merken, daß die Akkorde keinen Charakter haben – sie sind bleiern und die ganze Phrase wirkt leblos. Also versucht man nun ganz zart zu experimentieren und gibt dem obersten Finger der rechten Hand eine Spur mehr Gewicht. Jetzt ist die oberste Note vorherrschend und singt deutlich über den tieferen Noten. Das ist zuviel, und man versucht es nochmals; dabei achtet man darauf, daß alle inneren Harmonien sowie die Baßoktaven deutlich hörbar sind – wenn auch noch so leise – und daß der Oberton, für den der eine Finger verantwortlich ist – es kann, je nach Art des Akkords der dritte, vierte oder fünfte Finger sein –, so zart herausgehoben wird, daß kein Zuhörer bemerkt, wie der Spieler dieser Note mehr Nachdruck verleiht. Das ist sein Geheimnis.

Dies alles zu versuchen, ist die zauberhafteste Beschäftigung, die man sich vorstellen kann. Im Suchen nach Licht und Schatten ist man ebenso glücklich und vertieft wie ein Maler, der die Farben auf seiner Palette mischt. Die Befriedigung des Spielers, der jene vollkommene Wellenbewegung und klare Linie erreicht hat und endlich spürt, die ganze Zeichnung besitzt Form und Schönheit, ist unermeßlich. Aber diese Genugtuung oder Selbstzufriedenheit stellt sich erfahrungsgemäß nur selten ein. So sicher wie man fühlt, *daß* man es zustandebrachte, genau so sicher sagt einem die sich stets schärfende Selbstkritik, wie schwer faßbar der Preis ist und wie oft es mißlingt, ihn zu erringen.

Man könnte einwenden, daß durch dieses sich wiederholende Arbeiten und Experimentieren, das ich verfechte, der Geist, die Inspiration und Frische der Musik Gefahr laufen, verlorenzugehen. Dies ist, in der Tat, die größte Gefahr. Das Spiel muß – es muß einfach – unmittelbar und frisch klingen. Der ernsthafte Künstler, sei er Sänger oder Instrumentalist, übt auf diese Weise, und nur die Erfahrung sagt ihm – mag sein Suchen noch so eifrig und beharrlich sein –, wann die Zeit gekommen ist aufzuhören.

Wie anregend für den Sänger ist es, bei der Probe zu sehen, daß sein Partner am Klavier dem Lied ebensoviel Studium wie er selbst gewidmet hat, daß er das Gedicht kennt und von jener unangenehmen Stelle, der man sich gerade nähert, weiß, daß er mit ihm zusammen diese oder jene Wendung vorausfühlt und nicht erst hinterher darauf reagiert. Über das Tempo wird dann nicht diskutiert, denn es muß in dem Tempo gesungen werden, das dem Sänger erlaubt, eine Phrase in einem Atem durchzuhalten. Hier findet der Begleiter bei jedem einzelnen Sänger, der dieses Lied singt, neuen Stoff zum Nachdenken, denn die einen haben weniger langen Atem als die andern. Also muß ein flüssigeres Tempo angenommen werden, und nun findet man, die unendliche Ruhe, die das Wesentliche dieses Liedes ausmacht, sei bedroht. Was kann man dagegen tun? Man sucht einen Ruhepunkt. Nach der Phrase »Über allen Gipfeln ist Ruh'« atmet der Sänger, und hier ruht man. Im Text sowie in der Musik ist hier ein Interpunktionszeichen, dieses darf man ganz ausnützen und den Ruhepunkt ein wenig länger halten, als rhythmische Strenge es erlauben würde. (Ich möchte ganz klarmachen, daß dieser Ruhepunkt keine gähnende Leere ist, denn der Pianist hält seinen Akkord aus, er »atmet« nicht mit dem Sänger.) Ich nenne nur diese eine Stelle, wo man stillstehen kann, aber es sind leicht noch einige andere zu finden.

Wenig Musik, mit Ausnahme von Tanzmusik, wird je im genauen Tempo gespielt. Sklavisches Festhalten am Schlag des Metronoms ist unmenschlich. Es verkrampft den Muskel heldischer oder edler Musik, versteift die Elastizität der Lyrik und raubt Gefühl und Ausdruckskraft, gerade das, was den Zuhörer ansprechen sollte.

Einige meiner Freunde haben vielleicht überlegen die Augenbrauen in die Höhe gezogen, als ich in einem früheren Kapitel davon erzählte, daß ich meine Technik John Coates verdanke. Vielleicht stellten sie bei oberflächlicher Betrachtung sogar in Frage, daß ich überhaupt eine Technik besäße. Würde Technik nur die Fähigkeit, auf der Klaviatur erstaunliche Kunststücke der Geschicklichkeit und Schnelligkeit aufzuführen, bedeuten, dann gäbe es heutzutage in der Welt Tausende junger Leute mit einer besseren Technik als die, deren Schnabel sich je rühmen konnte. Was diese gymnastische Fähigkeit betrifft, könnte man mich als mittelmäßig bezeichnen. Ich wäre nicht imstande, über die ersten zwei bis drei Takte der ›Staccato-Studie‹ von Anton Rubinstein hinauszukommen, und was ›Islamey‹ von Balakirew anbelangt, so würde ich mich nicht einmal im Traum daran wagen.

Aber Technik bedeutet mehr als nur das. Sie umfaßt die Erzeugung von Ton in derselben Art wie die Technik eines Sängers oder Geigers, und zwar nicht nur das Hervorbringen eines schönen Tons, sondern einer Vielfalt von Tonfarben. Technik ist anzuwenden bei einem wohlausgewogenen *crescendo* oder *diminuendo,* bei der Kontrolle eines *rallentando* oder eines *accelerando.* Das Formen einer Phrase – ein sicherer Test für die musikalische Grammatik und die guten musikalischen Manieren eines Pianisten – beruht größtenteils auf Technik. Dazu gehört selbstverständlich auch der Pedalgebrauch. Das Pedal ist der beste Freund des Pianisten.

Können wir sicher auf unserem zu schlagenden Instrument kein vollkommenes *legato* erzielen? Den Eindruck zu erwecken, daß wir es können, ist das Problem, das uns gänzlich in Anspruch nimmt. Doch wenn ich an meinem Klavier sitze, mit ganzem Gewicht den C-Dur-Akkord anschlage und dazu das Pedal niederdrücke, was geschieht dann? Der Ton beginnt sofort abzunehmen. Gewiß ist es ein allmähliches Abnehmen, trotzdem beginnt es augenblicklich. Die ersten Töne, die weggehen, sind die Diskanttöne, aber man kann nichts dagegen tun, und wenn man sich auf den Kopf stellt. Die Baßtöne – mit ihren längeren, dickeren Saiten – überdauern den Diskant, aber auch sie vermindern sich in kurzer Zeit bis zur Stille. Wie ist es aber möglich, dem edlen Thema im langsamen Satz der Appassionata gerecht zu werden und eine lange gleichmäßige *legato*-Linie herauszubringen, wenn jede Saitenschwingung während des Spieles abnimmt?

Daß wir davon überzeugt sind, dies sei möglich, beruht auf dem Wunder des Anschlags eines großen Pianisten. Unsere Ohren lassen sich – glücklicherweise – täuschen und sind nicht so überempfindlich wie das Mikrophon, dessen Schwankungen der Niveau-Anzeiger im Aufnahmestudio angibt, wodurch wir deutlich sehen, daß der Ton nach dem Anschlag der Taste oder des Akkords ganz sicher abnimmt. Vor einigen Jahren betonte ein berühmter Wissenschaftler ausdrücklich, daß der Hammer die Saite heftig anschlägt und dann wieder zurückspringt, ganz gleich, ob man den Ellbogen oder den Fuß auf die Klaviatur fallen läßt. Dieser sogenannte Anschlag sei aus den Elementen Gewicht und Schnelligkeit zusammengesetzt. Deshalb spreche ein Pianist, der dem Begriffe »Anschlag« Wichtigkeit beimesse, Humbug. Mit anderen Worten, die Liebe, der Gedanke, die Sorgfalt oder das Feingefühl, mit dem man die Taste niederdrückt, seien zu nichts gut. Man könne laut oder leise, mit reihenmäßig zunehmender Tonstärke spielen, aber die Tonqualität könne in keiner Weise vom Spieler beeinflußt werden, denn diese Qualität sei bereits vom Instrumentenmacher bestimmt worden. Dies war der wissenschaftliche Standpunkt, und alles klingt sehr logisch. Aber in Wirklichkeit sind diese Folgerungen ganz falsch, denn der eine Pianist kann aus seinem Klavier einen wunderschönen Ton und vielfältige Tonfarben herausholen, während dies einem anderen auf demselben Instrument nicht gelingt. Wer kann sagen, wo die Technik anfängt oder aufhört? In der weiteren Bedeutung des Wortes würde ich meine Technik keineswegs schlecht finden, und dies verdanke ich ganz und gar John Coates. Was ich nachzuweisen versuche, ist dies: die Lehrpredigt, die der geduldige Leser über sich ergehen lassen mußte, behandelt einzig und allein ein technisches Problem – die mechanische Fähigkeit, einen schönen Klangstrom und Abstufungen davon zu erzeugen. Von hier an erst kommen die menschlichen Elemente Liebe und Gefühl hinzu. Aber die Technik ist die Grundlage, ohne welche Liebe und Gefühl zunichte werden.

Wenn also ein Lied, das so einfach aussieht wie ›Wanderers Nachtlied‹, nach meiner Schätzung so viel Bedacht verdient, dann versteht es sich von selbst, daß das Feld des Begleiters für Studium und Versuche ein unendlich weites ist.

Ich verpflichte mich, hundert und mehr Pianisten zu finden, die uns mit dem *presto* einer Beethoven-Sonate blenden können, gegen einen, der uns mit einem Schubert-Lied hinreißen kann.

Es ist nicht leicht.

Eines der verzwicktesten Probleme, mit denen sich der Begleiter auseinandersetzen muß, ist vielleicht der Tonausgleich, der Ausgleich zwischen dem Klang der menschlichen Stimme oder der Violine und dem Klavier. Der Begleiter kann nicht seinen eigenen Maßstab für die Tonwerte festlegen. Er kann nicht sagen, »dies ist mein *fortissimo,* dies ist mein *forte;* dies ist mein *piano,* dies ist mein *pianissimo*«. Diese Maßstäbe verändern sich mit jeder Art von Musik (ein piano bei Brahms ist gewichtiger und dicker als ein *piano* bei Debussy) und mit jedem Sänger. Sie sind auch von den akustischen Gegebenheiten des Konzertsaals und dann wieder von der Qualität des unter den Händen des Pianisten befindlichen Instruments abhängig. Er horcht mit Einfühlung auf die Stimme seines Sängers, bis er deren Möglichkeiten so gut kennt wie die seines eigenen Instruments, und gibt seinem Partner so viel Unterstützung als nur möglich, während er gleichzeitig auf der Hut ist, die Stimme nicht zu übertönen oder zuzudecken. Dies ist ein heikler Punkt. Der Ton der Stimme und des Klaviers gelangt in gleicher Lautstärke an den Zuhörer. Das Problem erweist sich auch nicht einfacher, wenn man sich vergegenwärtigt, daß der einzige Mensch, der bei einem Konzert die Stimme weniger vollständig hört als das Publikum, der Begleiter selbst ist, da das Gesicht des Sängers von ihm ab- und jenem zugewendet ist. Auf dem Podium haben wir einen falschen Tonausgleich – er ist hier auf alle Fälle falsch, wenn die Zuhörer einen richtigen zu hören bekommen sollen. Sobald ich dem Sänger den großen Klangkörper, den er in einem kraftvollen Lied wie ›Die Allmacht‹ von Schubert braucht, vermittle, kann ich unter meinen orgelartigen Akkorden nur ein schwaches Flüstern von meinem Partner hören, wenn er auch mit voller Stimme singt.

Jedenfalls muß der Begleiter sein eigenes Urteil sprechen lassen und darf die Vorschriften des Komponisten nicht blindlings befolgen. Sogar die größten Stimmen benötigen gelegentlich vom Klavier etwas Schonung. Wenn ich zum Beispiel für Kirsten Flagstad ›Der Schmied‹ von Brahms oder für Lauritz Melchior ›Cäcilie‹ von Richard Strauss spielte, konnte ich unter diesen mächtigen Stimmen gefahrlos meinen ganzen Ton geben, solange sie hohe Töne sangen, aber ich mußte ganz bestimmt Rücksicht nehmen, sobald sie in die Tiefen ihrer Stimmen hinunterstiegen, sogar wenn die Bezeichnung des Komponisten immer noch *fortissimo* vorschrieb. Hätte ich diesem Befehl gefolgt, wäre ich für meine Sänger zu laut gewesen und hätte ihnen solches Unbehagen verursacht, daß sie versucht hätten, ihre Stimmen zu forcieren.

Das Problem des Tonausgleichs ist noch in anderer Beziehung kompliziert. Es setzt nicht unbedingt voraus, daß eine Stimme, weil sie groß ist, vom Klavier mehr Gewicht verträgt. Schaljapin und Kipnis hatten mächtige Stimmen, aber die Tatsache, daß diese tief waren, verlangte von mir, diese Sänger mit Besonnenheit zu begleiten, sonst hätte mein Ton den ihrigen überdeckt. Diese Stimmen hatten zwar ein weit größeres Volumen als die Stimme Elisabeth Schumanns, aber ihr hoher Sopran konnte viel mehr Klavierton vertragen als jene Baßstimmen.

Deshalb muß man die Beschaffenheit einer Stimme sowie eines Instruments in Betracht ziehen. Bei Geige und Cello finden wir eine Parallele zur Sopran- und Baßstimme, denn die Geigennoten liegen im Diskant und hohen Diskant, und obwohl die Violine in ihrem Ausmaß nur ein Viertel von ihrem großen Bruder beträgt, ist es weniger wahrscheinlich, daß ihre Töne untergehen als seine.

Ein wesentlicher Unterschied zwischen dem Spiel des Pianisten für den Sänger und seinem Spiel für den Streicher muß erklärt werden. Beim Sänger ist es der Begleiter, der dafür verantwortlich ist, zwischen dem Klavier und der Stimme einen richtigen Tonausgleich zu schaffen. Könnte man vom klanglichen

Gewicht, das dem Sänger und dem Begleiter zukommt, eine graphische Aufzeichnung machen, dann würde man sehen, daß die Gewichtsverteilung gleich ist, es bei einem richtigen Tonausgleich zumindest sein sollte. (Ich spreche im allgemeinen, wenn es auch natürlich Ausnahmen von diesen Regeln gibt.) Bei instrumentalen Sonaten ist aber die Situation für den Pianisten anders; hier wird die Verantwortung für den Tonausgleich von beiden Spielern geteilt, und sie müssen nicht unbedingt immer danach trachten, sich gegenseitig im Volumen anzugleichen. An einer Stelle wünscht der Komponist, daß die Geige vorherrscht und das Klavier zurücktritt, an einer andern hat sich der Geiger zurückzustellen und dem Klavier die Führung zu überlassen. Der Pianist eines fest bestehenden Duos (darunter verstehe ich zwei Musiker, die sich zu einem *team work* zusammenfinden, nur gemeinsame Engagements annehmen, und die Partner nie wechseln) ist dem Begleiter gegenüber, der mit Krethi und Plethi spielt, im Vorteil, denn dieser kann sich seinen Geiger oder Cellisten nicht aussuchen und sich auch mit einem rücksichtslos über den Klavierpart hinwegtosenden Spieler vereint sehen. Ich erlebte, zum Beispiel, in der e-Moll-Sonate von Brahms den Ärger, meine liebliche Melodie – die deutlich mit *dolce* bezeichnet ist – überhaupt nicht hören zu können, weil der Cellist seine sich wiederholenden, nebensächlichen Baßnoten so laut spielte. Sollte ich kämpfen, um mich über ihn hinaus hörbar zu machen, indem ich die ganze Phrase *forte* spielte? Dieser Gedanke kam mir erst während des Konzerts in den Sinn, da sich die Streitfrage bei der Probe nicht gestellt hatte. Wenn ich mich hartnäckig an die Vorschrift des Komponisten klammere und treu dem Geiste der Musik *piano* spiele, werde ich am nächsten Tag in der Zeitung lesen: »Das Klavier bot nicht genügend Unterstützung.« Ich fragte einst Lionel Tertis um seine Taktik bei einem Pianisten, der für seine Bratsche zu laut spiele, und er sagte: »Ich spiele leiser denn je.«

Eine der lästigsten Aufgaben für den Begleiter ist das Transponieren. Für diejenigen meiner Leser, die nicht wissen, was das heißt, ein Musikstück zu »transponieren« (wie ich sie beneide!), muß ich erklären, daß man dabei Noten, die in einer bestimmten Tonart geschrieben sind, in einer anderen Tonart spielen muß.

Bei Lieder-Abenden und Aufnahmen mit Sängern transponiere ich ungefähr die Hälfte von allem, was ich spiele, und jeder andere Begleiter tut das auch. Sänger stellen oft die unvernünftigsten Forderungen und haben keine Ahnung, was für eine Plage sie dem Begleiter auferlegen. Zum Beispiel sind es komplizierte Aufträge, Hugo Wolfs ›Nachtzauber‹ um einen Ton tiefer oder ›Zur Warnung‹ um einen Ton höher zu setzen, denn diese Lieder sind gespickt mit Vorzeichen und unerwarteten Übergängen. Wenn von mir verlangt wird, diese Lieder zu transponieren, sollte ich mir immer ein wenig Zeit erbitten, um an ihnen zu arbeiten. (Ein wenig? Ich schmeichle mir.)

Diese beiden Lieder ›Nachtzauber‹ und ›Warnung‹ sind – wenn auch schwierig zu transponieren – dann nicht mehr schwierig zu spielen, wenn das Gehirn einmal in der neuen Tonart funktioniert. Andererseits kann ein Lied – was die Transposition an sich betrifft – leicht in eine andere Tonart, sagen wir von G nach Ges, zu versetzen sein, aber wenn das Stück schnell zu spielen ist, wird es nun einen veränderten Fingersatz erfordern, was einige Vorbereitung nötig macht.

Es ist historisch, daß ein Geiger, der mit Brahms die Kreutzer-Sonate spielen sollte, das Klavier um einen halben Ton zu tief gestimmt fand und daraufhin Brahms bat, das ganze Werk um einen halben Ton hinauf zu transponieren, damit er seine Saiten nicht hinunterstimmen müßte. Die Tatsache, daß Brahms dieses Wunder-Kunststück fertigbrachte, beweist, was er für ein Riese von Musiker war, und doch fragt in mir eine leise, kleine Stimme: »Hat er *alle* Noten gespielt?« Wenn er es tat, war es ein Wunder physischer Leistungskraft, die ihn befähigte, seine Finger und Hände ohne Vorbereitung dem anderen Fingersatz und den veränderten Handstellungen der neuen Tonart anzupassen. Mancher gute Musiker, der die Beethoven-Sonate vom Blatt liest wie eine Zeitung, könnte das Werk im Kopf nach As oder Ais transponieren, aber es in diesen ungewohnten Tonarten zu *spielen*, würde ihm große Mühe bereiten, denn die Noten liegen ihm nicht mehr »in den Fingern«.

Schuberts ›Liebesbotschaft‹ ist im Original in G-Dur für hohe Stimme geschrieben. In dieser Tonart kann der Begleiter das Bächlein sanft und süß rieseln lassen; die Finger fallen buchstäblich von selbst in die richtige Lage. Aber tiefere Stimmen wollen dieses reizende Lied ebenfalls gerne singen, deshalb wurde es auch in tieferen Tonarten herausgegeben, zum Beispiel in Es-Dur. Die bloße Tatsache jedoch, daß es in der andern Tonart gedruckt ist, hilft dem Pianisten nicht viel – er könnte es selbst in jede andere Tonart transponieren. Für ihn ist wesentlich, daß seine Hände nicht mehr natürlich in die richtige Lage fallen; es ist technisch schwieriger geworden, das Lied zu spielen. Gewiß kann der Begleiter die Töne irgendwie bringen, aber kann er sie so sanft und weich rieseln lassen wie in der Originaltonart? Die Begleitung, die er vorher leicht spielen konnte, muß nun von neuem geübt und mit anderem Fingersatz versehen werden. Und doch werden sich die Zuhörer dieser Schwierigkeiten nicht bewußt; sie merken bloß, daß – aus irgendeinem unverständlichen Grunde – das Bächlein zum Sturzbach wurde, der donnernd und brausend über die Felsen poltert.

Als junger Mann war ich mit dem sogenannten »absoluten Gehör« begabt, doch das war beim Transponieren eher ein Hindernis als ein Vorteil. Das Spielen eines Musikstückes in B-Dur, während meine Augen es in C-Dur gedruckt sahen, brachte mir Ohren und Gehirn durcheinander; unbewußt wanderten meine Finger zu den Tönen zurück, die mein inneres Ohr hörte, also zu den gedruckten Noten, die ich vor mir sah.

Während des Zeitabschnittes meines absoluten Gehörs bat mich einmal ein Sänger, mit dem ich häufig musizierte, ein Lied um einen Ton – nämlich von As-Dur nach Ges-Dur – hinunterzusetzen. Ein hohes As am Ende des Liedes machte dem Sänger angst. Ich unternahm die Transposition, da mir bis zum Konzert noch einige Stunden zur Verfügung standen. Es waren keine besonders schwierigen Veränderungen vorzunehmen, mit Ausnahme von einer Passage in der Mitte des Liedes; das waren ungefähr ein Dutzend Takte mit unangenehmen Modulationen, die von giftigen neuen Vorzeichen wimmelten. Beim Konzert begann ich mit ruhigem Selbstvertrauen das transponierte Lied zu spielen, aber als ich mich dem dunklen Wald der Doppelkreuze und Doppel-Bes näherte, wurde ich nervös, ja, ich verlor mich wahrhaftig. Ich schlug und hackte meinen Weg durch das Dikkicht und verfing mich darin. Als ich atemlos in lichteren Gefilden auftauchte, entdeckte ich zu meinem Entsetzen, daß ich die Begleitung nunmehr nicht um einen Ton *tiefer*, sondern um einen Ton *höher* als die Originaltonart spielte. Das brachte meinen Kollegen fast um, denn jetzt hatte er anstatt des hohen As, um das er doch schon gefeilscht hatte, ein hohes B zu singen. Ein schweres Schuldgefühl beschleicht mich noch heute, wenn ich an seine aus dem Kopf tretenden Augen, seinen anschwellenden Hals und an das schreckliche Geräusch denke, das er machte, als er wie ein Fisch aus dem Wasser nach einem Ton schnappte, der außerhalb seiner Reichweite lag.

Das war das Ende einer schönen Freundschaft.

Der allmähliche Verlust des absoluten Gehörs war für mich als Begleiter ein Vorteil, denn das Transponieren wurde dadurch ungefährlicher. Ein Vorteil, nicht nur für mich – auch für den Sänger!

In diesem Kapitel habe ich nur ein oder zwei der interessanten Probleme, mit denen sich der Begleiter auseinandersetzen muß, gestreift, und natürlich habe ich meine rein persönliche Meinung zum Ausdruck gebracht. Nicht jeder wird mir zustimmen. Mancher Begleiter wird die Methode, mit der ich an ›Wanderers Nachtlied‹ – an ein Musikstück, das ein Kind spielen könnte – herangehe, maßlos übertrieben finden. Einige Sänger (der alten Schule?) werden vielleicht den Gedanken, daß der Ton des Begleiters ihrem eigenen an Volumen gleich sein sollte, mit Abscheu zurückweisen; manche Cellisten werden versichern, daß der Pianist nie leise genug spielen kann. Wie dem auch sei, ich habe zu allen Zeiten versucht, das was ich hier predige, auszuüben – sei es gut oder sei es schlecht.

Psychologische Kriegführung

Anläßlich eines Fernseh-Interviews im Ed Murrow-Programm erklärten Madame Maria Callas und Sir Thomas Beecham, der Künstler, der vor seinem Publikum stehe, müsse die innere Überzeugung besitzen, daß er das, was er jetzt tun werde, besser könne als irgendein anderer auf der Welt.

Dies geht zu weit. Ich bin sicher, daß Pablo Casals nicht zu sich selbst sagt, wie wunderbar er sich finde; er betet demütig, daß er der Musik, die er gerade spielt, gerecht werde. Ein Mensch, der das Podium mit der Überzeugung betritt, es gäbe niemanden, der ihm gleichkäme, ist kein ernsthafter Künstler, sondern ein aufgeblasener Esel.

Der Ausdruck »Primadonna«, wörtlich »die erste Dame« (einer Operntruppe), wurde leider verfälscht und bezieht sich nun allgemein, im übertragenen Sinn, auf Menschen beiderlei Geschlechts, die sich für überlegene Wesen halten und besser dünken als andere. Diese Geschöpfe sind es, die dem Laien als »temperamentvoll« bekannt sind – wieder ein oft mißbrauchter Ausdruck.

Jeder Künstler besitzt Leidenschaft, Poesie, Feuer, Zartheit – mit einem Wort »Temperament« – in verschiedenen Graden, aber wenn man mir ehrfurchtsvoll zuflüstert, daß Madame X wohl »temperamentvoll« sei, dann weiß ich genau, was diese sinnlose Bemerkung bedeutet. Man kann mit Sicherheit annehmen, diese Vermutung gelte einem Sänger, und man wird nicht fehlgehen, wenn man voraussetzt, daß in neun von zehn Fällen eine Frau gemeint ist. Niemand würde sich erkundigen, ob Gioconda de Vito »temperamentvoll« sei, da sie Geigerin ist, wohl aber ist man neugierig, ob Elisabeth Schwarzkopf oder Victoria de los Angeles Temperament besitzen. Eine andere Unterscheidung besteht darin, daß die Frage, ob Eileen Farell oder Kathleen Ferrier temperamentvoll seien, deshalb nicht gestellt wird, weil es sich um eine Amerikanerin, beziehungsweise eine Engländerin handelt. Die wahre Wißbegierde der Leute wäre besser ausgedrückt, wenn sie etwa fragten: »Benimmt sich Madame X gut?« Denn offensichtlich hätte diese Dame, falls die Antwort negativ ausfiele, *zuviel* Temperament. Um die inhaltsreiche und magische Bezeichnung »temperamentvoll« zu verdienen, muß eine Person anscheinend folgende Eigenschaften besitzen: er, pardon, *sie* muß ungesittet, streitsüchtig und fähig sein, jederzeit in Geschrei und unbeherrschte Wut auszubrechen, sie hält ihre Verträge nicht ein und ist, kurz und gut, durchaus unzuverlässig. Und selbstverständlich ist sie eine »Ausländerin«.

In der Regel sind diese unmanierlichen (oder, wenn man will, temperamentvollen) Geschöpfe sehr schwer zu behandeln, denn es sind unausgeglichene Menschen. Ihrer Musik fehlt ebenso wie ihrem Leben ein Grundrhythmus, und meistens sind sie schlechte Musiker. Vielleicht beruhen ihre Eigenheiten auf einem Minderwertigkeitskomplex.

Es ist mir bewußt, daß jeder Mensch unter der Sonne sich für einen guten, ja unfehlbaren Beurteiler der menschlichen Charaktere hält. Ich behaupte zwar nicht, unfehlbar zu sein, doch in der Hälfte der Fälle habe ich recht, und es gelingt mir, einen guten Begriff vom Wesen meiner Partner zu bekommen. Der Begleiter muß nach dieser Erkenntnis streben, da seine Kunst zum großen Teil eine selbstlose ist. Er verbringt sein ganzes Leben damit, zuzuhören und den Partner zu beurteilen. Der Solopianist ist, im Gegensatz dazu, ein vollständiger Individualist. Was den Dirigenten betrifft, so hätte er viel zu tun, wenn er sich mit den geistigen Vorgängen in allen seinen Orchestermusikern beschäftigen würde. Kurz gesagt, er kümmert sich keinen Deut darum. Kammermusik (das Streichquartett, die Violinsonate, der Liederzyklus) verlangt innige Zusammenarbeit und Verständigung unter den ausübenden Künstlern. Bei einem bestehenden Ensemble verursacht dies wenig Schwierigkeit, aber für den Begleiter, der in einer einzigen Saison mit Scharen von Künstlern zusammenarbeitet, stellt es wahrlich ein Problem dar. Und doch finde ich, eine der faszinierendsten Seiten meines Berufes ist es, meinen Kollegen durch die Musik kennenzulernen.

Bei der ersten Probe erkennt der erfahrene Begleiter schnell die Qualitäten seines Partners, das Format seines Künstlertums, ob er ernsthaft oder oberflächlich ist. Ist er eingebildet oder bescheiden, grob oder fein? Er bekommt auch eine gewisse Einsicht in den Charakter dieses Menschen. Ist er erregbar und nervös oder ruhig und beherrscht? Heiß oder kalt? Diese Beobachtungen haben auf die Harmonie zwischen Sänger und Begleiter ebensoviel Einfluß wie die technischen Fragen des Zusammenspiels.

Als junger Mann fand ich es selbstverständlich, mich meinem Kollegen zu fügen, wenn es über eine Sache zu diskutieren gab, denn gewöhnlich war ich jünger an Jahren und an Erfahrung als jener. Er war wohl auch ein berühmter Mensch, den ich bei unserem ersten Zusammentreffen mit einer gewissen Ehrfurcht betrachtete. Er hatte immer recht, ich immer unrecht. Immer? Nun, nicht gerade immer, denn ich erinnere mich an eine Passage in ›Traum durch die Dämmerung‹ von Richard Strauss, wo ich nach einem Komma in der musikalischen Phrase auf den Ton meines Sängers zu warten hatte, da mein Akkord erst einen halben Schlag nach seiner Note fällig war. Er wartete auf mich – ich wartete auf ihn. Majestätisch schritt er auf mein Klavier zu, blickte über meine Schulter in die Noten und fragte, warum ich wartete. Ich erwiderte, ich müsse warten, da mein Einsatz einen halben Schlag nach seinem käme. »Ich singe genau, wie es geschrieben steht, und Ihr Akkord kommt zuerst.« Also spielte ich ihn zuerst, aber es war falsch. Solche Dinge kamen häufig vor, als ich noch meinen Weg suchte. Es ist mir sogar passiert, daß der Sänger, der vor dem Publikum seinen Text vergaß, ja vollständig zusammenbrach, sich, wohl überlegt, mit durchbohrenden Blikken mir zuwandte, damit alle erkennen sollten, daß der Unfall durch mich verursacht sei.

Mit fortschreitenden Jahren und zunehmendem Ansehen vermehren sich jedoch die psychologischen Probleme des Begleiters. Unwürdigkeiten, wie er sie in seiner Jugend zu verdauen hatte, dürfen jetzt nicht mehr hingenommen werden. Die Behandlung eines kleinen Erlebnisses, wie ich es vorhin mit dem Strauss-Lied beschrieben habe, hängt nun weitgehend von der Musikalität seines Partners ab, vielleicht genügt ein Wort, um den Sänger zu korrigieren, oder aber die Phrase muß sechsmal wiederholt werden, bis sie sitzt. Möglicherweise ist der Sänger unfähig, diese verdammte Stelle zu meistern, und der Begleiter muß selbst entscheiden, ob er beharren oder das Ganze als nutzloses Bemühen aufgeben soll.

Der Begleiter muß wissen, wann er raten, wann er Rat annehmen, wann er angreifen und wann er nachgeben soll. Wenn der Partner vielleicht der stolze Besitzer einer großartigen Stimme, aber musikalisch unreif ist und grobe Geschmacksfehler begeht, hat sich der Begleiter die Frage zu stellen, ob sich der Kampf lohne, um die Fehler auszumerzen. Bis zum Konzert ist es noch eine Woche, man hat einander vorher nie getroffen, ist es möglich, die Umformung noch rechtzeitig auszuführen? Wieder einmal muß man den Kampf aufgeben. Man fühlt sich deshalb vielleicht schuldig, aber damit, daß man den Sänger vor dem Konzert verwirrt, ist nichts zu gewinnen, wenn die Zeit so knapp ist. Andererseits ist man dem jungen Sänger oder Geiger, der ein vielversprechender Künstler ist, sowie seinem eigenen Gewissen verpflichtet und muß mit den jungen Musikern noch und noch arbeiten, bis sie die Schwierigkeiten überwunden haben.

Jedenfalls darf in manchen Fällen ein Rat nur sehr taktvoll angeboten werden, man kann seinem Partner sonst leicht das bißchen Selbstvertrauen, das er vielleicht besitzt, rauben. Während es wahrscheinlich für ein Mitglied des diplomatischen Korps ein zu hoch gestecktes Ziel wäre, ein Begleiter sein zu wollen, muß ein Begleiter ganz gewiß ein Diplomat sein. (In der Tat kommt mir der schöne Gedanke, daß manche dieser vornehmen Herren möglicherweise viel erfolgreichere Diplomaten würden, wenn sie wirklich die Kunst des Begleitens studierten.)

So weit, so gut, aber was passiert im Konzert, wenn der Sänger durch Nervosität oder die Macht der Gewohnheit in denselben Fehler zurückfällt, den man mit so viel Mühe zu korrigieren versucht hat? Es gibt nur eine Antwort: *im Konzert hat der Sänger immer recht.* Jeder gute Begleiter ist ein Lebensretter, und zwar in mehr Fällen, als allgemein bekannt ist. Wenn ich hier zwei Beispiele für meinen eigenen Hang zu diesem heldenhaften Zeitvertreib erzähle, dann tue ich es nicht, um mich als Ausnahme über meine Kollegen zu stellen.

Mischa Léon, ein Tenor, der in meiner Jugend sehr beliebt war, hatte in seiner Gruppe englischer Lieder ›The Cloths of Heaven‹ von Thomas Dunhill zu singen. Es ist ein Lied, das sich reizvoll durch eine Folge verschiedener Tonarten schlängelt, und zu meiner Bestürzung hörte ich meinen Sänger eine ganz unbegleitete Phrase um einen Ton tiefer singen, als sie sein sollte. Ich sprang mit und transponierte den Rest des Liedes. Wir begannen in Es-Dur und endeten in Des-Dur.

Der Holmesdale Fine Arts Club in Reigate, Surrey, engagierte mich mit einer Cellistin für ein Programm zeitgenössischer Musik. In dieses sollten wir auf Wunsch des Präsidenten der Gesellschaft ein Stück von Frank Bridge, ›Mélodie‹, einschließen, und wir lernten dieses Werk speziell für diesen Anlaß. Beim Konzert gerieten wir ungefähr in der Hälfte der ersten Seite auseinander, und es dämmerte mir langsam, daß ich nicht mehr wußte, wo um alles in der Welt meine Cellistin war. Plötzlich hörte ich die leere C-Saite (die tiefste Note des Cellos) *fortissimo* gespielt. »Himmel«, dachte ich, »dieses lange C steht auf der letzten Seite!« Schnell überblätterte ich einige Seiten – beredte Seiten, deren Schicksal es war, ungehört zu bleiben –, bis ich mich wieder mit meiner ertrinkenden Partnerin zusammenfand, die immer noch, wie am teuren Leben, an ihrer Note hing. »Diese ›Mélodie‹ war das Glanzstück des Abends«, wurde uns nachher gesagt.

Aber die beste Lebensrettungsgeschichte erzählte mir Elena Gerhardt, und sie zeugt von der Kaltblütigkeit und Findigkeit ihres Begleiters Coenraad V. Bos. Elena sang das ›Lied vom Winde‹ von Hugo Wolf, als ihr Gedächtnis plötzlich versagte und sie ein großes Stück in der Mitte des Liedes ausließ. So glatt man es sich nur denken konnte, überbrückte Bos die Lücke, und zu Elenas Überraschung waren sie am Schluß zusammen. Die Zuhörer – Gott segne sie – waren von dem Lied so hingerissen, daß sie auf dessen Wiederholung bestanden. »Sie werden recht erstaunt sein, daß das Lied inzwischen viel länger geworden ist«, flüsterte Bos Elena zu, bevor er wieder zu spielen begann. Und wahrlich, der erste »Angriff des Windes« war nur kurz gewesen.

Der erfahrene Begleiter ist zwar kein Stimmbildner, aber ein scharfer Kritiker, und eine junge Sängerin würde gut daran tun, sechs Monate vor ihrem Lieder-Abend zu ihm zu kommen, ihre stimmlichen Möglichkeiten einschätzen zu lassen und sich über die Wahl des Programmes mit ihm zu beraten. Der Gesangslehrer hat nicht immer das richtigste Urteil über seinen Schüler, während der Begleiter oft die Dinge in einer zuverlässigen Perspektive sieht.

»Warum erlaubte ihr Gerald Moore, die ›Zigeunerlieder‹ von Brahms zu singen?« schrieb einmal ein Kritiker nach einem Liederabend in der Wigmore Hall. Der Rezensent hatte guten Grund, diese Frage zu stellen, denn die Zigeunerlieder verlangen eine vollblütige Stimme mit kraftvoller Klavierbegleitung, während meine Sängerin eine kleine, süße, lyrische Stimme besaß, die für dieses Werk ganz und gar nicht ausreichte. Natürlich mußte ich auch zurückhalten, und das Resultat des Ganzen wurde nur eine Karikatur von dem, was diese Lieder sein sollten. Warum ich der jungen Dame dann nicht riet, ihr Programm zu ändern? Weil ich nicht gefragt wurde. Das Programm war von ihrem Lehrer zusammengestellt worden und ein gedrucktes *fait accompli* noch vor unserer ersten Probe.

Ich möchte nicht, daß man von mir denkt, ich erteile allen Künstlern, die das Unglück haben, meinen Weg zu kreuzen, fortwährend und in gottähnlicher Weise Ratschläge. Im Gegenteil, fast von jedem, für den ich spiele, lerne ich etwas. Der Begleiter darf nicht unelastisch sein, und er entdeckt zu seiner Verwunderung, daß es hundert verschiedene Arten gibt, ein einfaches Musikstück zu interpretieren. Wenn mein Partner ein guter, sensibler Musiker ist, höre ich aufmerksam alles an, was er zu sagen hat. Sind wir nicht der gleichen Meinung – es kann sich um Fragen der Stimmung, der Phrasierung, der Dynamik, der Tonfarbe, des Tempos handeln –, dann passe ich mich an. Sehr oft kommt es vor, daß auch der Kollege bereit ist nachzugeben, und so gelangen wir mühelos zu einer glücklichen Verständigung. Manchmal hält er an seinen Ideen fest und will sich nicht von der Stelle rühren, dann habe ich genügend Achtung vor ihm, um vorwurfslos zu kapitulieren, weil ich erkenne, daß seine Gedanken aus eigener, innerer Überzeugung geboren und keineswegs unlogisch sind.

Elena Gerhardt, zum Beispiel, fand mein Tempo in Schuberts ›Liebesbotschaft‹ viel zu schnell. Ich vertrat meine Meinung, nämlich, daß die rieselnden Zweiunddreißigstel in meinem Diskant den rieselnden Strom darstellen und daß das Lied vorschriftsmäßig mit zwei Schlägen in einem Takt und nicht mit vieren zu rhythmisieren sei, aber ich beharrte einer Frau gegenüber, die ich so hoch schätzte, nicht auf meinem Standpunkt. Wenn ich dieses Lied für sie spielte, nahm ich das sehr langsame Tempo, das ihr gefiel, an. Dies ist das einzige Lied, bei dem wir je verschiedener Meinung waren.

Als ich mit Christa Ludwig ›Vergebliches Ständchen‹ aufnahm, schien mir ihr Tempo für meinen Geschmack zu langsam, aber wenn ich die fertige Schallplatte anhöre, gefällt mir die Interpretation ausgezeichnet – und das Tempo ist für diese volle Stimme gerade richtig.

Als nachträglichen Gedanken kann man hier hinzufügen, daß es eine recht langweilige Welt wäre, auf der es nur eine einzige Art gäbe, ein Schubert- oder Brahms-Lied zu interpretieren. Auf diese Art wäre ein Sänger gleich wie der andere, ein Begleiter ... aber nein, ich will diesen widersinnigen Gedanken nicht weiterspinnen.

Man könnte annehmen, daß es leichter zur Einstimmigkeit im Denken kommt bei zwei Künstlern, die gegenseitige Achtung – um nicht zu sagen Sympathie – füreinander empfinden. Dies steht aber gar nicht fest. Viele der Künstler, die ich in der Vergangenheit begleitete, hatte ich persönlich sehr gern, aber ich spielte nicht gern für sie. Wenn ich erkläre, daß ich mit vielen meiner Freunde auf musikalischem Gebiet ganz verschiedener Meinung bin, will ich damit nicht behaupten, daß ich recht habe und die andern unrecht – ich stelle einfach die Tatsache fest. Merkwürdigerweise erinnere ich mich aber an gute Konzerte mit einigen

Künstlern, von denen ich nicht behaupten kann, ich hätte große Herzenswärme für sie empfunden. Szigeti war nicht ein Mensch, der dieses Gefühl hervorrufen konnte, auch nicht Ida Haendel, doch mit ihnen zu musizieren bereitete mir große Freude. Aber eben, beide sind hervorragende Geiger, und das ist die Hauptsache.

Wie aber könnte man einen eingebildeten jungen Menschen gern haben, der einmal zu mir sagte, er werde – da das Londoner Publikum von Kreisler so begeistert sei – in der Kreisler-Manier spielen.

Mit einem anmaßenden Jüngling kann man schwer fertig werden. *Dame* Myra Hess förderte vor einigen Jahren ganz uneigennützigerweise einen jungen, anscheinend vielversprechenden Geiger. Dem jungen Mann bot sich seine große Chance, als sein Lehrer Max Rostal vor einem Konzert einen Unfall hatte; der junge Geiger wurde aufgefordert, in die Bresche zu springen und das Beethoven-Violinkonzert zu spielen. Zufällig war James Agate, der Theaterkritiker, im Konzert anwesend. Er geriet über den Jungen außer sich, brachte ein großes Bild von ihm im ›Daily Express‹ und schrieb einen überschwenglichen Bericht, in dem er das Spiel des jungen Künstlers als höchst glanzvoll und ihn selbst beinahe als Genie bezeichnete. Dieser Artikel wirkte in zweifacher Beziehung überraschend. Erstens brauchte er ihn in einer Zeit (es war während des Krieges), da in den Zeitungen der Platz streng beschränkt war, sehr viel davon, zweitens war diese sogenannte Musik-Kritik von einem Mann geschrieben, der selbst zugab, was Musik betreffe, ein Amateur zu sein. Ich machte ihm Vorhaltungen und sagte ihm, daß diese Propaganda – die weit übertraf, was Menuhin oder Heifetz kürzlich in England erhalten hatten – dem zweifellos talentierten Jungen, der noch mitten im Studium stand, schaden könnte. Die Richtigkeit meiner Befürchtungen stellte sich heraus, als der Jüngling einige Zeit später zu einer Probe für einen Londoner Violinabend zu mir kam; er hatte sämtliche Allüren einer Primadonna angenommen; als ihn meine Frau hinausgeleitete, gab sie der Hoffnung Ausdruck, daß wir eine nutzbringende Probe gehabt hätten. »Ja«, sagte er mit einem verbindlichen Lächeln, »der arme Gerald hatte es eben durchzustehen.« Als mir dies erzählt wurde, mußte ich erklären, daß er damit meinte, ich wäre im Feuer seines Genies siebenmal geläutert worden.

Als Nachtrag muß ich gerechterweise hinzufügen, daß der junge Mann später selbst viel »durchstehen« mußte. Er erlebte, daß die Welt nicht auf den Aufgang seiner Sonne gewartet hatte.

Nachdem die von Agate hervorgerufene Explosion abgeflaut war, sah sich der junge Künstler gezwungen, einen langen und harten Kampf zu führen, dessen Einfluß sich auf ihn auswirkte. Jetzt ist er bescheiden und hat sich kraft wirklich harter Arbeit zu einem tüchtigen und echten Musiker entwickelt.

Ich wiederhole, je besser und ernsthafter ein Künstler ist, mit um so größerer Bescheidenheit geht er an seine Arbeit heran. Set Svanholm, dieser großartige Siegfried, Loge, Tristan, der in der Oper unerhörte Triumphe gefeiert hatte, kam zu mir, um ›Die schöne Müllerin‹ zu proben. Er hatte diesen Zyklus noch nie öffentlich gesungen. Seine ersten Worte lauteten: »Sagen Sie mir alles – sagen Sie, was Sie wollen, zu mir.« Meine Reaktion darauf war weder Stolz über meine eigene Bedeutung, noch schwelgte ich in der zum Ausdruck gekommenen Anerkennung meiner Autorität. Im Gegenteil, meine Achtung vor Svanholm wurde um so größer.

Das ewige Problem für den ausführenden Künstler ist es, das eigene geistige Gleichgewicht zu finden, die glückliche Mitte zwischen Einbildung und Selbstvertrauen, zwischen Selbstgefälligkeit und nüchterner Einschätzung des eigenen Wertes.

Zweifellos liegt in dem Callas-Beecham-Ausspruch eine gewisse Wahrheit, denn es ist gewiß notwendig, daß ein Künstler von sich selbst überzeugt ist, sonst würde er es niemals wagen, sich vor ein Publikum hinzustellen. Denken wir aber daran, daß ein Künstler, der vor uns auf dem Podium erhabene Selbstsicherheit ausstrahlt, vielleicht äußerst bescheiden oder nervös ist und unter dem Mantel der Selbstzufriedenheit nur seine Angst zu verbergen sucht. Ich, für mein Teil, bin mir bewußt, daß ich mich mit dem herzlichsten Lächeln verbeuge und für den Applaus danke, wenn ich weiß, daß ich schlecht gespielt habe. Das Lächeln verhilft mir zu einem würdigen Abgang und maskiert meine Wut. Ein schlechtes Konzert verfolgt den Künstler während Tagen und Nächten wie ein Alptraum, und die Erinnerung daran wird nur durch ein gutes Konzert ausgelöscht. Trotzdem ist ein Künstler, der sich selbst allzuviel beobachtet, nicht gut dran, wie ich auf meiner Amerikatournee mit John Coates feststellte. Dort geriet ich in einen bedenklichen Zustand von Nervosität, der mich beinahe aus dem Gleichgewicht brachte. Natürlich ist sehr wachsame Selbstkritik erforderlich, aber es kommt eine Zeit, da der Künstler sich sagen muß, er sei gut – oder er wird untergehen.

Es ist ein Kampf.

Fritz Kreisler, der bestimmt viele Male um den Erdball herumgekommen ist, erklärte, daß ein reisender Musiker auf seinen Fahrten nur den Bahnhof, das Hotel und den Konzertsaal einer jeden Stadt sehe. Und tatsächlich, der Künstler auf Tournee packt seinen Frack aus und eilt direkt in den Saal, denn es treibt ihn zum Üben und er möchte noch vor dem Konzert einige der tausendundeinen Schwierigkeiten voraussehen.

Wie ist die Akustik in diesem Saal?

Es ist unmöglich, sie in dem großen, leeren Raum einzuschätzen. Der Begleiter schlägt vor, den Klavierdeckel leicht geöffnet zu lassen, der Sänger meint, er solle ganz geschlossen bleiben. Manche Säle wirken beunruhigend, weil ihre Akustik – ob sie nun besetzt oder leer sind – problematisch bleibt, und ich kann mich an einige erinnern, groß und widerhallend wie Bahnhöfe, in denen eine zu Ende gespielte Phrase als Echo zurücktönte. Die Wissenschaft hat in dieser Hinsicht einige Fortschritte gemacht, wie die modernen Säle in Göteborg, Stuttgart und London beweisen. Gibt es aber heutzutage irgendeinen neuen Konzertsaal, der besser wäre als der Mozarteum-Saal in Salzburg, der Residenz-Saal in München oder die alte Queen's Hall in London? Das Erstaunlichste aber ist, daß der akustisch vollkommenste Ort auf der Welt, den ich kenne, mit Wissenschaft nichts zu tun hat – es ist der Patio de los Arrayanes in der Alhambra von Granada, wo man unter freiem Himmel singt und spielt.

Wie ist die Beleuchtung?

Hier bestimmt der Künstler selbst, was er wünscht, denn es ist verhängnisvoll, die Entscheidung dem Elektriker zu überlassen, wie ich es einmal bei den Edinburgher Festspielen tat. Es war nicht mein Fehler, da mein musikalischer Vortrag für Kinder erst im allerletzten Moment veranstaltet wurde, so daß ich den Saal vorher nicht besichtigen konnte. Der Beleuchter ließ seine Phantasie spielen und hatte verrückte Ideen. Wenn ich mich niedersetzte, um zu spielen, überflutete er mich mit Licht, aber jedesmal, wenn ich aufstand, um zu sprechen, tauchte er mich in Dunkelheit, und ich hatte Schwierigkeiten, die Aufmerksamkeit meines jugendlichen Publikums wachzuhalten. Elektriker sind eine empfindliche Gesellschaft, und dieser besondere hat mich wohl zu scheußlich gefunden, als daß man mir voll ins Gesicht blicken sollte.

Eine Beleuchtungsprobe ist eine dringende Notwendigkeit, obwohl *Dame* Nellie Melba auf ihrer letzten Tournee in Amerika und Kanada sich niemals *vor* Beginn des Konzerts darum kümmerte. Erst während ihre Kollegen bereits spielten, probierte sie die Beleuchtungseffekte aus. Sobald Beatrice Harrison mit einer ersten Gruppe Cello-Soli das Konzert eröffnet hatte, wurden die Lampen stärker und schwächer aufgedreht, Scheinwerfer und Rampenlicht ein- und ausgeschaltet, solange bis die Diva mit dem Resultat zufrieden war. Daß die Cellistin und das Publikum dadurch gestört wurden, war von geringer Wichtigkeit – *Dame* Nellie persönlich war nicht belästigt worden.

Jedoch abgesehen von Angelegenheiten wie Ton und Licht, würde sich ein Laie über die Mißgeschicke, die den armen Künstler erwarten, sehr wundern.

Es ist unmöglich, alles vorauszusehen, wie auch John McCormack entdeckte, als wir während des Krieges, auf einer Tournee für das Rote Kreuz, eines Sonntagnachmittags in einem Kino-Theater ankamen (es war der einzige Saal in der Stadt, der genügend Platz für eine große Zuhörerschaft bot). Zum Zeitvertreib, bis das Konzert selbst begann, spielte man Schallplatten; Schallplatten, verstärkt durch einen ohrenbetäubenden Lautsprecher. Wir Liliputaner wurden von der gigantischen Stimme Benjamino Giglis niedergeschmettert. Ein Chor von hundert Tenören hätte daneben noch schwach geklungen.

»Drehen Sie das verdammte Ding ab«, fauchte der irische Tenor den Mann, der in den Kulissen den Apparat bediente, an.

»Was, mitten im Lied?«

»Machen Sie sofort Schluß, oder ich schlage den Apparat in Stücke!«

Ich konnte es John in jeder Beziehung nachfühlen. Was für einen Eindruck würde seine Stimme auf ein durch diesen riesigen Lautsprecher schon fast bewußtlos gewordenes Publikum machen?

Auch ich erlebte meine Schocks. Ich war mit einem Geiger für einen Sonatenabend in Gloucester engagiert, und Dr. Herbert Sumsion, der Präsident der dortigen Musikgesellschaft, telephonierte mir einige Tage vor dem Konzert nach London, um mich zu fragen, ob ich etwas dagegen hätte, auf einem Steinway zu spielen. »Im Gegenteil«, versicherte ich ihm, »ich liebe den Steinway«, und ich fügte hinzu, daß ich glücklich darüber sei, da es mir für dieses Konzert jedenfalls wichtig wäre, ein Instrument zu haben, das auf der kleinen Stütze (»on a small stick«) geöffnet bleiben könne. Zweifellos war während unseres Telephongesprächs die Verbindung ein wenig gestört, denn als ich am Konzertabend das Podium betrat – vorher hatte ich keine Gelegenheit gehabt, den Saal zu besichtigen –, fand ich mein Klavier als *small* »Steck«, einen Stutzflügel, vor. Das Mißverständnis war klar. Dr. Sumsion hatte unter »small stick« etwas anderes verstanden, als ich meinte, und mir mit großer Mühe und einigen Unkosten dieses gewiß hübsche kleine Instrument verschafft, das aber mit dem großen Konzertflügel, auf dem ich zu spielen gehofft hatte, nicht zu vergleichen war – dem Steinway, der nun, mit Riemen zusammengeschnallt, auf seiner Schmalseite daneben lag.

Von Ferruccio Busoni erzählt man eine Geschichte, wie er auf einer Tournee in Spanien bei einem Konzert in einer kleinen Stadt das Podium betrat, ohne sich im Vorbeigehen umgeschaut zu haben. Schließlich hatte er ja sein eigenes Instrument, das mit ihm von Ort zu Ort reiste, bei sich – wozu hätte er sich sorgen sollen? Nachdem er eine feierliche Verbeugung vor seinen Zuhörern gemacht hatte – sie müssen verblüfft gewesen sein –, wendete er sich seinem Flügel zu und fand ihn – noch in der Verpakkungskiste.

Natürlich hätten Busoni und ich (nie bin ich je mit diesem Riesen in einem Namen genannt worden) uns vorsehen können, wenn wir das Schlachtfeld vor dem Konzert ausgekundschaftet hätten.

Im Verlaufe dieser sehr zu empfehlenden vorherigen Untersuchung probiere ich das Klavier aus, lasse es auf den gewünschten Platz stellen, versichere mich, daß der Klaviersessel in der richtigen Höhe ist (später kommt der Klavierstimmer und verstellt ihn natürlich wieder), und mache Anstrengungen, diesen Sessel auf ebenen Boden zu stellen. Manche Stühle schaukeln schwindelerregend hin und her – entsprechend der Kraft des herumschwankenden Pianisten.

Dann verkünde ich, daß ich einen Umblätterer brauche.

Wenn Sie etwas über die edle Kunst des Umblätterns erfahren wollen, dann bin ich genau der Richtige, es Ihnen zu sagen. Seit mehr Jahren, als ich denken kann, habe ich hilfsbereite Männer und Frauen zu meiner Linken sitzen, die meine Notenblätter zu früh umwenden, so daß ich die drei oder vier Takte, die mein unerbittlicher Kamerad meinen Blicken entzogen hat, erraten muß. (Ist das bewegliche Blatt einmal gewendet, dann kann weder Beten noch Schlauheit es wieder zurückholen.) Oder, noch viel häufiger, wird zu spät umgewendet, weil der Umblätterer die allerletzte Note auf der Seite deutlich in seinen Ohren tönen hören will, bevor er mir gestattet, zu sehen, was als nächstes kommt. Das bedeutet natürlich, daß ich erraten muß, was auf der anderen Seite steht, und mich leicht für einen Augenblick verlieren kann. Diese Langweiler verschaffen allerdings den weniger ehrfürchtigen Mitgliedern der Zuhörerschaft etwas Unterhaltung, denn diese sehen, wie der Pianist, rot im Gesicht, den Kopf auf und ab bewegt, zum Zeichen, daß er das Blatt umgewendet haben will, und sie hoffen, es würde ihm etwas passieren. Einmal fragte ich einen solchen Helfer nach einem Violinsonatensatz ganz leise: »Wenn Sie nicht Noten lesen können, warum blättern Sie dann nicht um, wenn ich mit dem Kopf nicke?« – »Weil Sie die ganze Zeit mit dem Kopf nicken«, lautete die etwas erregte Antwort.

Es gab eine Zeit, da ich es vorzog, mir selbst umzublättern; nicht bei einer Sonate, wo es unmöglich wäre, aber in einem stimmungsvollen Liederzyklus wie ›Winterreise‹ oder ›Dichterliebe‹. Immer wieder kommt es vor, daß am Schluß eines Liedes, zum Beispiel bei ›Morgen‹ von Richard Strauss, wo alles schweigend ruht, der Sänger ganz still dasteht, die Hände des Begleiters auf den Tasten liegen bleiben und so den Eindruck der Unbeweglichkeit erwecken – er seinen Akkord hält, bis der Ton ganz verklungen ist –, daß eine einzige Person auf dem Podium, ja im ganzen Saale, in Bewegung ist – der Umblätterer. Tief atmend beugt er sich vor und nimmt, noch während ich mein Nachspiel beende, das Programm zur Hand, um zu sehen, was folgt, sucht die Noten für das nächste Lied und stört mit seinen Bewegungen die Augen und mit dem Rascheln und Herumschieben der Noten die Ohren aller. Mehr als einmal nahm ich, nachdem ich den Schlußakkord gespielt hatte, meine linke Hand von den Tasten, hielt den Ton mit dem Pedal und streckte meinen Arm wie eine Schranke vor dem Unruhestifter aus, um die Bewegung, die er machen wollte, zu verhindern.

Warum gab ich ihm nicht vor dem Konzert ausführliche Weisungen? Ich nehme an, daß ich zu zerstreut, zu sehr mit mir selbst beschäftigt war und mir einredete, alles werde gut gehen – wenn ich auch keineswegs dessen so sicher war. Falls ich aber meine fünf Sinne beisammen habe, zeige ich dem Umblätterer vor dem Konzert die Noten und sage ihm, daß er sich am Schluß eines

Liedes oder Zyklus, bevor der Applaus beginnt, nicht bewegen darf. Während des Getöses kann er dann nach Herzenslust herumrutschen.

Knapp bevor die letzten zwei bis drei Noten auf einer Seite gespielt sind, wendet der ideale Umblätterer rasch um – und zwar faßt er das Blatt oben an der rechten Ecke. Dazu muß er aufstehen, denn im Sitzen müßte er es unten packen und sein rechter Arm würde die Bewegungen des Pianisten behindern. Ist es ein wohlbeleibter Umblätterer, dann könnte es passieren, daß die linke Hand des Pianisten zwischen dem Bauch von jenem und seinen Tasten eingeklemmt wird. Ein langer Vorbereitungskurs ist nötig.

Ein guter Umblätterer ist ein Segen, ein schlechter ein Fluch. Warum habe ich dann das Vertrauen aus meiner Jugendzeit, in der ich auf diesen Sklaven an der Klaviatur verzichtete, verloren? Weil ich einige schlechte Erfahrungen gemacht habe. Ich finde, daß in den modernen Konzertsälen mit ihren Klima-Anlagen, und besonders auf dem Podium, kleine zarte Winde wehen und sich hier geschickt um meine Noten bemühen. Durch irgendeinen Gnom oder Elf werden diese freundlichen Lüftchen – falls mir niemand hilft – geschäftig, und sie blasen das soeben umgewendete Blatt wieder zurück. Seite fünfzehn, zum Beispiel, obwohl ich sie umgeblättert habe, liegt nicht gern auf Seite vierzehn, und während meine beiden Hände emsig über die Tasten gleiten, sehe ich das widerspenstige Blatt langsam aufwachen und an den Platz zurückkehren, den es bequemer findet. Ich habe keine Hand frei, es zu halten, wenn seine langsame Drehung von links nach rechts beginnt. Aber hätte ich mich denn nicht schon darauf vorbereiten können, als dasselbe während des Übens zu Hause passierte? Nein, denn in der Abgeschiedenheit meines Studios passierte es eben nicht – dort herrscht kein Durchzug. Diese Unglücksseite wartete damit bis zum Konzert, wo sie wußte, zweitausend Augen werden aufs Podium gerichtet sein. Doch inzwischen – Gott helfe mir – erhebt sich das Blatt langsam, und ich kann keine Hand, auch nur eine Sekunde lang, entbehren, um es zurückzuschlagen. Ich fange an zu pusten wie ein Teufel, damit ich das flatternde Ding zurückblase, und gebe mir Mühe, einen gleichmäßigen Luftdruck zu erzeugen, bevor der Blas-Winkel zu gefährlich wird. Das muß man sehr genau berechnen, aber es nimmt alle Aufmerksamkeit in Anspruch. Der Sänger ahnt dunkel, daß irgend etwas Ungewöhnliches vor sich geht, doch ich erzähle ihm beim Verlassen des Podiums nichts von meinen Schwierigkeiten, wenn ich auch höre, wie er sich beim Saaldiener über den von allen Seiten auf ihn blasenden Wind beschwert.

Fischer-Dieskau sang bei seinem ersten Konzert in New York Schuberts ›Winterreise‹, und wie in der Vergangenheit blätterte ich mir bei diesem Zyklus selbst um. Das sehr schnelle Lied ›Erstarrung‹ spielte mir einen bösen Streich. Ich hatte meine linke Hand weniger als eine Sekunde lang zum Umblättern frei. Das Notenblatt in Fischer-Dieskaus Heft war schon vor mir von anderen in rasender Schnelligkeit umgewendet worden, es hing nur noch an einem Faden, und jetzt war der Moment gekommen, da diese dünne Nabelschnur riß. Das Notenblatt glitt auf die Tasten hinunter – blieb einen Augenblick auf meinem linken Handrücken liegen, und dann flatterte es in großem Bogen hinunter zum Fußboden. Ich haschte danach, wie ein Hund nach einem hüpfenden Ball, mit der rechten Hand immer noch Triolen webend. Nichts konnte diesen kraftvollen jungen Mann, Fischer-Dieskau, aus der Ruhe bringen, doch mich störte es sehr, und im nächsten Lied, ›Der Lindenbaum‹, brachte ich nur eine sehr schlampige Wiedergabe der schönen, aber schwierigen Einleitung zustande.

Doch der kühle Wind, der mit meinen Notenblättern so niedliche Possen treibt, ist für den Sänger eine Gefahr. Es ist mir ein Rätsel, wie die Damen die Kälte aushalten können. Einen Mann würde es umbringen, ein schulterfreies Abendkleid zu tragen. Dora Labette jedoch war jeder Situation gewachsen. Ich begleitete sie in einem zum Umkommen kalten Saal, sie sang wie ein Engel und war schön wie ein Traum. Während ich mich im Künstlerzimmer über dem Ofen zusammenkauerte, fragte ich sie, wie es ihr denn möglich sei, in ihrem hauchdünnen Gewand genügend warm zu haben. Als Antwort hob sie ihren Rock hoch hoch und brachte darunter ein Paar Hosen aus Kordsamt zum Vorschein, die sorgfältig oberhalb der Seidenschuhe aufgesteckt waren.

Da die Lehre dieses Kapitels den Rat betrifft, den Saal vor dem Konzert zu besichtigen, ist es vielleicht nicht fehl am Platz, über die Toiletten der Damen zu sprechen.

Jede Frau hat es gern, wenn ihr Kleid vor den Vorhängen und Drapierungen auf dem Podium hübsch und vorteilhaft wirkt. Nun macht sie vielleicht die unangenehme Entdeckung, daß das Rot oder Grün oder Schwarz des Kleides, das sie tragen wollte, in dieser Beleuchtung und vor diesem Hintergrund scheußlich aussieht. In dieser Notlage werden Freundinnen oder hilfsbereite Stubenmädchen herbeigerufen, um das Problem zu lösen. Improvisierte Maßnahmen müssen getroffen werden.

Hier kommt meine Huldigung an die Sicherheitsnadel.

Sicherheitsnadeln haben mir als Kind das Leben vergällt. »Bitte, Mutter, keine Sicherheitsnadeln«, flehte ich, wenn man mich für eine Party in Samthosen und eine Seidenbluse kleidete. Einige meiner Primadonnen teilen aber diese Vorurteile aus meiner Kindheit nicht. Ihre vielbewunderten, in aller Eile und mit ausgesprochener Anmut um Schultern, Büste und Taille drapierten Roben würden sich ohne die geschickt angebrachten Nadeln wieder auflösen. Die Kraft einer Sicherheitsnadel muß man »gehört« haben, um an sie zu glauben. Wenn ich der auf den Flügel zugehenden Sängerin mit meinem ganzen Gewicht auf die Schleppe steige, dann muß etwas krachen. Die arme Gute hält jäh auf ihrer Bahn an, verflucht mich wahrscheinlich im geheimen, wenn sie auch noch immer freundlich ihrem Publikum zulächelt – aber das Unglück ist geschehen. Doch die Sicherheitsnadel hat ihre Pflicht erfüllt. Ob sie noch weiteren, ernsteren Prüfungen standhielte, kann ich nicht sagen, denn ich habe mir zur Gewohnheit gemacht, im Verlaufe eines Abends nie öfter als einmal auf die Schleppe einer Dame zu treten.

In jenen Tagen, als ich noch alle Engagements annahm und fast jeden zweiten Abend mit irgendeinem zitternden, unerfahrenen Sänger in der Wigmore Hall auftrat, hatte ich mir ein ungezwungenes Benehmen im Künstlerzimmer angewöhnt, um den Eindruck zu erwecken, ich sei nicht nervös und hätte zu meinem Partner Vertrauen. Ich lernte damals, nicht zuviel zu reden. Vielleicht war ich halbtot vor Müdigkeit, weil ich den ganzen Tag mit andern gearbeitet oder Aufnahmen gemacht hatte, doch ließ ich es mir nicht anmerken. Wie unklug es wäre, sich gehen zu lassen, wurde mir eindrücklich bewußt, als Mengelberg, der Dirigent des Amsterdamer Concertgebouw-Orchesters, mit einem englischen Orchester in der Queen's Hall konzertierte. Er teilte das Künstlerzimmer mit dem Konzertmeister und wurde wütend, als dieser Herr sich bei seiner Ankunft in einen Lehnstuhl fallen ließ und erklärte, er sei erschöpft. »Wissen Sie«, sagte der Geiger, »daß ich seit unserer Probe heute vormittag bis vor einer halben Stunde unaufhörlich unterrichtet habe? Ich bin todmüde.« Er war es gewiß, doch was hatte es für einen Sinn, davon zu sprechen? Erwartete er, der Dirigent würde ihn bedauern? Weit entfernt davon – dieser beklagte sich bitter bei der Direktion und fragte dort, was für eine Aufführung man wohl von einem Orchester erhoffe, dessen Konzertmeister schon erschöpft sei, noch bevor das Konzert begonnen habe.

Wenn die wartenden Zuhörer von manchen Szenen, die sich im Künstlerzimmer abspielen, etwas erführen, könnte sie das gründlich ernüchtern. Doch am allerbesten gefällt mir das Erlebnis von Harold Craxton. Er begleitete einen sehr guten Bariton. Der Direkter der Wigmore Hall, ein Vorgänger von Mr. H. T. Brickell, hatte die Gewohnheit, sein Abendessen in Pagani's Restaurant einzunehmen, dann in sein Büro zurückzukehren und dort den ersten Teil vom Programm seines Künstlers abzuwarten. Nicht einmal der Trompetenstoß des Erzengels Gabriel wäre bis zu dieser abgeschiedenen Bude vorgedrungen. Ein Klopfen auf den Fußboden vom Kassenraum aus, der über dem direktorialen Heiligtum lag, zeigte dem Direktor gewöhnlich an, daß die erste Gruppe des Programms vorüber war. Eines Abends – es war ungefähr fünfzehn Minuten vor neun – bildete er sich ein, das Signal vernommen zu haben, erhob sich, eilte durch den

Gang zum Künstlerzimmer und gratulierte dort dem Sänger Craxton's mit überschwenglichen Worten: »Sie waren noch nie in so blendender Form. Es war eine Freude, diese Gruppe zu hören. Warten Sie nicht zu lange. Die Kritiker sind noch alle da und scheinen sehr zufrieden. Schmieden Sie das Eisen, solange es heiß ist.« Der Sänger riß die Augen weit auf vor Erstaunen. »Aber ich habe ja mein Konzert noch gar nicht begonnen.« Ohne daß der arme Direktor davon erfahren hatte, war der Beginn dieses Konzerts ausnahmsweise anstatt wie gewöhnlich auf acht Uhr dreißig auf acht Uhr fünfundvierzig angesetzt worden.

Im Gegensatz zu den Künstlerzimmern vieler Säle war das der Wigmore Hall immer warm und gemütlich, obwohl die Toiletten bis vor kurzem keineswegs allen Wünschen entsprachen. »Hinausgehen« war eine unangenehme Expedition. Man mußte aus der Wärme heraus durch einen zugigen Gang gehen, Steinstufen hinuntersteigen, um schließlich durch die Notausgangstüre in die eiskalte Toilette zu gelangen. Diese Räumlichkeiten, richtiger gesagt, dieser Raum wurde sowohl von den Damen als auch den Herren der Künstlerschaft benützt – nacheinander, nicht miteinander natürlich. Jetzt hat man eine Neu-Einrichtung gebaut, und zwar wurde im Künstlerzimmer ein Loch in den Fußboden gemacht, durch das man nun direkt in die darunterliegenden Waschräume gelangt, aber es ist entschieden immer noch recht kühl dort unten. Zu diesem reizvollen Thema möchte ich auch bemerken, daß die sogenannte »Men's Lounge« in Amerika keine Fehlbezeichnung ist, denn in den Vereinigten Staaten ist jeder Raum in jedem Gebäude gleichmäßig durchwärmt und man kann es sich, ohne seine Gesundheit zu gefährden, in der Lounge gemütlich machen – sofern einem die Atmosphäre dort paßt. Nicht so in England – man stürzt hinein und heraus, so schnell als möglich. Vor seinem Konzert in der Wigmore Hall tauchte der amerikanische Bariton Norman Farrow aus den unteren Regionen herauf, ganz bleich im Gesicht und vor Kälte zitternd: »Ich bin doch kein größerer Hypochonder als irgendein anderer Sänger«, sagte er, »aber, mein Gott, wenn ich nochmals da hinunter muß, hole ich mir bestimmt eine Lungenentzündung!« Und um mich gewiß zu überzeugen, fügte er hinzu: »Ich konnte da unten meinen Atem sehen, als ob ich eine Zigarre rauchte.« Ich versuchte ihm mit meinem englischen Gleichmut zu versichern, daß das ganz in Ordnung sei; wir in England bestünden darauf, daß die Räume, in denen wir uns entkleiden müssen, die Toilette, das Bad und das Schlafzimmer, die kältesten Räume des Hauses seien.

Der erfahrene Berufskünstler gibt Weisung, daß vor seinem Auftreten niemand bei ihm eingelassen wird, damit er sich sammeln oder vielleicht ein wenig üben kann. Die Debütantin aber wird mißverstanden, wenn sie versucht, allen ihren Freunden und Verwandten den Zutritt ins Künstlerzimmer zu verwehren. Für diese Leute ist die Veranstaltung ein Volksfest, ein Grund für die Sippe, sich zu versammeln. Da schon alle das Opfer gebracht haben, zu kommen, halten sie es für äußerst wichtig, daß das arme Mädchen auch wisse, sie seien anwesend. Sie dringen ein und blasen ihr – besonders, wenn sie eine Sängerin ist – den Zigarrenrauch ins Gesicht. Ich geleitete, wenn ich dabei war, solche Plagegeister immer schnell wieder hinaus. Diese Zusammenkünfte sollten erst nach dem Konzert stattfinden.

Sogar die Berühmten sind nicht abgeneigt, ihre Freunde zu sehen, sobald die Arbeit vollbracht ist, doch sind die Verpflichtungen dem Publikum gegenüber mit der letzten Zugabe noch nicht beendet. Es gibt wenige Menschen, die sich nicht geschmeichelt fühlen, wenn man von ihnen Autogramme verlangt, und es mag als grundsätzliche Regel gelten, daß jene Künstler, von denen man keine Unterschrift wünscht, selbst auch nicht begehrt sind. Also unterschreibt der Künstler – oft müde und verschwitzt, wie er ist – nach Schluß seines Konzerts während einer halben Stunde oder noch länger Programme und Autogrammhefte. Man dankt ihm kaum dafür, sondern hält es für selbstverständlich.

Als John Coates beim *Three Choir Festival* in Hereford in Gesellschaft vieler ausgezeichneter Solisten mitwirkte, wurde ihm ein Autogrammbuch unter die Nase gehalten. »Aber junger Mann, Sie haben ja hier bereits meine Unterschrift.« – »Wirklich, Sir, wie ist Ihr Name, bitte?«

Ich schätze es, nach dem Konzert Freunde zu empfangen, die mir etwas Aufmunterndes zu sagen haben, aber wenn man mir nichts Freundliches mitzuteilen weiß, ist es mir lieber, in Ruhe gelassen zu werden. Einmal holte mich eine Dame schlagartig aus höheren Sphären zur Erde zurück. Sonst wurde die Künstlerin dieses Abends, Jelli d'Aranyi, immer von jener Dame begleitet, aber damals fühlte sich diese unpäßlich, und man hatte mich gebeten, sie zu vertreten. Sie saß im Publikum und kam nachher zu mir ins Künstlerzimmer. Wir hatten uns jahrelang nicht mehr gesehen. »Gerald«, rief sie, mit ausgebreiteten Armen auf mich zukommend, »es ist einfach wundervoll« – hier machte sie eine Pause, und ich beugte bescheiden mein Haupt in Erwartung eines netten Kompliments – »wie gut du *aussiehst.*« Wenn nun ein Künstlerkollege bei einem solchen Anlaß seine Bemerkungen auf deine Gesundheit und deine Schönheit bezieht, ist es eine bessere Art, dir zu sagen, du habest wie ein Schwein gespielt. Dies ist eine stille Vereinbarung. Ich versuchte den Hieb zu parieren, indem ich so tat, als hätte ich nichts gehört, und sagte: »Was für ein packendes Werk ist doch diese ›Tzigane‹ von Ravel! Ich habe sie heute zum erstenmal gespielt.« – »Mein Lieber, das konnte ich *hören,* aber«, setzte sie unbarmherzig fort, »es kann wirklich ein äußerst effektvolles Stück sein.« Als ich mich wieder aufgerappelt hatte, war sie weg.

Wegen dieser kleinen Episode möchte ich für einen Augenblick von meinen Betrachtungen über »nach dem Konzert« abschweifen und gestehen, daß es mir Spaß machte, eine kleine Rache an jener Dame zu nehmen. Viele Jahre später rief sie mich nämlich an, um mir zu sagen, sie habe bei Freunden begonnen, meinen ›Unashamed Accompanist‹ zu lesen, sei aber nicht fertig geworden und ob ich ihr nicht ein Exemplar verschaffen könnte. Das »mein Lieber, ich konnte es *hören*« tönte mir noch in den Ohren – der Elefant vergißt nie –, und ich teilte ihr kühl mit, der Verleger gebe bereits eine Neuauflage heraus und sie würde bestimmt ohne Schwierigkeit durch ihren Buchhändler ein Exemplar beziehen können.

Heutzutage gehe ich nach einem Konzert gern nach Hause oder in mein Hotel, ziehe mir einen Schlafrock an und genieße in einem bequemen Lehnstuhl, mit meiner Frau zusammensitzend, meinen Whisky-Soda. Ich sage nicht, jedermann müsse das so machen. Manche Leute lieben Parties, manche haben Whisky-Soda nicht gern, manche ziehen die Gattinnen anderer Männer vor. Jeder nach seinem Geschmack. Wenn ich ziemlich konsequent bei meinen Gewohnheiten bleibe, fühle ich mich am nächsten Morgen fähig zu arbeiten. Ich folge dem Beispiel Sir Henry Wood's. Ein junger Mann machte ihm nach einer anstrengenden Saison von »Promenade Concerts« Komplimente wegen seiner körperlichen Frische und wie er denn das anstelle? »Was ich mache?« sagte *Timbers* (der Spitzname, mit dem ihn das Orchester liebevoll benannte), »nach einem Konzert gehe ich nach Hause und genieße ein gutes Nachtessen mit einer halben Flasche Rotwein und einer Zigarre. Nicht wie der junge X. Was tut der? Geht nach Hause und trinkt heiße Milch. Milch macht mich so *adagio.*«

Meine Gewohnheit, nach dem Konzert zu verschwinden, ist recht bekannt, aber ich möchte nicht einen falschen Eindruck erwecken und deshalb zu meiner Verteidigung bekennen, daß ich keineswegs ein Einsiedler bin. Ich finde Parties herrlich, sofern sie mich nicht von meiner Arbeit abhalten. Unter dieser Bedingung bin ich bereit, »Juhu« zu rufen und die Freuden des Lebens in vollen Zügen zu genießen.

Vor einigen Jahren schrieb Sir Thomas Beecham eine Reihe wöchentlicher Artikel in ›The Sunday Times‹ über musikalische Angelegenheiten, die ihm am Herzen lagen. Als ich eines Sonntags las, daß der Beitrag von Sir Thomas in der nächsten Wochenausgabe den Titel ›Die Unbescheidenheit der Kritiker‹ tragen werde, war ich sehr gespannt darauf. Ich schmatzte schon im voraus mit den Lippen. Da ist einmal ein Mann, dachte ich, in unantastbarer Stellung, dessen Platz in derMusikwelt einmalig ist und der mit Genuß um sich schlagen und kein Blatt vor den Mund nehmen wird. Aber groß war meine Enttäuschung, denn der Artikel, der erschien, trug einen anderen Titel und sein Thema hatte nicht das geringste mit Kritikern zu tun. Was war mit dem angekündigten und vermutlich vorbereiteten Essay geschehen? Daß den großen Mann plötzlich der Mut verlassen hätte, war undenkbar. Wären seine Bemerkungen zu undiplomatisch gewesen? Ich habe keine Erklärung dafür.

Ich fand den Rückzug Beecham's sehr bedauerlich, denn es ist so köstlich zu beobachten, wie ein Hund den andern beißt. Doch in Wirklichkeit hege ich keinen Groll gegen die Kritiker, die sich mir gegenüber im großen und ganzen äußerst nachsichtig verhielten.

Die Rezensenten unserer bedeutenden nationalen Blätter und Zeitschriften sind unbestechliche, scharf denkende, kritische Berichterstatter, die ihr Leben im Dienste und Studium der Musik, der Kompositionen und deren Wiedergabe verbracht haben. Sie sind es, die mit der Musikwissenschaft in der Welt Schritt halten. Ihr Allgemeinwissen ist, wie Ernest Newman einmal sagte, aus unvermeidlichen und verständlichen Gründen größer als das der ausübenden Musiker, die ihre ganze Zeit der Vorbereitung und Ausführung der eigenen besonderen Aufgabe widmen müssen. Ein Kritiker studiert zwanzig Werke in derselben Zeit, in welcher die ausübenden Künstler sich darum bemühen, ein einziges zu meistern.

Ich weiß nicht, wie lange Geza Anda dazu brauchte, das zweite Bartók-Klavierkonzert in seinen Kopf und in seine Finger zu bekommen, aber ich würde aufs Geratewohl sagen, mehrere Monate. Unser Kritiker liest die Noten, spielt sich das Werk wieder und wieder auf seinem Grammophon vor und gelangt auf diese Weise zu einer sehr richtigen Einschätzung desselben. Er lernte seinen Bartók in ebensovielen Tagen, wie der Pianist Monate dazu brauchte, und ist nun durchaus imstande, das Werk und dessen Aufführung zu beurteilen.

Das Gebiet, das diese Leute beherrschen, ist weitläufig. Daß wir mit allem, was sie sagen, einverstanden sind, kommt nicht in Frage, und das erwarten sie auch gar nicht, denn sie sind menschliche Wesen, die Fehler machen. Aber sie regen unsere Phantasie und Neugierde an, sie versuchen, uns zu leiten und unseren Standard zu erhalten. Sie sind auf dem laufenden und teilen uns mit, was vorgeht (wir selbst finden ja unmöglich Zeit, die Geschehnisse zu verfolgen), und sie mahnen uns an unsere Tradition. Diesen Männern zollen wir Achtung. Es gibt Veranstaltungen, bei denen ihre Gegenwart Ansporn und Inspiration bedeutet. Mein ehrfurchtsloser Titel dieses Kapitels schließt nicht diese Männer ein, sondern spielt auf das Heer der Presseleute bei den kleineren Zeitungen Londons oder anderer großer Städte und Provinzorte an, deren Unwissenheit nicht nur das Musikleben ihrer Leser (und wie heikel ist dieses) bedroht, sondern auch eine Unverschämtheit denen gegenüber darstellt, die kritisiert werden.

Die grausamsten Kritiken, die ich je hörte, stammten von Leuten, die nicht eine einzige Note auf irgendeinem Instrument spielen konnten – nicht einmal auf einer Jahrmarktspfeife. Sie betrachteten sich als *arbitres elegantiarum* und hätten uns allen genau zeigen können, wie man es macht, wenn sie nur *fähig* gewesen wären, zu spielen, zu singen oder zu dirigieren. Sie waren es, die alles Temperament und Feuer, alle Poesie und Phantasie gepachtet hatten. Natürlich gab es keinen Beweis dafür, daß sie wirklich alle diese Fähigkeiten besaßen, man sollte es ihnen einfach glauben. »Das sind diejenigen Leute«, schrieb Martin Cooper, »die eine Vollkommenheit verlangen, die gar nicht wirklich wünschenswert und kaum erreichbar ist.«

»Eine Kunst ohne jede persönliche Erfahrung bezüglich ihrer Probleme zu kennen, ist eine sehr zweifelhafte Form von Kultur« (ich zitiere weiter Martin Cooper), »und es ist bezeichnend, daß die beharrlichsten Perfektionisten ausnahmslos Leute sind, welche die Kunst nicht selbst ausüben, sondern Kenner und Amateure ohne jede praktische Erfahrung im Musizieren.«

Jeder, der eine Zeile schreiben kann, fühlt sich berufen, Kritiken, und zwar grausame Kritiken, zu verfassen. Nichts auf Erden kann einen jungen Journalisten daran hindern, während eines

Konzerts, in dem Casals eine Bach-Suite oder Rubinstein eine Beethoven-Sonate spielt, zu schlafen und am nächsten Morgen seiner Enttäuschung Luft zu machen. Dieser Fall, daß im Dienste der Musik ergraute Künstler der Zurechtweisung durch einen jungen Mann, der über wenig oder gar kein Wissen verfügt, ausgesetzt sind, tritt oft ein, und der Berufsmusiker muß ihn erdulden. In unseren verantwortungsbewußten Zeitungen kommt so etwas zwar nicht vor, doch schon die bloße Tatsache, daß man eine Kritik schwarz auf weiß gedruckt lesen kann, ist der Gesundheit nicht sehr zuträglich.

Der Mitarbeiter einer Zeitung in Brighton schrieb nach einem Lieder-Abend von Victoria de los Angeles im ›Dome‹ (ich übergehe sein selbstverständliches Schwärmen von ihrem wundervollen Gesang): »Gerald Moore wurde ganz eins mit den Schubert-Liedern, aber in der spanischen Musik war von den beiden Künstlern nur die Sängerin zu Hause – hier wirkte Moore nur als Ersatz.«

Dies liest sich – falls man nicht selbst das Konzert besucht hat und urteilen kann – als scharfsinnige Kritik. Ich nahm mir die Mühe, herauszufinden, wer der Schreiber war. Ein kaum zwanzigjähriger Jüngling. Wahrscheinlich war er der spanischen Küste nie näher gekommen als auf einem Tagesausflug nach Dieppe. Wer hätte diesen Kritikaster wohl befriedigt? Offensichtlich kein anderer als jener Begleiter, den Victoria de los Angeles engagiert, wenn sie in Spanien singt. Doch wer ist denn ihr Partner in Madrid, Barcelona und bei den Festspielen von Granada, Sevilla, Cordoba, San Sebastian und Santander? Ich wage es kaum zu sagen, aber es ist der »Ersatz« Gerald Moore.

Wie einfach ist es doch, zu verkünden, daß nur ein Spanier die Musik von Granados und De Falla spielen könne, nur ein Deutscher oder Österreicher Mozart, Beethoven und Schubert verstehe. Vermag bloß ein Engländer in die Musik von Britten, Vaughan Williams, Berkeley Rawstborne einzudringen? Soll es von Samuel Barber heißen »nur für Amerikaner«?

Als Toscanini in den dreißiger Jahren nach London kam, brachte er das *New York Philharmonic Orchestra* für eine Reihe von Konzerten mit; auf dem Programm standen die ›Enigma Variations‹ von Elgar, und es war eine elektrisierende, denkwürdige Aufführung. Und doch las man in einer Zeitung die Bemerkung, »es war sehr schön, aber war es englisch?« Damit war gemeint, es sei nicht *echter* Elgar gewesen. Die Andeutung des Schreibers, daß er mehr von Elgar verstehe als Toscanini, ist nicht so wesentlich, doch was dabei wirklich auffällt, ist die Folgerung, daß nur ein Engländer Elgar richtig interpretieren könne. Man tut aber dem Komponisten einen schlechten Dienst, wenn man allen ausländischen Künstlern nahelegt, sich von ihm fernzuhalten, und ihnen erklärt, Elgar sei sakrosankt und viel zu subtil, als daß jemand, der nicht in einem bestimmten Radius um Worcester herum geboren sei, imstande wäre, ihn zu verstehen. James A. Forsythe, der seinen Lesern die Frage »war es englisch?« stellte, war ein Herr mit wenig Musik-Kenntnissen; eng befreundet mit Hamilton Harty, hatte er sich zum Grundsatz gemacht, andere Dirigenten nicht allzusehr zu loben.

Andererseits ist das Leben eines ernsten Musik-Kritikers mühsam und sorgenvoll. Die Verantwortung ist sehr groß. Er kann sich unmöglich Tag für Tag, Woche für Woche dem Papier anvertrauen, ohne hie und da Fehler zu machen. Der verstorbene und sehr geachtete Fox-Strangways, zum Beispiel, lehnte einmal mit Schimpf eine Violin-Klavier-Sonate von Eugène Goossens ab, die er, wie er in seiner Besprechung sagte, zum erstenmal hörte. Dabei vergaß er vollständig, daß er dasselbe Werk einige Monate vorher warm gelobt hatte. Beide Rezensionen waren im ›Observer‹ erschienen, und in beiden Konzerten war Albert Sammons der ausführende Künstler. Als Sammons dem Kritiker die beiden sich widersprechenden Bewertungen zeigte, war es Fox-Strangways äußerst unangenehm. Aber wie konnte der arme Mensch, der Abend für Abend in Konzertsälen verbrachte, alles, was er hörte, im Kopf behalten? Vielleicht fühlte er sich an jenem Abend, als er das Werk zum zweiten Male hörte, nicht wohl – allerdings hilft diese Annahme dem Komponisten auch nicht viel.

Ich habe vielen Konzerten und Opernaufführungen zu meinem Vergnügen beigewohnt und mich oft gefragt, ob ich – wenn ich ein Kritiker wäre – eine gerechte Beurteilung des Gehörten zu Papier bringen könnte. Ich wäre dazu nicht imstande. Aber ich lehnte es nicht nur wegen meiner Unzulänglichkeit ab, in einer amerikanischen Zeitung eine Kritik über einen Kollegen zu schreiben. Man kann nicht Schiedsrichter und einer der Spieler zugleich sein. Es ist nicht fair, von einer Seite des Zauns auf die andere zu springen. Vor einigen Jahren aß ich einmal in Salzburg mit Irmgard Seefried und ihrem ständigen Klavierbegleiter Erik Werba zu Mittag. Werba hatte mich damals noch nie spielen gehört, außer auf Schallplatten, doch sagte er mir, Irmgard und unsere gemeinsame Freundin Helga Mott hätten mich himmelhoch gepriesen. Trotzdem war es mir nicht sehr angenehm, von Irmgard zu hören, daß gerade Werba – der Begleiter-Kollege – am selben Abend die Kritik über mein Konzert mit Elisabeth Schwarzkopf schreiben würde. Wie würde er zuhören? Ich an seiner Stelle hätte vielleicht dem Pianisten mehr Aufmerksamkeit geschenkt, als ein unparteiischer Kritiker es tun dürfte. Und außerdem, könnten nicht Werbas Bewunderung für Irmgard Seefried und seine Treue zu ihr einen Einfluß auf sein Urteil beim Anhören einer anderen Sängerin haben? Werba ist ein sehr guter Musiker, wir sind die besten Freunde, und da ich seine Besprechung nicht gelesen habe, klage ich ihn gewiß nicht der Befangenheit an. Ich sage nur, wie es den meisten – und gewiß mir selbst – an seiner Stelle zumute gewesen wäre.

Aus diesen Überlegungen heraus lehnte ich es ab, für jene amerikanische Zeitung zu schreiben. Es schien mir gegen die Spielregeln. Unter den Musikern sollte ein Gemeinschaftsgeist herrschen, genauso wie unter den Kritikern die – hm – Ehre hochgehalten wird. Wölfe fressen einander nicht auf.

Ich gehöre immer noch zur »Zunft« und hoffe, noch einige Jahre dabei zu bleiben.

Da ich das Thema »Presse-Berichte« behandle (nicht zu verwechseln mit sachverständiger Kritik), möchte ich noch eine Notiz über mich selbst im ›Daily Telegraph‹ zitieren, die mich am allermeisten gefreut hat. Sie lautete: »Mr. Gerald Moore und sein Partner Bertie Meyer, die einander gegenübersaßen, gewannen den ersten Preis im Bridge-Doppel-Tournier, das letzte Woche im Savage Club abgehalten wurde.«

In vergangenen Zeiten, als Schallplatten-Aufnahmen noch ein Abenteuer bedeuteten, brüllte der Sänger in einen Trichter und der Pianist drosch ohne jegliche Sorgfalt auf die Tasten. Vorausgesetzt, daß der eine richtig sang und der andere ein treffsicherer Meisterschütze war, ging alles gut. Wenn ich das fertige Produkt viele Wochen später, nachdem die Wachsmatrize verarbeitet war, anhörte, sorgte ich mich hauptsächlich darum, ob ich keine falschen Noten gespielt hatte. Weiter brauchte die Selbstkritik nicht zu gehen, denn jedes Musikstück mußte ja auf alle Fälle in einem gesunden *forte* gesendet werden. Darüber hinaus gab das Endprodukt bloß eine so rohe Annäherung, daß eine Doppelwirkung die Folge war: einerseits wurde das Gewissen des Künstlers, andererseits das Interesse des Kritikers getötet.

Wie anders liegen die Dinge heute! Jede Schallplatte wird in zahllosen Zeitschriften und Tageszeitungen von verständnisvollen Rezensenten besprochen, die auch nicht vor Vergleichen zurückscheuen: »Während A diesen Zyklus besser singt als B oder C, ist diese Aufnahme doch weniger gut als jene von D.« Der Kritiker drückt nur seine persönliche Meinung aus, aber dieses Urteil beruht auf der genauen Wiedergabe des Werks, dem getreuen Echo, das jede Hebung und Senkung der Stimme, jede Nuancierung, die A, B, C oder D gebracht haben, wiedergibt.

Viel wichtiger als diese Betrachtung ist jedoch die Wirkung der Tonbandaufnahmen auf die Entwicklung des Künstlers, denn jetzt kann er sich selbst zuhören und alle seine Schwächen unverhüllt wahrnehmen.

Dies alles ist dem verflixten Mikrophon zuzuschreiben; es nimmt auf, was dem menschlichen Ohr nicht merkbar ist, zeichnet es beweiskräftig auf das Tonband, und nun kann man es deutlich hören. Jetzt, da ich mich auf den Klavierpart konzentriere und den Sänger seinen eigenen Sorgen überlasse, merke ich, daß ich der bei Dilettanten so beliebten Gewohnheit fröne, nicht mit beiden Händen gleichzeitig, sondern die linke Hand der rechten ein wenig voraus anzuschlagen – nur um den Bruchteil einer Sekunde, aber ich darf mir nicht verzeihen, was ich keinem Schüler durchgehen ließe. Nun kommt die gefürchtete Passage, die mir so viel Mühe gemacht hat. Meine Hoffnung, die Unsicherheiten und Lücken mittels bequemer Zuflucht zum Pedal tarnen zu können, wurde zunichte. »Könnten Sie hier etwas weniger Pedal nehmen? Es klingt ziemlich verschwommen«, sagt der Tonmeister. Sogar eine Begleitung, die ich schon jahrelang öffentlich spiele, sehr liebe- und ausdrucksvoll zu spielen glaubte, klingt jetzt, wenn sie mir zurückgespielt wird, langweilig. Das zu plötzliche An- und Abschwellen des Tones, schlecht geformte *ritardandi* oder *accelerandi*, das heikle *rubato*, auf das ich stolz war, alles wirkt übertrieben und läßt die Musik verzerrt und sentimental klingen.

Maggie Teyte sagt in ihrer Autobiographie: »Niemand kann beim Anhören einer Schallplatte Gerald Moore mit einem anderen Pianisten verwechseln ... worin besteht seine unverkennbare Qualität? Ich glaube, in der Meisterschaft, seinem Arm das richtige Gewicht – entsprechend der Entfernung zum Mikrophon – zu verleihen.« Ich bin Maggie für das Kompliment dankbar, aber die Erklärung ist viel einfacher. Ich kann meine Dynamik im Vergleich zum Abstand des Mikrophons nicht selbst einschätzen. Nach meiner Meinung liegt die Verantwortung für die gleichmäßige Tonverteilung in der Hand des Tonmeisters. Wenn auf den Schallplatten von meinem Klavier ein voller Klang zu hören – wenn mit anderen Worten der Tonausgleich tadellos ist –, so ist es das Verdienst des Technikers.

Ein sensibler Künstler, der nicht mit Scheu vor das Mikrophon tritt, ist eine große Ausnahme. Bei mir – und zwar trotz meiner langjährigen Erfahrung – wächst sich diese Scheu zur Angst aus. In einem panischen Moment verliere ich die Fassung und muß darum kämpfen, sie wiederzuerlangen. Deshalb neige ich dazu – außer bei völliger Beherrschung der Situation, was selten vorkommt –, sobald ich an eine technisch schwierige Phrase gelange, schneller zu werden, wie ein Pferd im Moment, da es einen Sprung vorhat, das Gleichmaß seines Schrittes verliert.

Alle diese Schwächen, möchte ich feststellen, würden in einer Konzertaufführung meistens unbemerkt bleiben. Gewiß kann man auch im Aufnahme-Studio endlose Proben abhalten. Doch David erschlug Goliath, nach unermüdlichem Üben, mit seiner Schleuder in einem wohlgezielten Wurf – bei der ersten und einzigen »Aufführung«. Hätte er aber seine Heldentat ein dutzendmal wiederholen müssen, wäre sie ihm von Mal zu Mal schwerer gefallen. Ein Künstler kann eine erregende Gewaltleistung vollbringen, wenn er bei der öffentlichen Aufführung inspiriert ist. Er wird zur höchsten Stufe emporgerissen. Aber bei einer Aufnahme gelingt diese glänzende Tat vielleicht nicht auf

Anhieb. Sie muß nochmals und nochmals wiederholt werden, und es kommt so weit, daß sie im Geiste des Ausführenden Angst erzeugt.

Dietrich Fischer-Dieskau – ebenso wie vor ihm John McCormack – gehört zu jenen seltenen Wesen, die sich vom Mikrophon keineswegs einschüchtern lassen wollen. Von allen Sängern, die ich kenne, ist die Einstellung Fischer-Dieskaus zu den Aufnahmen die klügste. Ein Lied zehn- oder zwölfmal zu singen, ist ihm unerträglich; er kann es vielleicht zwei- bis dreimal singen, aber dann wird er erklären, daß er sein Bestes geleistet habe, und dabei bleibt es. Wenn er dann aber vor das Mikrophon geht und dem Techniker anzeigt, daß er bereit ist, dann ist er wirklich bereit, sofort ins Wasser zu springen, und man läßt ihn keine Sekunde warten. Da gibt es kein Getue und keine Verzögerung mit Summtönen und roten Lichtern. Hat er ein Lied zu Ende gesungen, dann beraten wir kurz miteinander und er verkündet ins Mikrophon: »Zwei Korrekturen: ich möchte von Takt 24 bis Takt 40 – und Moore möchte sein Nachspiel wiederholen; nachher wollen wir gerne das ganze Lied und die Korrekturen zurückgespielt hören.«

Auf diese Art nahmen wir die vierundzwanzig Lieder der ›Winterreise‹ in zwei oder drei Abenden auf. Gewiß saßen wir am Schluß jeweils im Aufnahme-Raum beisammen, hörten die ganze Aufnahme ab, berieten miteinander und beschlossen auf der Stelle, was wiederholt werden mußte – trotzdem ist diese Leistung von seiten eines Sängers ganz außergewöhnlich.

Das Mikrophon, das uns aufnimmt, ist zugleich das Verständigungsmittel zwischen den Künstlern und dem Aufnahme-Raum, und ich kann keinen Grund dafür sehen, warum es je ausgeschaltet werden müßte. Ich empfinde es als bloße Zeitverschwendung, nach dem Anfangs-Summton lange auf die beiden folgenden Summtöne und dann nochmals, es dünkt einem unendlich lange, warten zu müssen, bis das rote Licht aufscheint. Wenn die Künstler zur Aufnahme bereit sind, wirken diese langen Verzögerungen auf sie ermüdend und entmutigend.

Summtöne und Lichter gefallen nur dem gelegentlichen Zuschauer, den der ganze Zauber fasziniert. Die Anwesenheit einer dritten Person im Studio ist jedoch dem ernsthaften Künstler verhaßt, wenn diese Person mit den Vorgängen nichts zu tun hat. Meine einzige Idiosynkrasie, falls es wirklich eine ist, besteht darin, daß ich viel mehr Mühe habe, mich zu konzentrieren, wenn ich mich beobachtet fühle. In einem öffentlichen Konzert gibt der Ausführende eine Vorstellung. Beim Betreten des Podiums erweckt er den Eindruck, gesammelt zu sein. Mit diesem schützenden Mantel umhüllt er sich und sucht das Publikum in behagliche Stimmung zu versetzen, indem er vortäuscht, die Situation zu beherrschen. Bei einer Schallplatten-Aufnahme hingegen hat er weder Zeit noch Lust, solche Schutzmaßnahmen zu ergreifen. Ich habe schon Sänger beobachtet, die während des Singens auf einem Bein standen oder ihre Arme wie Bahnsignale auf und ab bewegten. Ich selbst verkrampfe mich beim Spielen, krümme mich über die Klaviatur und schaue mit erschreckend starren Blicken bald auf zu den Noten, bald hinunter auf die Tasten, bald wieder hinauf. Ich kann mir vorstellen, daß ich einen ziemlich lächerlichen Eindruck mache. Wenn man so unerlaubte Mätzchen aufführt, läßt man sich nicht gern von einem Außenseiter beobachten. Falls diese dritte Partei, bestehend aus einer oder mehreren Personen, wie es mir einmal passierte, kaum einen Meter entfernt in Sehweite dasitzt, nimmt man im seitlichen Blickfeld die geringste Bewegung, sei es die einer Hand, eines Kopfes oder eines Taschentuchs, wahr – dies wirkt äußerst störend. Die verschwommenen Gesichter sahen aus wie große weiße Pillen, und ich bemerkte, wie eine der weiblichen Kiebitze ihre Nachbarin mit einem Rippenstoß auf meine Grimassen aufmerksam machte. Die Damen waren mit dem Sänger befreundet, nicht mit mir; aber ich ließ sie hinauswerfen und bin sicher, daß sie mich heute noch für eine hochnäsige Primadonna halten. Doch sie waren mir lästig. Übrigens – das Gesicht, das ich damals schnitt, war eine meiner Lieblingsgrimassen.

Yehudi Menuhin, zu gütig, um abzulehnen, pflegte früher einmal einige seiner zudringlichen Bewunderer im Studio zu dulden. Die Stühle krachten unter ihren Verzückungs-Schauern, wenn das rote Licht aufschien, und sie konnten sich kaum zurückhalten zu sprechen, bevor die letzte Note gespielt war, so eilig hatten sie es, zu sagen, wie herrlich es gewesen sei. Einmal war ich dabei, wie der Techniker hereinkam und fragte, ob jemand noch während des roten Lichts gesprochen habe, denn er vermeine, eine Stimme gehört zu haben, und ich antwortete mit giftiger Freude: »Ja, diese Dame hier sagte: wundervoll, wundervoll, wundervoll.« Da zu jener Zeit noch auf Wachs aufgenommen wurde, hatten wir uns vergebens geplagt, und alles mußte nochmals wiederholt werden.

Einmal war John McCormack mit einem Freund im Schlepptau erschienen, den ich allerdings weder sah noch hörte, während ich spielte. John benahm sich aber sehr auffallend, schrie die Techniker an und blickte kriegerisch zu mir herüber. Auf meine leise Frage, was er denn habe, flüsterte er mir augenzwinkernd zu: »Ich gebe nur eine Vorstellung für meinen Bekannten dort drüben, er soll nicht glauben, daß es so leicht sei.« Sogar die Anwesenheit des ruhigsten, in einem Winkel versteckten Besuchers macht sich irgendwie fühlbar.

Meine Verbindung mit *His Master's Voice* und den *Columbia Grammophone Companies* besteht schon sehr lange. Ich sah den Trichter dem Mikrophon weichen und die Schallplatte mit achtundsiebzig Umdrehungen pro Minute der mit dreiunddreißig; dem monauralen Plattenspieler folgte der stereophonische Plattenspieler. Aber auch die Namen *Columbia* und *H. M. V.* wurden ersetzt und können von den *Capitol-* und *Marconiphone Companies* nicht mehr unterschieden werden, denn sie gehören zusammen unter dem allumfassenden Zeichen *E. M. I.* Was, erkundigt man sich, bedeuten diese Buchstaben? Um die Wahrheit zu sagen, hätte ich selbst auf diese Frage keine richtige Antwort geben können, als ich in Texas (USA) dieses Kapitel zu schreiben begann. Mir unpraktischem Träumer, mit meinen Gedanken immer in den Wolken, wurde aber bewußt, daß ich bei meiner Rückkehr nach England die Antwort herausfinden mußte. Sie heißt: Electrical Musical Industries.

Zweifellos war es im Interesse der Verschmelzung der Gesellschaften nötig, die Werbe-Slogans zu vereinfachen, und dieser Tendenz mußte auch das Bild des Hundes weichen, der vor dem Grammophon-Trichter sitzt und der Stimme seines Herrn lauscht – sicher eines der berühmtesten Warenzeichen, die je erfunden wurden.

Wenn auch Sir Ernest Fisk, der frühere leitende Direktor der E. M. I., ein unerbittlicher Gegner der Einführung der Langspielplatte war (es ist buchstäblich wahr, daß man in seiner Gegenwart das Wort »Langspielplatte« nicht in den Mund nehmen durfte), wurde der Feldzug zur Vernichtung des Hundes energisch und mit Genuß geführt. Beinahe wäre er geglückt, aber zu meiner Freude kann ich feststellen, daß der Anstoß erregende Köter unsterblich ist; unter der jetzigen Leitung kann man ihn wieder auf Plakaten und in Schaufenstern sehen. In Griechenland, Bulgarien, Jugoslawien und anderen Ländern, wo alle Worte und Buchstaben mir fremd waren, blieb mein Auge plötzlich an der Marke hängen, auf welcher das Hündchen, mit gespitztem Ohr lauschend, dasitzt. Es gab einem ein heimeliges

Gefühl; mehr als das, dieses Bild kennzeichnete – damals wie heute – ein weltberühmtes Unternehmen, dessen Erfolge eine sehr lange Platte füllen würden. (Sagte ich *Lang-Platte?* Verzeihung, Sir Ernest!)

Seit über vierzig Jahren mache ich mit dieser Gesellschaft in glücklicher Zusammenarbeit Aufnahmen. Dies ist eine beachtliche Zeitspanne der Mitarbeit, und ich frage mich, ob in den Büchern der Gesellschaft noch ein Künstler figuriert, der sich stolz des Gleichen rühmen könnte. Die Dirigenten sind ausgenommen, denn diese bleiben ewig da. Wäre ich ein wohlbekannter Sänger, hätte man mir schon längst einen hübschen Apparat verehrt, aber Begleitern gegenüber sind derartige Gesten nicht üblich.

Würde es den künftigen Machthabern endlich einfallen, daß der »Älteste Bewohner« in Anerkennung seiner langjährigen Dienste ein solches Geschenk erhalten sollte, dann wird es zu spät sein. Dann werde ich eine Harfe brauchen, oder was immer für ein Instrument in den himmlischen Gefilden *en vogue* sein wird.

Keineswegs möchte ich sagen, daß Musiker überspannte Gewohnheiten haben, doch fühle ich mich wohl gelegentlich wie ein Sonderling, wenn ich nachts um elf nach einem Konzert eine Mahlzeit verlange. Warum konnte ich denn nicht vor dem Konzert essen? Angenommen, ich habe seit Wochen einen Sonaten- oder Liederzyklus geprobt und geübt und hege nun den Wunsch, an einem bestimmten Tag, zu einer bestimmten Stunde ganz auf der Höhe zu sein. Es wäre unvernünftig anzunehmen, ich könnte in guter Form sein und mein Allerbestes leisten, wenn ich, kurz bevor ich mich in den Konzertsaal begebe, in aller Eile ein Nachtessen hinunterschlinge. Während die Verdauungsorgane sich betätigen, ist man weder geistig noch körperlich zu Spitzenleistungen fähig, doch merkwürdigerweise kehrt man mit einem Schlage zur Erde zurück, sobald die anstrengende Spannung vorüber ist, und das Innere des Menschen verlangt gebieterisch nach Nahrung.

In Amerika oder jenseits des Ärmelkanals hat der Reisende keine Schwierigkeit, zu jeder Tages- oder Nachtzeit ein warmes Mahl zu erhalten, aber in meinem eigenen Land – mit Ausnahme von ein bis zwei großen Städten – muß sich der Musiker nach dem Konzert mit einem kalten Imbiß begnügen, und sogar dieser muß im voraus rechtzeitig bestellt werden. Die wichtigste Frage des Empfangschefs, wenn man sich mittags in ein Hotelregister einträgt, lautet: »Wünschen Sie morgen früh *early tea?*«

Bernard Miles erklärt: »England erwartet von allen seinen Touristen, daß sie um zehn Uhr abends zu Bett gehen.« Bei den Edinburgher Festspielen können die Mitglieder eines ausländischen Orchesters nach ihrer Arbeit nicht einmal ein bescheidenes Glas Bier erhalten.

Aber wir sind nicht das einzige Land mit seltsamen Bräuchen. Als ich in Australien an einem meiner wenigen freien Abende in meinem Hotel in Adelaide mein Abendessen verzehrte, machte mich der Kellner darauf aufmerksam, daß ich meinen Wein bis 19 Uhr 45 ausgetrunken haben müsse, sonst würde er vom Tisch abgetragen werden. In einem kanadischen Zug bestellte ich mir, in einem bequemen Sessel sitzend, einen Dry Martini. Das Getränk war so erfrischend, daß ich später den Kellner bat, mir nochmals dasselbe zu bringen. Doch dieser Wunsch konnte nicht mehr erfüllt werden, denn wir waren inzwischen von Ontario nach Quebec gelangt, und ausgerechnet dieser Wagen hatte keine Lizenz, in Quebec Alkohol auszuschenken. Wenn ich jedoch in den nächsten Waggon übersiedeln wolle, würde meine Bestellung ausgeführt werden.

Sogar in Frankreich, diesem wunderbaren Reiseland, kann es gelegentlich einen Haken geben, natürlich nicht, was Essen und Trinken betrifft. Enid und ich reisten von Spanien dreieinhalb Tage lang zu Festspielen nach Frankreich. Bei unserer Ankunft im Hotel zeigte man uns die für uns bestimmten Zimmer, aber ich verlangte ein Zimmer mit Bad, wie ich es bestellt hatte. Man bedauerte, daß ein solches nicht mehr frei sei. Deshalb bat ich, mir in einem Badezimmer durch das Zimmermädchen ein Bad bereiten zu lassen. *»C'est très difficile«*, bekam ich zur Antwort, und kurz und gut, ich war gezwungen, mich, vor dem Lavabo stehend, so gut es ging, von oben bis unten zu waschen. Der Name dieser Karawanserei lautete: *»Grand Hôtel des Bains«!*

Während der Eisenbahnfahrt ziehe ich die Gesellschaft meiner Bücher und Zeitungen dem Geschwätz mit einer neuen Bekanntschaft vor, aber nichts kann aufregender sein als die zufällige Begegnung mit einem alten Freund. Mein Nachtzug von Dallas (Texas) nach Indianapolis hielt drei Stunden lang in St. Louis (Missouri). Es war Zeit zum Frühstück, und ich nahm es im Bahnhofrestaurant ein. Zu meiner großen Freude bemerkte ich Benno Moiseiwitsch, den ich seit zwei Jahren nicht gesehen hatte, an einem der Tische sitzen. Unbeobachtet trat ich hinter ihn und beklagte mich laut, daß ich auf diesen speziellen Tisch schon lange warte und wann er endlich im Sinne habe aufzustehen? Ohne zu wissen, wer zu ihm sprach, wandte er sich um (was für ein guter Pokerspieler er doch ist!) und erwiderte – dabei verzog er keine Miene –, er denke gar nicht daran, sich meinetwegen mit seiner Mahlzeit zu beeilen. Wir stritten heftig, und sein Gefährte am Tisch, der Klavierstimmer, war überzeugt, daß es zu Tätlichkeiten kommen werde. Das Gesicht, das er machte, als Benno und ich unvermittelt in Lachen ausbrachen, war zu komisch. Wie sich herausstellte, kam Benno von Houston und unsere Waggons waren während der Nacht zusammengehängt worden. Als der Zug St. Louis verließ, reisten wir im Club Car zusammen weiter und spielten Gin-Rummy. Benno bestand darauf, daß der Klavierstimmer, mit dem er sonst häufig spielte, danebensitze und zuschaue, damit auch er lerne, zu ziehen, abzuwerfen, zu kombinieren. Ich hatte gefürchtet, der Unterricht werde mich teuer zu stehen kommen, denn ich spiele dieses Spiel sehr mittelmäßig. Aber es war Benno, der Lehrer, der viele Dollar an den Schüler bezahlte. Für meine Gesuche um weitere Unterrichtsstunden hat Benno aber nun taube Ohren.

War es die Begegnung mit Moiseiwitsch, die mir zu Kopf gestiegen war, oder das allzuviele Gin-Rummy-Spielen? Als ich in Indianapolis ausstieg und Benno nachwinkte, fühlte ich mich ein wenig betäubt und beschloß, früh zu Bett zu gehen, da ich am folgenden Tag um zwölf Uhr meinen Vortrag zu halten hatte. Während der Nacht wurde ich von Zechbrüdern im Nachbarzimmer sehr gestört, wachte am nächsten Morgen nicht gerade guter Laune auf und bestellte mir mein Frühstück aufs Zimmer. Kaum hatte ich Zeit, eine kalte und warme Dusche zu nehmen, als schon ein schlaksiger Jüngling mit dem Frühstückstablett erschien. Dieses sollte man immer kontrollieren, denn die Kellner vergessen oft mit machiavellischer List die wichtigsten Dinge. Mir hatte dieser Bursche keine Löffel gebracht, und ich wußte nicht, wie ich ohne solche eine halbe Grapefruit und weiche Eier verzehren oder meinen Kaffee umrühren sollte. Ich läutete dem Zimmer-Service und wartete zehn Minuten, bis endlich ein zweiter Mensch erschien, seine riesige Hand voller Löffel, die er mit Geklapper auf mein Tablett streute. »Genug Löffel, Herr?« fragte er spöttisch. Nun verstehen meine amerikanischen Freunde zwar meisterhaft, mit der Gabel umzugehen und entschuldigen sich, wenn sie ein Messer benützen, aber sogar sie brauchen gelegentlich einen Löffel. Dies schien gerade eine solche Gelegenheit zu sein, und ich versuchte es dem Kellner zu erklären – aber er war weg, bevor ich meine Gründe vorbringen konnte. Nachdem ich meine kalten Eier gegessen, meinen lauwarmen Kaffee getrunken hatte und dabei war, mich zu rasieren, klopfte es. Da stand der erste schlaksige Jüngling und hielt in der Hand eine ganze Sammlung glänzender Löffel in allen Größen. »Was?« sagte er und lachte schallend, als er die Reste meines Frühstücks betrachtete, »Sie hatten ja schon die ganze Zeit Löffel!« – »Zum Teufel, machen Sie, daß Sie rauskommen«, schnauzte ich ihn an.

Ich flog weiter nach Toronto und verbrachte den Rest des Tages mit meinem Bruder, dem ich meine Abenteuer von Indianapolis erzählte. Er meinte, mit mir zu reisen, müsse bitter sein.

Mein riesenlanger Freund Bruce Boyce sagte im Vertrauen zu mir: »Ihr Engländer seid komische Leute.« Er findet unsere Züge nach den geräumigen Pullman-Wagen in Amerika und Kanada sehr klein und muß mit gebeugtem Haupt durch die schwankenden Gänge gehen. Hier kann ich ein Zitat von Tennyson mißbrauchen und sagen: »Aber einmal, nur einmal erhob er seine Augen«, und »plötzlich süß und sonderbar« stieß er seinen Schädel heftig an den Türpfosten des Speisewagens. Halb bewußtlos sank er in die Knie, riß sich aber zusammen und stolperte in sein Abteil zurück – mit einer bösen Stirnwunde und blutüberströmtem Gesicht. »Und was taten meine Mitreisenden? Sie zeigten keinerlei Anteilnahme und nicht das geringste Interesse. Im Gegenteil! Sie wandten ihre Augen ab und vergruben ihre Nasen in Bücher und Zeitungen, wenn sie welche vor sich hatten. Ja, Ihr Engländer seid eine merkwürdige Gesellschaft.« Ich versuchte Boyce zu erklären, wie vollkommen normal dieses Benehmen war. Die Leute sahen einen Riesenkerl, dem Blut aus einer Wunde floß, und hielten ihn selbstverständlich für einen Gangster oder Hitzkopf, von dem man sich so fern als möglich halten sollte.

Wenn ich an Ozeandampfer denke, schaudert es mich. In meiner Jugend fuhr ich häufig und mit Vergnügen per Schiff über das Meer, aber inzwischen haben sich meine Gefühle gewandelt. Jetzt finde ich Schiffsreisen langweilig und fühle mich an Bord nicht glücklich. Mit großem Unbehagen erinnere ich mich daran, wie unser Kursdampfer, als wir von Brüssel heimkehrten, um drei Uhr nachmittags Ostende verlassen hatte, vom Sturm in Rekordzeit über den Kanal getrieben wurde, aber infolge des hohen Wellengangs den Hafen von Dover nicht anlaufen durfte. Nicht, daß ich es selbst gesehen hätte – ich hielt *unten* im Schiff Wache. Schließlich wurden wir dann, mehr tot als lebendig, in Newhaven an Land geworfen – nach vierundzwanzig Stunden auf dem Wasser.

Wenn Flugzeuge am Boden festgehalten werden, so geschieht es wegen schlechten Wetters, und wenn dies in unserem vom Meer umspülten Lande passiert, dann nimmt man eben als Ersatz ein Schiff. Unter solchen Umständen machte ich eine Reise nach Dublin. Um Mitternacht im Hafen von Holyhead angekommen, ging ich direkt an Bord und in meine Kabine, schlüpfte ins Bett und läutete dem Steward. Ich bestellte zwei große Whisky und gab Auftrag, mich um sieben Uhr früh mit einer Tasse Tee zu wecken. Die Whisky mit einem Aspirin zusammen bewirkten, daß ich sofort einschlief. »Dies ist die beste Art, die Irische See zu überqueren«, sagte ich zum Steward, als er mir am Morgen meinen Tee brachte. »Ich schlief ungestört die ganze Nacht hindurch, ohne irgendeinen herumwerfenden, schüttelnden *Rock'n Roll* zu verspüren.« »O nein, Herr«, antwortete er, »Sie hätten keinerlei Bewegung spüren können, wir sind noch gar nicht abgefahren, die See war zu stürmisch, wissen Sie.«

Ich erzählte Enid, die noch nie auf einem großen Dampfer, sondern immer nur per Flugzeug gereist war, begeistert von der himmlischen Zeit, die ich als junger Mann an Bord von Schiffen verlebt hatte, insbesondere von einer sonnigen Reise nach Cape Town – »siebzehn Tage in einem Paradies!« Also beschlossen wir eines Jahres, per Schiff nach Amerika zu fahren. Der Zeitpunkt unserer Reise fiel genau auf die Tag- und Nachtgleiche. Steife Brisen, Regenstürme, Wellengebirge und dazu noch Nebel waren unsere ständigen Begleiter. Und bei Nebel ertönte natürlich die unheilverkündende Sirene. Würden Sie gern vor dem Frühstück einen Spaziergang auf dem Deck machen, um die würzige Meeresluft einzuatmen? Das Deck ist wegen der riesigen Wellen mit dickem Glas verschalt, und was man einatmet, ist nichts als heiße Luft. Der Mersey- und der Hudsonfluß sind ganz angenehm, aber auf der Strecke blauen Wassers dazwischen wird einem übel. Ralph und Ursula Vaughan Williams waren unsere Reisegefährten, und wenn wir uns beim Cocktail trafen, tauschten wir mit Ursula drastische Vertraulichkeiten über unsere Krankheitssymptome aus. V.W. selbst ist ein Löwe, der keine Mahlzeit versäumte. Was mich betrifft, so bin ich durchaus glücklich, am Oberlauf der Themse einen Kahn zu rudern, aber die Leidenschaft Joseph Conrad's für »die sieben Meere« läßt mich kalt, und ich verspüre auch keine Lust, der Aufforderung John Masefield's zu folgen, diese Meere nochmals zu bereisen. Nicht alle großen Schriftsteller haben für nautische Angelegenheiten die gleichen Gefühle. Für die Moore's jedenfalls ist der Atlantik eine Niete.

Ich bin ganz sicher, daß Eugene Ysaye gar nicht an der Seekrankheit zu leiden hatte, doch machte auch er seine Erfahrungen damit. Eines Vormittags befand er sich in Gesellschaft des Pianisten Raoul Pugno in Torquay (Devon). Ysaye, der schon früher einmal dort gewesen war, wollte mit seinen Ortskenntnissen glänzen und führte seinen Freund in ein Wirtshaus, wo er zwei Maß Most bestellte. Darauf revanchierte sich Pugno mit Gleichem und dann begaben sich die beiden in ihr Hotel zum Mittagessen. Es war ein reichliches Mahl, denn sie waren kräftige Männer; der Pianist dachte, das Essen wäre beendet, als Ysaye sagte: »Jetzt kommt eine wundervolle Überraschung. *Garçon*, bringen Sie die *devonshire cream*«. Eine große Schüssel wurde gebracht und in die Mitte des Tisches gestellt, aber Ysaye packte sie, stellte sie vor seinen Platz und befahl dem erstaunten Kellner mit Würde: »Und noch eine Schüssel für meinen Freund.« Die beiden verzehrten ihre *crème – nature* – mit dem Suppenlöffel. Das Konzert mußte abgesagt werden. *Devonshire cream* und Most sind wohl beides Spezialitäten von Devon, aber zusammen in einem Magen vertragen sie sich nicht gut.

Australien

Erst als ich mich zum Schreiben dieses Kapitels hinsetzte, stellte ich mir die Frage, warum mich wohl meine Tournee in Australien im Jahre 1953 so sehr erschöpft hat.

Ich finde es immer lächerlich, wenn mir ein Musiker traurigen Angesichts und mit der Miene eines Märtyrers, der sein Leben dem unersättlichen Publikum opfert, erzählt, er habe einen schrecklichen Monat mit sechsundzwanzig Konzerten hinter sich. Kein Künstler braucht in Wirklichkeit mehr Arbeit anzunehmen, als ihm paßt; das habe ich allmählich herausgefunden. Wenn ich also hier feststelle, daß ich während der neunundvierzig Tage meines Aufenthaltes in Australien einundvierzigmal aufgetreten bin, rühme ich mich dessen nicht, sondern gestehe es mit einigen Selbstvorwürfen.

Ich war für sechzehn Lieder-Abende mit Irmgard Seefried engagiert (einschließlich zweier gemeinsamer Konzerte mit ihrem Gatten, dem Geiger Wolfgang Schneiderhan) und für eine Reihe von Vorträgen mit Musik. Zusätzlich war ich verpflichtet, vier oder fünf »Lehnstuhl-Plaudereien« zu halten. Da das Monstrum Television damals Australien noch nicht angesteckt hatte, wurden meine Plaudereien über das Radio gesendet – alles war so bequem und so gemütlich. Bezüglich des Inhalts der Gespräche hatte ich keine genauen Anweisungen erhalten, doch war ich sicher, das Thema werde »Musik« heißen, und dementsprechend vorbereitet. Zu meiner Bestürzung erfuhr ich in Sydney, man habe ein viel allgemeineres Thema erwartet: Klatsch, Unterhaltung. Meine Manuskripte mußten neu verfaßt werden. Das Ausdenken und die Niederschrift eines Vortrags von zwanzig Minuten nimmt sehr viel Zeit in Anspruch, und es wäre klug von mir gewesen, darauf zu bestehen, daß ich meine ursprünglichen Entwürfe verwenden dürfe, oder das Ganze abzusagen. Statt dessen bemühte ich mich, gefällig zu sein, und verfaßte neue Manuskripte. Die einzigen Stunden, die mir dafür übrigblieben, hatte ich spät nachts, denn die Tage waren restlos ausgefüllt. Daß ich diesen Manuskripten gestattete, in meinem Kopf so überwältigende Formen anzunehmen, und mich damit so sehr belastete, war gewiß ein Zeichen meiner geistigen Erschöpfung. Ich sehe auch in meinem Terminkalender, daß das Jahr vorher ganz ausgefüllt gewesen war und ich – außer einem kurzen Urlaub von zwei Wochen in Italien – keine Zeit für Ruhe oder Erholung gehabt hatte.

»Drei Eigenschaften sind für einen Berufsmusiker wesentlich«, pflegte mein Freund Mark Hambourg zu sagen, »die erste ist eine gute Gesundheit, und die beiden andern sind dasselbe.« Die meisten Künstler verfügen über genügend Spannkraft; sie verausgaben sich, bis sie nicht widerstandsfähiger sind als ein Stück Löschpapier, aber nach einer Nacht guten Schlafes erheben sie sich und sind geistig und körperlich wieder völlig frisch. Glücklicherweise besitze auch ich diese Fähigkeit, deshalb unternahm ich die Tournee dort hinunter mit gespannten Erwartungen und zuckte die Achseln über jedes Gefühl von Müdigkeit, sofern es mir überhaupt bewußt wurde.

Ich hatte England am Ende eines bitterkalten Februars verlassen und befand mich vier Tage später in Sydney, wo mir, als ich aus dem Flugzeug stieg, eine Hitze von hundert Grad Fahrenheit ins Gesicht schlug. Während drei Wochen schlief ich durchschnittlich nicht mehr als ein paar Stunden pro Nacht. Ich schreibe jedoch meine Schlaflosigkeit nicht dem plötzlichen Wechsel von Kälte und Hitze zu – in England ist man ja daran gewöhnt, ständig allen möglichen Arten von Wetterlaunen ausgesetzt zu sein –, sondern eher meiner Plage mit diesen reizenden und verwünschten »Lehnstuhl-Plaudereien«. Und wenn manche Leute mir etwas über verschiedene Känguruh- und Bärengattungen mit merkwürdigen Namen sagen, halte ich es für unsinniges Zeug, denn niemals habe ich eines dieser Tiere gesehen – ich hatte zuviel zu tun.

Das australische Publikum ist wunderbar. Die riesigen Stadtsäle in Sydney, Melbourne, Brisbane, Adelaide waren überfüllt mit interessierten, begeisterten Zuhörern, wann immer Irmgard Seefried sang, und in jeder dieser Städte gab sie vier oder mehr Lieder-Abende mit verschiedenen Programmen.

Irmgard Seefried stand damals auf dem Höhepunkt ihres Könnens. Sie erinnerte in ihrem Gesang ein wenig an Elisabeth Schumann (zweifellos hatte Elisabeth, als sie die junge Sopranistin zum erstenmal in New York hörte, das auch erkannt), und damit eroberte sie sich die Herzen aller Zuhörer. Ich finde es bedauerlich, daß Irmgard jetzt ihre Gesangsmethode änderte. Im Bestreben, das Volumen ihrer Stimme zu vergrößern, hat sie in ihrem Ton an Qualität verloren. Doch davon war im Jahre 1953 noch nichts zu bemerken, und sie hatte ungeheuren Erfolg. Ihre Munterkeit und Lebensfreude bezauberten alle, und wir hatten größten Spaß daran, miteinander herumzureisen. Sie hatte zwischen den Konzerten reichlich Zeit zur Erholung und wurde beim Baden im Meer braun wie eine Mulattin, während ich beim Schwitzen über meinen Manuskripten bleich und bleicher wurde.

Unter der Leitung der Australian Broadcasting Company wurde gewöhnlich eine halbe Stunde jedes öffentlichen Konzerts im Radio übertragen. Für die Lieder-Abende Irmgard Seefrieds stellte dies kein Problem dar, denn wir hatten sechs bis sieben vorbereitete Programme zur Hand, aber mit meinen musikalischen Vorträgen geriet ich dadurch in Verlegenheit. Wie der große Clown Grock, der immer nur eine einzige Nummer hatte – allerdings ein Meisterstück –, verfügte auch ich nur über ein Programm. Heute habe ich wohl stets fünf bis sechs Vorträge bereit, aber damals war ich nicht so vielseitig. Nachdem ich in Melbourne meine ganze Weisheit von mir gegeben hatte, mußte ich am nächsten Tag bei meiner Ankunft in Ballarat vernehmen, daß man dort die Rundfunk-Übertragung meines gestrigen Vortrags aus Melbourne gehört habe und hoffe, ich werde heute abend etwas völlig Neues bringen. Man kam bald darauf, daß es sich bei allen meinen zweifellos glänzenden Vorlesungen, die in der Presse ausgezeichnete Kritiken erhielten (und ich muß gestehen, keine davon war übertrieben), immer um ein und denselben Vortrag handelte. Die Liebenswürdigen der Kritiker erklärten, mein Thema sei so großartig, daß meine Ausführungen – zum Nutzen eines jeden – viele Male gehört werden könnten, doch es gab andere, die mich als das A. B. C.-Problemkind bezeichneten. Aber zu diesem Zeitpunkt war ich nicht mehr imstande, mich darüber aufzuregen – ich war zu müde, es überhaupt zu beachten.

Zu meinen glücklichsten Erinnerungen gehören meine Vorträge für Kinder. Ihre Aufmerksamkeit und ihr schnelles Reagieren, ihr Lachen wirkte so anregend. Mein erstes Auftreten in Australien fand in der Sydney Town Hall statt – vor dreitausend Kindern.

Aber wenn man zu Knaben und Mädchen spricht, muß man auf der Hut sein, denn diese jungen Menschen lassen sich nichts vormachen. Ich habe gesehen, wie erwachsene Zuhörer in fassungslose Begeisterung gerieten über einen Künstler, der sie zum besten hielt und nachlässig und unmusikalisch spielte. Die Leute ließen sich durch sein Getue, seine Mätzchen und seine einstudierte Überlegenheit fangen. Bei einer jugendlichen Zuhörerschaft hätte er damit nichts erreicht. Die Rektorin einer großen englischen Mädchenschule erzählte mir einmal von der Begeisterung ihrer Schülerinnen für eine junge Geigerin und wie sehr die Mädchen darum baten, daß diese Künstlerin im nächsten Jahr wieder engagiert werde. Die junge Dame war inzwischen in Warschau, Wien, Paris und Berlin aufgetreten und hatte überall viel Beifall geerntet. Die Erfolge waren ihr zu Kopf gestiegen und sie war eine recht affektierte Person geworden. Als sie zum Schauplatz ihrer früheren Siege zurückkehrte, wirkte ihre Hochnäsigkeit und Geziertheit abstoßend auf die jungen Mädchen, die gegen sie eine instinktive Abneigung entwickelten. Kinder entdecken Ziererei und Unechtheit sehr rasch und empfinden es unangenehm, herablassend behandelt zu werden; sie verlieren ihr Interesse, sobald sie die geringste Unaufrichtigkeit spüren.

Ganz demütig kann ich sagen, daß mir meine Erfahrungen mit den jungen Australiern außerordentlich gut taten. Ich bin ihnen sehr dankbar und, nebenbei bemerkt, auch meinem Freund Harold Williams, dem berühmten Bartion, der in Sydney bei meinem ersten Vortrag – da er meine Skrupel kannte – auftauchte, um mich »auf das Podium hinaufzustoßen«.

Der anstrengende Zeitplan, den man für mich ausgearbeitet hatte, wäre unmöglich einzuhalten gewesen ohne die hervorragende Organisation, ja wirkliche Fürsorge um mich, von seiten der A.B.C. Die Anordnungen waren so vollständig, daß mir sogar alle Korrespondenz abgenommen wurde – allerdings wurden die Briefe an meine Frau von ihrem Gatten persönlich geschrieben. Ich hätte jedoch nicht einmal den Versuch machen können, den in rauhen Mengen an mich gestellten Anforderungen zu entsprechen; nie hätte ich alle Briefe beantworten oder alle Musikkompositionen lesen können, die mir gesandt wurden. Ein Herr aus dem westlichen Australien schickte mir seine Kompositionen – an die hundert Lieder im Manuskript – mit der Aufforderung, sie zu prüfen und über jedes einzelne Lied eine detaillierte Kritik abzugeben. Er fügte auch in einem Anflug von Edelmut hinzu, daß er »keinerlei Einwendungen erheben« würde, falls es Irmgard Seefried daran gelegen wäre, irgendwelche seiner Lieder öffentlich zu singen.

Der Ausspruch Sir Henry Irving's, »ich bin der untertänigste Diener meines Publikums«, ist eine Binsenwahrheit, die wir in Australien gehörig zu spüren bekamen. Irmgard Seefried und ich saßen nach jedem Konzert an einem Tisch, und eine lange Schlange Hunderter von Autogrammjägern spazierte – unter Polizeibewachung – langsam an uns vorüber. Damit mußte man rechnen, und es gab kein Entrinnen. Und doch, so widerspruchsvoll zeigt sich der menschliche Charakter: als eine Dame, nachdem sie Irmgard's Unterschrift erhalten, an mir vorbeischwebte, ohne auch die meine zu verlangen, fühlte ich mich gekränkt.

Es wäre eine eitle und falsche Behauptung, daß vor meinem Wirken von den Begleitern kaum Notiz genommen wurde, doch es käme der Wahrheit schon näher, zu sagen, daß von keinem Begleiter vorher so viel Aufhebens in der Öffentlichkeit gemacht wurde. Die australischen Zeitungen waren voll mit Bildern von mir, Artikeln über mich, und meine Schallplatten wurden morgens, mittags und abends vom Rundfunk gesendet. Ein Unbekannter rief mich in meinem Hotel an und sagte mir, ich solle mich schämen, denn jedermann habe es bereits satt, mein Bild zu sehen und meinen Namen zu hören. Ich fragte ihn sehr duldsam, was ich seiner Meinung nach dagegen tun solle und ob es nicht klüger von ihm wäre, die Beschwerde bei der richtigen Stelle, nämlich bei der A. B. C., anzubringen. Es scheint, daß diese für den Begleiter aufgezogene Propaganda in einigen Gemütern Unwillen erregte, wenn auch kein Mensch seine Laune an Irmgard Seefried ausließ, von der alles, was sie tat, auf den Titelblättern der Zeitungen gebracht wurde.

Im allgemeinen nahm ich eine derartige Episode, und es gab deren mehrere, sehr gleichgültig hin, denn meiner Gewohnheit gemäß benehme ich mich im Ausland immer so zuvorkommend als möglich. Der Leser erinnert sich vielleicht noch an ein früheres Kapitel, in dem ich erzählte, daß ich dem australischen Taxi-Chauffeur nichts erwiderte, als er mir seine Weltanschauung kundtat mit den Worten: »Wenn ich Winston Churchill wäre ...«

Sir Thomas Beecham wäre bei einem solchen Angriff gewiß nicht ruhig geblieben. Als ihn einmal ein Reporter fragte, was er von der Brücke über den Hafen von Sydney halte, antwortete er: »Sie ist viel zu lang, man sollte sie entfernen.« So etwas schluckten die Australier nicht gern.

Aber sie rächten sich. Als ein anderer Journalist, anläßlich eines Interviews mit dem großen Mann, eine glänzend vorbereitete Rede über die Geschichte der englischen Musik von Purcell bis Britten zu hören bekam, gab er dem von ihm verfaßten Zeitungsartikel den Titel: »Berühmter Dirigent trägt Knopfstiefel«. Dies schluckte Sir Thomas nicht gern.

Wenn ich auch von Natur aus träge bin, gelingt es mir doch immer, mich zu anstrengender Arbeit aufzuraffen, von der ich weiß, daß sie gemacht werden muß. In der Vergangenheit hatte ich physische und geistige Anstrengungen ohne Schaden überstanden, doch am Ende meiner Australien-Tournee befand ich mich in einem Zustand völliger Erschöpfung. Als man mich zum Flughafen fuhr, war ich derart erkältet, daß ich wußte, ich gehörte ins Bett. »Es macht nichts, wenn *du* dich erkältest, du bist ja kein Sänger«, sagte man zu mir. Das mag vielleicht stimmen, aber ich war nachher fast zwei Monate lang auf einem Ohr beinahe taub.

Ich verließ Sydney an einem Sonnabend und kam am Sonntag in Honolulu an, wo das Flugzeug kontrolliert und überholt wurde. Wir hatten einen achtstündigen Aufenthalt, und die Fluggesellschaft stellte drei anderen Herren und mir ein *penthouse* in einem der modernen Luxus-Hotels am Strand zur Verfügung. Jene drei Männer bildeten ein vornehm wirkendes Trio; alle waren weißhaarig, einer davon ein Richter, einer ein Spezialist aus der Harley Street und der dritte ein amerikanischer Wissenschaftler. Wir aßen zusammen, und mir wurde bewußt, daß wir uns auf amerikanischem Boden befanden, als die hübsche hawaiische Kellnerin – nachdem sie uns erlaubt hatte, die Speisekarte ein paar Minuten lang zu studieren – mit den Worten zu uns trat: »Nun, Kinder, habt ihr euch entschieden?«

Wir verließen Honolulu Sonntag nachts und kamen in San Francisco Sonntag morgens an – eine Merkwürdigkeit, die ich nie verstanden habe –, und da stand Solomon am Flughafen, um mich zu erwarten.

Am Montagabend traf ich meinen Bruder Trevor; dieser erzählt gern seinen Freunden, wie er mich damals in den *Twenty One Club* mitnahm und ich nach wenigen Minuten schon in Wut geriet. Wir sprachen von unserem letzten Zusammensein vor vier Jahren, wobei mir wieder die Runde Golf einfiel, die ich damals mit Trevor, seinem Sohn Davis und Chris Dobson gespielt hatte und bei der ich den großartigsten Schlag meines Lebens ausführte. Die Teilstrecke, auf der dies geschah, war lang und schwierig gewesen – der Ball mußte innerhalb einer Fläche von etwa sieben Quadratmetern aufschlagen, um möglichst günstig zu liegen zu kommen; von dort, falls er genügend Schwung hatte, rollte er einen sanften Hügel hinunter und eröffnete dem Spieler die wertvolle Gelegenheit, auf einen Rasen, der von zwei Flüssen begrenzt war, zu gelangen. Als ich meinen schönen neuen weißen Ball über den Hang hinunterrollen sah, durchbebte mich ein schier unbeschreiblicher Freudentaumel. Da die andern drei ganz schlechte Schläge ausführten, mußten wir ihre Bälle im

Dickicht suchen, und ich brauchte gute zehn Minuten, um auf den Hügel zu gelangen. Ich blickte hinunter – mein Ball war weg. In der Ferne sah ich dann einige Lausbuben damit Fangen spielen, und sie jauchzten mir zu; ihr Vergnügen wurde durch mein zornrotes Gesicht und meine heiser ausgestoßenen Verwünschungen noch gesteigert. Ich fuchtelte drohend mit meinem Golfschläger in ihre Richtung, doch dies schien sie über alle Maßen zu belustigen. Ich ergriff einen andern Ball, aber diesmal sandte ich ihn in den Fluß, und mit dem nächsten passierte mir dasselbe. Glücklicherweise waren die diebischen Rangen zu weit entfernt, um mich zu beobachten, sonst wären sie in ein Jubelgeheul ausgebrochen. Als mich mein Bruder Trevor vier Jahre nachher an all dies erinnerte, wurde ich fuchsteufelswild; doch so nett er ist, er begriff nicht, warum ich es so wichtig nahm, und riet mir nur, noch etwas zu trinken und zu Bett zu gehen, da ich offensichtlich sehr müde sei.

Wir befanden uns im *Coronation*-Jahr. Vor meiner Abreise nach Australien hatte ich an Sir William McKie, den Organisten und Chormeister der Westminster Abbey, geschrieben und angefragt, ob ich in dem für den großen Anlaß verstärkten Chor mitwirken dürfe; Enid sandte mir ein Telegramm nach Melbourne mit der Nachricht, daß ich eine offizielle Einladung erhalten hatte.

Vorher hatte mir George Baker gesagt, ich müsse Himmel und Erde in Bewegung setzen, um, wenn irgendwie möglich, in den Chor hineinzukommen: »Du wirst, so Gott will, nie mehr eine andere Krönung sehen, und der prächtige, prunkvolle Aufzug wird dir ewig in Erinnerung bleiben.«

Kein Chormitglied erhielt die Zutrittskarte zur Krönungsfeier, wenn aus seiner Probenkarte nicht ersichtlich war, daß er jeder einzelnen Chorübung beigewohnt hatte. Es fanden drei Proben mit Orgel in der Kirche von St. Margaret und drei weitere mit vollem Orchester in der Abbey selbst statt.

Zum erstenmal, seit ich als Knabe in der St. Thomas-Kirche in Toronto gesungen hatte, stand ich wieder in einem Chor, mitten unter einigen der besten Bassisten unseres Landes. Meine Stimme, die – so merkwürdig es scheinen mag – kein Sopran mehr ist, kann eher ein »blökender« als ein vibrierender Baß genannt werden. Neben so kraftvollen Sängern wie Norman Allin, Robert Easton, Owen Branigan, Norman Walker konnte man meine Mitwirkung kaum überwältigend nennen, aber jetzt war ich – komme, was da wolle – für eine gewisse Zeit ein Sänger und lehnte jedes mir angebotene Engagement zum Klavierspielen einfach ab.

Es war im drückendheißen Juni, unterbrochen von Regenschauern und eisigem Wind, als sich am Krönungstag um sieben Uhr dreißig der Chor im Kreuzgang der Abbey versammelte. Unter meiner dünnen, für diesen Anlaß ausgeliehenen Soutane – die Taschen, wie mir empfohlen worden, mit Rosinen und Schokolade vollgestopft, um mich bei Kräften zu erhalten – zitterte ich vor Kälte. Wir Statisten wurden hoch oben ins Gebälk gesetzt und hatten die Aussicht aus der Vogelperspektive. Schulter an Schulter waren wir eng zusammengedrängt, und jetzt war mir nicht mehr kalt, sondern es wurde mir, im Gegenteil, schrecklich heiß. Außerdem hatte ich beim Sitzen auf der harten Bank so wenig Platz für meine Knie, daß ich das Aufstehen zum Singen als Erleichterung empfand; dabei aber war wegen der vor uns stehenden Kirchenstühle der Raum so eng, daß ich es schwer hatte, meine Füße richtig auf den Fußboden zu stellen, und der vorstehende Teil meines eigenen Holzsitzes hinderte mich daran, meine Knie zu strecken. Daher fand ich es ausgesprochen angenehm, wieder zu sitzen. Fünf Stunden lang befand ich mich in einem Zustand ständigen Verlangens, entweder aufzustehen oder mich zu setzen.

Man hatte mir schon vorausgesagt, daß der Anblick des Prunkaufzugs und der glänzenden Feierlichkeiten überwältigend sein würde, aber auf meine eigene tiefe Bewegung war ich nicht vorbereitet gewesen. Die funkelnden Fanfaren, der ungeheure Klangkörper der Stimmen, all das war dazu angetan, mich zutiefst zu rühren. Der Anblick, wie unsere junge und schöne Königin in ihren prächtigen Gewändern langsam zum Altar schritt, wird mir unvergeßlich bleiben. Ihr Eintritt in die Abbey war für uns das Zeichen, den 122. Psalm in der Bearbeitung von Parry zu singen: *»I was glad when they said unto me, we will go into the House of the Lord«* (»Ich freue mich des, daß mir geredet ist, daß wir werden ins Haus des Herrn gehen«); ich sang mir das Herz aus dem Leibe, und die Tränen rieselten mir dabei über die Wangen.

Während des ganzen Gottesdienstes brauchte ich mein Taschentuch.

Zu jener Zeit war ich körperlich gar nicht gut dran und schreibe dies den anstrengenden Tagen und schlaflosen Nächten in Australien sowie den Reisen hin und zurück zu. Jedenfalls fühlte ich mich erschöpft, als der Chor seinen »Hochsitz« verlassen durfte, hatte Kopfschmerzen, Fieber und war in Schweiß gebadet. Ich traf meine Freunde George Baker und Parry Jones im *Chapter House,* wo es Erfrischungen gab. Aber ich verschwand bald von der Bildfläche und machte mich unter großen Schwierigkeiten durch die Menge und bei unaufhörlichem Regen auf den Heimweg. Ich war überzeugt, mir eine Lungenentzündung geholt zu haben, und ging zu Hause sofort ins Bett mit heißen Wärmflaschen und zusätzlichen Decken.

Hier fand mich Enid viele Stunden später in Morpheus' Armen. Sie war durch ganz London gefahren, um die Krönungsfeierlichkeiten bei ihrem Vater im Fernsehen anzuschauen.

Aber ich hatte keine Lungenentzündung. Enid hat sie mir ausgeredet.

Abgesehen von gelegentlichen Auslands-Engagements und hie und da einer Tournee verlief mein Leben vor 1939 in ziemlich geordneten Bahnen. Ich saß in London wie eine Spinne, die auf Fliegen wartete, welche in mein Studio kommen sollten. Einige davon waren, wie ich erzählte, sehr berühmte Fliegen.

Nach dem Krieg bekam ich jedoch mehr und mehr Einladungen nach dem Kontinent, und es war aufregend für mich zu erkennen, daß ich mir – zweifellos durch die vielen Schallplatten – in Paris, Berlin, München und Wien einen gewissen Ruf erworben hatte. Von da an veränderte sich meine Lebensweise ganz erheblich. Der Ehrgeiz, den ich in der Jugend besaß, meinen Namen so oft als möglich in den Konzertnachrichten von ›The Times‹ und vom ›Daily Telegraph‹ zu lesen, ist erloschen, denn da ich nun mein halbes Leben außerhalb Englands zubringe, trete ich in London entsprechend seltener auf. Dies tut mir sehr gut, weil es meinen Horizont erweitert und mich aus einer gewissen Routine herausholt, die leicht monoton werden könnte. Auch den Londoner Kritikern ist dies bekömmlich, denn sie sind meines Anblicks gewiß längst überdrüssig. Sogar wenn ich für Konzerte in London verfügbar bin, kann ich mir – in meinem Alter und meiner Stellung – erlauben, die Engagements auszuwählen; am Debüt irgendeines jungen Unbekannten in der Wigmore Hall habe ich jetzt kein Interesse mehr.

Dies ist aber nicht etwa eine hochmütige Einstellung, sondern einfach gesunder Menschenverstand. Da mir meine Konzerte nun genug einbringen, darf ich mir den Luxus gestatten, Engagements, die mich nicht interessieren, abzulehnen – vielleicht um mir eine lange, ermüdende Reise zu ersparen oder um meinen Terminkalender nicht zu überfüllen. Jetzt habe ich mehr Muße zum Nachdenken und Studieren, mehr Zeit, meine Konzerte vorzubereiten. Ich habe aber auch, weiß Gott, anscheinend mehr Zeit als je zuvor nötig; ich brauche länger zum Lernen und zur inneren Verarbeitung des Gelernten. Zeit ist für mich unendlich kostbar, und ich habe zuwenig, um sie samt meinen Kräften an vielleicht aussichtslose Dinge zu verzetteln.

Aber ich behaupte nicht, ein höheres Wesen geworden oder der Wigmore Hall entwachsen zu sein. Ich liebe diesen Saal immer noch und finde ihn für intime Konzerte nach wie vor ideal. Wenn glänzende junge Künstler wie die Sänger Hermann Prey und Donald Bell oder der Geiger Eric Friedman mich bitten, sie zu begleiten, tue ich alles, was ich kann, um mich für sie frei zu machen.

Die Tatsache, daß mit der Arbeit des Begleiters große Anstrengungen verbunden sind, möchte ich hier gerne beweisen. Wenn ich – über die Köpfe deutscher Begleiter hinweg – nach Berlin reise, um Fischer-Dieskau zu begleiten, oder nach Barcelona wegen eines Konzerts mit Victoria de los Angeles, nach Kopenhagen, um mit Aksel Schiötz, nach Athen, um mit Alexandra Trianti zu konzertieren, dann nehme ich große Verantwortungen auf mich. Diese Künstler schätzen mich gewiß hoch ein, wenn sie in ihrem eigenen Vaterland gerade mich als Begleiter wünschen. Sie erwarten von mir hochwertige Leistungen, und ich muß außerordentlich hart arbeiten, um diese zu erreichen.

Man geht auf einem hohen Seil, wenn man öffentlich auftritt. Die Perfektion von Heifetz ist äußerst labil; dies zu verstehen, kann man vom Laien nicht verlangen. Ebensowenig wird er begreifen, wieso Casals, dieser wundervolle Mensch, als er ausglitt und sich die Hand verletzte, ausrief: »Gut so, ich werde nie wieder Cello spielen können.« Ganz bestimmt dankte Casals Gott, als seine Hand wieder in Ordnung war, doch seine unmittelbare Reaktion beim Anblick seiner zerschnittenen Hand war ein Gefühl der Erleichterung.

Meine Arbeit bedeutet mir alles, sie ist eine Frage von Leben oder Tod. Ich bin tatsächlich um meine eigenen Fähigkeiten so besorgt, daß ich die Gemütsbewegung Casals' mitempfinde, wenn auch meine Gefühle nie solche Ausmaße annehmen würden wie die seinen. Ist der Maßstab, den ich angelegt habe, zu hoch? Jedenfalls kann ich mich nicht hinsetzen und zu meinem eigenen Vergnügen Klavier spielen, und ich beneide einige meiner Berufskollegen, die ihren Freunden stundenlang vorspielen können und daran ebensoviel Vergnügen haben wie die Zuhörer. Die Freude an der Arbeit (im Geiste und in der Vorstellung, Farbe und Form zu hören und sich zu bemühen, dies im lebendigen Klang wiederzugeben) ist eine Sache für sich, und das Spielen zu meiner eigenen Erbauung ist etwas anderes. Meiner Grenzen bewußt, kann ich mich ehrlich rühmen, bescheiden zu sein, wenn ich auf meinem Klaviersessel sitze, obwohl meine Hemmungen von einem Psychiater zweifellos als »verdrängte Eitelkeit« gewertet würden.

Aber ich sagte schon früher, daß es leichter ist, zu sprechen als zu spielen, und wenn ich vor ein Publikum trete, um einen Vortrag zu halten, bin ich ein anderer Mensch als der Mann, der sich hinsetzt, um einen Sänger oder einen Geiger zu begleiten. Bei meinen Vorlesungen fühle ich mich entspannt und ganz zu Hause. Das Vortragen bereitet mir ein Extravergnügen. Wenn ich allein aufs Podium trete, bin ich niemandem als mir selbst verpflichtet, und ich schwelge in dem aufregenden Erlebnis, meine Zuhörer gefangenzunehmen, ihre Aufmerksamkeit zu fesseln, Gedanken mit ihnen auszutauschen und sie zum Lachen zu bringen. Ist eine Zuhörerschaft aufgeschlossen und lebhaft, spüre ich eine Welle der Bereitschaft zu mir strömen, und dies gibt mir Kraft und Vertrauen. Solche Gefühle empfinde ich viel deutlicher bei einem Vortrag als bei einem Konzert.

Deshalb freue ich mich auf eine Vortrags-Tournee in Amerika, wenn sie auch lange, ermüdende Reisen mit sich bringt und unmittelbar nach einer anstrengenden Konzert-Saison in Europa stattfindet. Aber während meiner Vortrags-Tournee begleite ich prinzipiell nicht. Amerikanische Künstler – Eleanor Steber, Nan Merriman, Mack Harell – und ebensogute europäische Künstler ehrten mich mit der Aufforderung, während meines Aufenthalts in New York mit ihnen zu arbeiten, aber so sehr es mir leid tut abzulehnen, bleibe ich hart; es bedeutet für mich eine so willkommene Abwechslung, nur Vorträge zu halten und mich von der Konzentration, die das Begleiten erfordert, zu erholen.

Nur zweimal in meinem Leben habe ich in Amerika mit einem Sänger konzertiert: 1926 mit John Coates und dreißig Jahre später mit Dietrich Fischer-Dieskau auf seiner ersten Amerika-Tournee. Doch jetzt kann ich nach Amerika kommen, ohne Proben vereinbaren oder eifrige Korrespondenz über Programme führen zu müssen und habe keine eng aufeinanderfolgenden Verabredungen mehr; aber was mir noch wichtiger ist, ich darf den Deckel meines Flügels weit geöffnet halten. Ich trete auf wie eine Primadonna, und Enid läuft um mich herum, um zu zeigen, was für eine wichtige Persönlichkeit ich bin.

Es war im Jahre 1954, als ich mich auf Drängen von Solomon und anderen Freunden entschloß, in Amerika mein Glück mit einem Vortrag zu versuchen; ich mietete durch die Agentur des Columbia Artists Management die New York Town Hall, um zu sehen, was dabei herauskommt.

Es war ein Erfolg. Es muß wohl einer gewesen sein, denn seither besuche ich die USA alljährlich für eine sechs- bis siebenwöchige Tournee.

Musikmachen wird in Amerika wie ein großes Geschäft behandelt, und im allgemeinen ist der Künstler davon überzeugt, daß sich Reklame dafür lohnt. Musikzeitschriften, die in allen Städten aufliegen, haben enormen Einfluß auf das Publikum. Ein Künstler mit Ehrgeiz wünscht seinen Namen in diesen Zeitschriften erscheinen zu sehen. Nur Paderewski, der allen Versuchen zum Inserieren widerstand, bildete eine Ausnahme; dafür rächte sich eines der Magazine (jetzt existiert dieses Blatt nicht mehr) damit, daß es ihm am Ende seiner Tournee im Jahre 1916 die Titelseite der betreffenden Ausgabe widmete und darauf im Detail jedes einzelne Konzert mit dem Programm, der Stadt und dem Datum anführte. Es waren dreißig oder noch mehr Konzerte gewesen, und die Überschrift in roten Buchstaben lautete: »Die *Vielseitigkeit* von Herrn Paderewski«. Die Programme waren alle vollständig identisch, und darin lag die beabsichtigte Spitze. Doch wozu hätte Paderewski inserieren sollen, da jeder Konzertsaal ausverkauft war? Die Städte, in denen er spielte, waren Hunderte Meilen voneinander entfernt, es bestand keine Notwendigkeit, das Programm zu wechseln, wenn es doch bei jedem Konzert von einem ganz andern Publikum gehört wurde.

Nach meinem Vortrags-Debüt schlugen mir meine Agenten vor, ich solle mich der Reihe von Sängern, Instrumentalisten und Dirigenten anschließen, von deren Fotos die Leser einer sehr geschätzten Zeitung freundlich angelächelt wurden. Ich verwarf jene Bilder von mir, die zu sagen schienen *»See, what a good boy am I«* (was bin ich doch für ein lieber Junge), und schied jene aus, auf denen ich versucht hatte, intellektuell auszusehen; schließlich wählte ich eines, auf dem ich mir einbildete, »schelmisch« dreinzublicken. Es war ein teures Vergnügen, mein breites Gesicht rundherum von Presse-Ausschnitten umgeben zu sehen aus: ›The New York Times‹, ›The Philadelphia‹ ›Inquirer‹, ›Christian Science Monitor‹, ›Chicago American‹, ›San Francisco Chronicle‹ und als besondere Ehre ›The Saturday Review‹ mit der Bemerkung Irving Kolodin's »... ein Berufsvortrag aus unserer Zeit«. Aber mein Konterfei, das aus der Mitte von Stars herausblickte, von denen einmütig behauptet wurde, sie seien in ihren jeweiligen Sphären unvergleichbar, erregte nicht das erwartete Aufsehen, weshalb ich mich rasch aus diesem Wettstreit zurückzog.

Die Tatsache, daß ich Engländer bin und einen englischen Akzent habe, bildet für mich bei den Amerikanern kein Hindernis. In England ist die Einstellung dem ausländischen Besucher gegenüber widerspruchsvoll; einmal sagen wir naserümpfend »schon wieder ein Ausländer«, und im nächsten Moment engagieren wir ihn, auf daß er für uns singe oder spiele, und geben ihm – möge er noch so zweitklassig sein – den Vorzug vor einem unserer eigenen Zweitklassigen. In Amerika ist das breite Publikum im allgemeinen nicht so unlogisch und vielleicht weniger engherzig; hier wird ein fremder Künstler ohne jedes Vorurteil empfangen und nach seinem Wert eingeschätzt. Aber man schließt nicht wie bei uns in England die Augen vor den einheimischen Talenten. Sogar so berühmte Künstler wie Myra Hess, Solomon, Clifford Curzon gelangten in ihrem Vaterland erst zu größerem Ansehen, nachdem sie im Ausland Triumphe gefeiert hatten. Die Amerikaner verlieren nicht auf diese Weise Zeit, und ich weiß von vielen ihrer Musiker – Leonard Bernstein, Eileen Farell, Leontyne Price, Lawrence Tibbett, Leonard Warren, George London und anderen –, die bei sich zu Hause zu Ehren kamen, lange bevor sie internationalen Ruf erwarben.

Es gibt in Amerika auf dem Wege zum Ruhm eine Abkürzung – man kann sich hier über Nacht einen Namen machen. Nur die erstaunlich großzügige Haltung macht dies möglich, und Großzügigkeit kann man in Amerika tatsächlich überall finden.

Guter Wille wird durch unaufhörliches Bemühen in Tat umgesetzt. Da sämtliche Reise- und Hotel-Arrangements planmäßig im voraus gemacht werden, war es für uns ein außergewöhnliches Erlebnis, in Atlanta, Georgia, keinen Ort zu wissen, wo wir unser müdes Haupt hätten niederlegen können. Alle Hotels waren durch einen Juristenkongreß – der die Stadt zum Überfließen füllte – vollständig besetzt. Edna Giesen, meine Agentin, versprach, man würde für uns Sorge tragen, und tatsächlich empfing uns bei der Ankunft in der Stadt ein fremdes Paar, brachte uns in ein Hotel (sie bestanden darauf, unsere Zimmer zu sehen, um sich zu vergewissern, daß alles in Ordnung sei), dann fuhren sie mit uns in ihr Haus, wo wir sofort zusammen in die Küche gingen und ihnen halfen, Drinks und Sandwiches zu bereiten. Eine Minute lang waren wir Mr. und Mrs. Moore und in der nächsten bereits Enid und Gerald. Auch hier wurde keine Zeit verschwendet.

Auf meiner Tournee, die ich als Knabe – mit den »Ein-Dollar-Konzerten« – durch Kanada machte, deprimierte mich die traurige Gleichförmigkeit der kleinen Städte in den Prärie-Provinzen; immer der unvermeidliche Kornaufzug an der Bahnstation, überall die gleichen niedrigen Holzhäuser und die einförmige schneebedeckte Landschaft. Über vierzig Jahre sind vergangen, seit ich diese Städte gesehen habe, und es hat sich in der Zwischenzeit vielleicht mancherlei verändert; die sanitären Einrichtungen wurden möglicherweise verbessert, aber sonst herrscht eben immer noch dieselbe Gleichförmigkeit in der Anlage vieler großer Städte Nordamerikas und Kanadas. Eine Stadt ist mit ihrer Ansammlung von Wolkenkratzern fast genau wie die andere. Als der amerikanische Gastgeber Mr. Arthur Balfour's auf eines dieser Riesengebilde mit der stolzen Bemerkung hinwies, es sei feuersicher, antwortete der Engländer: »Wie schade!«

Aber woher nehme ich das Recht zu kritisieren? In meinem eigenen Land wird alles Amerikanische als *chic* angesehen, unsere Teenager kauen Gummi und tragen Blue Jeans, unsere Jazz-Sänger wären ohne amerikanischen Akzent nicht annehmbar, und unsere Architekten bauen Wolkenkratzer. Die schlimmste aller amerikanischen Gewohnheiten aber, die wir übernommen haben und die sich über ganz Europa ausbreitet, ist die »Hintergrund-Musik«. Ich finde es ohnehin – sogar in meinen besten Momenten – recht schwierig, mich dem Denken hinzugeben, aber wenn mir so ein musikalischer Schleim in die Ohren fließt, sind mir Gedanken, Studium oder Lektüre völlig unmöglich. Ich bat einmal im Flugzeug die hübsche Air-Hostess, die Musik abzustellen, was sie sehr bereitwillig tat und dazu sagte: »Nicht musikalisch, was?« *Backgroundmusic* ist eine Plage, und man findet sie überall.

Doch nicht jede Einförmigkeit ist unbedingt von der Hand zu weisen. In allen amerikanischen Hotels zum Beispiel hat jedes Zimmer ein Privatbad – das ist ganz selbstverständlich –, jedes Bett ist bequem, und Hygiene und Sauberkeit sind ebenso üblich wie gute Bedienung. Will ich telephonisch mein Frühstück bestellen, antwortet das Telephon-Fräulein sofort mit »Good morning, Mr. Moore«, auch wenn ich bloß ein Gast unter zweitausend andern bin. Nur in einer Beziehung versagt diese allgemeine Tüchtigkeit: der Zeitungsverkäufer – sonst ebenso zuvorkommend wie der Taxi-Chauffeur – verschafft seinen Kunden kein Wägelchen, mit dem sie ihre Sonntagsblätter nach Hause rollen könnten. Diese wiegen eine halbe Tonne.

Aber im gesamten ist der Amerikaner in England viel schlechter dran als der Engländer in Amerika. Erstens einmal muß der Gast aus den Vereinigten Staaten bei uns viel früher sein Schlafzimmer aufsuchen, als er möchte. Man könnte ihm den guten Rat geben, die Zeit bis zum Einschlafen auszunützen, um das englische Münzsystem zu studieren, das Wunderbarste und Komplizierteste, das je ein menschliches Gehirn erdacht hat. Es ist für jeden Ausländer ein Mysterium. Wir aber werden uns niemals ändern – *»ils ne passeront pas«* – und werden fortfahren, mit der Zähigkeit einer Bulldogge Pfunde in Schillinge und Schillinge in Pennies einzuteilen. Zwecks noch größerer Verwirrung werfen wir dazu fröhlich *tanners, bobs, florins, half-crowns* und *guineas.* Warum verlange ich als Honorar *guineas* und nicht *pounds?* Diese Frage höre ich oft von meinen ausländischen Freunden, und ich antworte, während ich meinen Sold einstecke, dies sei nur eine Methode, je einen Schilling mehr aus ihnen herauszupressen. Warum gehen wir nicht zum metrischen System über? Weil es zu einfach ist. Die Tatsache, daß kein ausländischer Gast unsere Währung versteht, ist von unschätzbarem Vorteil.

Ich habe das Glück, von Amerika mehr gesehen zu haben als viele Amerikaner, und bin in die Festen von Wyoming und Montana – einst das Herz des Wilden Westens – und in das Hinterland von Nebraska eingedrungen. Meine Agentin hatte, bevor sie mich näher kannte, befürchtet, der Inhalt meiner Vorträge könnte für diese oder jene Zuhörerschaft, der ich in diesen Staaten begegnete, zu »gelehrt« sein. Ihre Besorgnis war nicht nötig, denn mir ist die Bedeutung des Wortes »gelehrt« unbekannt, und ich halte diesen Begriff für eine Art Seuche.

Die meisten meiner Tourneen fanden im Winter statt. Januar, Februar, März sind aber nicht gerade die angenehmsten Monate, in denen man dort einen gedrängt vollen Zeitplan durchführen kann, besonders da ich oft an Universitäten und höheren Schulen engagiert bin. Viele dieser ausgezeichneten Institute in Pennsylvania, Ohio, Illinois und im Staate New York liegen meilenweit entfernt von den größeren Städten. Die kleinen Flugplätze dort können nach einem schweren Schneesturm nicht offengehalten werden, und da auch viele Zugverbindungen unterbrochen sind, kann man mit der Bahn nur so weit fahren, als es möglich ist, muß dann die Reise per Bus fortsetzen und sich endlich – während man ganz außer Atem mit dem Empfangskomitee spricht – bis zum schützenden Dach des Instituts oder Hotels zu Fuß durchkämpfen.

Sogar in einer modernen Stadt wie Pittsburgh kann unter solchen Wetterverhältnissen der Verkehr lahmgelegt sein. Kein Wagen war imstande, den Zufahrtsweg zur Universität hinaufzufahren, als meine Abreise von dort fällig war. Den Koffer in der Hand, watete ich zu Fuß bis zur Straße und hatte das ausgesprochene Glück, ein Taxi zu erwischen, dessen Fahrer so findig war, diejenigen Straßen zu vermeiden, auf denen quergerutschte Wagen lange Verkehrs-Schlangen verursachten; er brachte mich gerade noch zurecht an den Bahnhof, damit ich meinen Zug nach Chicago erreichte. Unter normalen Umständen hätte diese Fahrt zehn Minuten gedauert, ich brauchte vierzig dafür.

So ungewöhnliche Zustände kann man zwar in vielen Ländern zeitweise finden, sie sind nicht eine amerikanische Eigentümlichkeit. Ich selbst bin ja sozusagen im Nebel aufgewachsen. Aber ich fand es schade, Jahr für Jahr ein Land zu besuchen, wenn dort überall Schnee liegt und die Herbstzeit in den Staaten doch die schönste auf der ganzen Welt ist. Deshalb habe ich meine Amerika-Tourneen nunmehr für den Herbst geplant und kann jetzt die Ahornbäume auf allen Hügeln rot im Sonnenlicht leuchten sehen. Auch brauche ich überhaupt keine Galoschen mehr – es sei denn, man würde mich nach Alaska senden, auf daß ich mich vor den dortigen Bewohnern über die Kunst des Begleitens auslasse.

Sir Arthur Bliss, Master der *Queen's Music,* war im April 1955 der Leiter einer Gruppe englischer Musiker auf einer kurzen Tournee in Rußland. Die Teilnehmer waren Sir Arthur und Trudy Bliss, der Dirigent Clarence Reybould, die Sopranistin Jennifer Vyvyan, die Duo-Pianisten Phyllis Sellick und Cyril Smith, der Geiger Alfredo Campoli, der Oboist Leon Goossens und ich. Wir kamen in die UdSSR als Gäste der Regierung. Trudy nannte die Gruppe im Scherz »die Blase«, aber natürlich nur *en famille*.

Der Austausch von Künstler-Besuchen zwischen Rußland und der westlichen Welt ist heute ein alltägliches Ereignis, aber die damalige Tournee war einigermaßen von Bedeutung, denn sie war die erste dieser Art seit dem Kriege.

Ich könnte mir keine fröhlichere Gesellschaft als uns damals vorstellen, und am Ende unserer Reise waren wir enger befreundet als vorher. Es entstand eine besondere Kameradschaft zwischen uns, vielleicht auch dadurch, daß wir in jenem Lande nichts von der Sprache verstanden. Nicht einmal unsere eigenen Namen auf den Konzertplakaten konnten wir lesen, nur meiner war, wegen seiner besonderen Reinheit und Kürze, bald zu entziffern; wenn wir das Wort *MYP* sahen, wußten wir, daß wir in der richtigen Stadt angekommen waren. *MYP* wird auf russisch *Moore* ausgesprochen, und Trudy Bliss begrüßt mich seither stets als »Mip«, wann immer ich ihr begegne.

Mir wurde bewußt, daß ich im Begriffe war, mich hinter den Eisernen Vorhang zu begeben, als ich die zum Erhalt des Visums nötigen komplizierten Formulare ausgefüllt, ein halbes Dutzend Photographien abgeliefert hatte und man mir beim Abschied aus London nahelegte, daß Enid mir nur in dringlichen Fällen schreiben solle; dieser Brief werde dann im diplomatischen Postsack an die Britische Botschaft nach Moskau gelangen.

Campoli und ich reisten anderer Verpflichtungen wegen erst einen Tag später als die übrige Gruppe und versäumten dadurch die Fanfaren, die Photographen und den feierlichen Empfang in Moskau. Infolge schlechten Wetters mußte unser Flugzeug nach Leningrad umgeleitet werden, wo man uns ein sehr herzliches Willkommen bereitete, obwohl man uns dort nicht erwartet hatte; als wir im Flughafen saßen, ertönte über das Radio die

Stimme des großen Geigers David Oistrach, der uns mit sehr freundlichen Worten begrüßte und Lobpreisungen über seinen Kollegen Campoli aussprach. Alle Sowjet-Musiker brachten uns dieselben kollegialen Gefühle entgegen wie Oistrach. Er, Schostakowitsch, Chatschaturian, Kabalewiski und andere große russische Künstler wohnten unseren Konzerten in Moskau bei, und alle benahmen sich sehr liebenswürdig zu uns. Der internationale Sport erzeugt oft böses Blut, die Gipfelkonferenzen sind eisig, aber der Austausch von Künstlern zwischen den Ländern kann nur Gutes tun.

Für Oistrach muß es besonders anstrengend gewesen sein, in unsere Konzerte zu kommen, denn seine Frau erzählte mir, daß er täglich beinahe von morgens bis abends Unterricht erteile und stehenden Fußes zwischen den Studenten einen Imbiß zu sich nehme. Seine Konzertreisen ins Ausland werden nur unter der Bedingung bewilligt, daß er alle versäumten Unterrichtsstunden nachholt; aber er beklagt sich nicht darüber.

Das Publikum überschüttete uns mit Begeisterungsausbrüchen. Alexander Kipnis erklärte einmal, daß den Russen die Musikalität angeboren sei, selbst der Straßenkehrer werde durch Musik gerührt. Ich möchte nicht behaupten, daß in der großen Masse die Russen besonders kultivierte Zuhörer sind, denn ihr Geschmack ist äußerst konservativ. Sie lieben vor allem eine Melodie, welche ins Ohr geht. Von Tschaikowski können sie nie genug bekommen.

Die Verordnung, daß die Sowjet-Komponisten »für das Volk« schreiben müssen, kann vielleicht als eine Erklärung dieser konservativen Einstellung gelten. Doch das Urteilsvermögen dieses Publikums ist keineswegs beschränkt; von allen Gesangsvorträgen Jennifer Vyvyan's ließ der Gesang von Purcell in ihren gemeinsamen Konzerten mit Goossens die Wellen der Begeisterung am meisten überborden. Auch Campoli und ich konnten uns über den Beifall für unsere Beethoven- und Bach-Sonaten nicht beklagen, doch erst in der letzten Gruppe von Kreisler-Stücken versetzte der Geiger mit seiner brillanten Virtuosität und der Süße seines Tones das Publikum in höchstes Entzücken. Aber vielleicht wäre in irgendeinem andern Teil der Welt die Aufnahme dieser Stücke auch nicht anders.

Mein Bericht könnte jedoch irreführend sein, würde ich nicht auch die Tatsache festhalten, daß das Publikum mit sehr lebhaftem Interesse und aufmerksamer Neugier jene Werke anhörte, die für seine Ohren neu und seltsam tönten: Gordon Jacob's

Oboe-Konzert mit Goossens als unvergleichlichem Interpreten, das Klavier-Doppelkonzert von Lennox Berkeley, glänzend gespielt von Phyllis Sellick und Cyril Smith, sowie die ausgezeichneten Aufführungen von Vaughan Williams' ›London Symphony‹, Elgar's ›Cockaigne‹ und Walton's ›Portsmouth Point‹ durch die Orchester von Moskau und Leningrad.

Es ist keine Herabsetzung der Komponisten und Interpreten jener Werke, wenn ich feststelle, daß das Violinkonzert von Bliss ganz besondere Auszeichnung erhielt, nicht nur wegen der Originalität und Farbigkeit der Komposition selbst oder der außergewöhnlichen solistischen Leistung Campolis, sondern auch, weil der Komponist in eigener Person auf dem Podium erschien. In der Tat, Bliss gewann auf der ganzen Linie – einige Schachpartien mit Mitgliedern der Sowjet-Orchester ausgenommen.

Wenn man mich auch von den Vorzügen des Kommunismus erst überzeugen müßte, sehe ich ein, daß der Künstler in Rußland als wichtige Person gewertet wird. Wenn er zur obersten Klasse gehört, sind seine Bezüge dementsprechend sehr hoch. Wie wir unsere Tennisspieler klassieren, so teilen die Russen ihre Musiker ein, und die Besoldung ist für jede Klasse festgesetzt. So gehören Oistrach, Richter, Rostropowitsch selbstverständlich zum höchsten Rang, während man Yapolski, der überall mit Oistrach Sonaten spielt und ein ausgezeichneter Pianist ist, niedriger und mit viel geringerem Honorar einreiht, weil er nur ein Begleiter ist.

Mir wurde klar, wie das System gehandhabt wird, als ich mit Leon Goossens über Radio Moskau ein Konzert von zwanzig Minuten gab. Man sagte Goossens, daß er das übliche Honorar eines Künstlers erster Klasse erhalten werde, da er als Solist und als einer der führenden Oboisten der Welt anerkannt sei; mir wurde mitgeteilt, ich würde als Begleiter die Bezahlung einer niedrigeren Klasse bekommen. Goossens erklärte sofort durch einen Dolmetscher, daß ich in England als erstklassiger Künstler angesehen sei; er werde, da wir zusammen Duos für Oboe und Klavier spielten, selbstverständlich das Honorar mit mir gleichmäßig teilen. Ohne Umstände oder weitere Diskussion war die Leitung der Radiostation sogleich bereit, mir die gleiche Summe zu bezahlen, die man Musikern erster Klasse gewährte. Für meine Sendungen von je zwanzig Minuten mit Goossens, mit Jennifer Vyvyan und mit Alfredo Campoli erhielt ich in Rubel den Gegenwert von 1500 Pfund. Man bezahlte mir somit fünfundzwanzig Pfund pro Minute und ich verließ das Haus mit einer Mappe, vollgestopft mit ganzen Paketen Rubel – es war das höchste Honorar, das ich je in meinem Leben erhalten habe. Als man mich aber informierte, daß es nicht erlaubt sei, die Rubel außer Landes zu bringen, mischte sich ein trauriger Ton in mein frohes Lachen.

Ich hatte nie das Gefühl, in meiner Bewegungsfreiheit eingeschränkt zu sein, aber natürlich war mir bloß daran gelegen, Objekte und Plätze von historischer Bedeutung zu besichtigen. In Moskau wollte ich das Museum und den Glockenturm im Kreml sehen, in Leningrad die Eremitage. Mit Alfredo, dem unermüdlichen Photographen, wanderte ich überall herum. Ich hatte kein Interesse daran, die wunderbaren Arbeiter-Kantinen zu besuchen, denn in England und Amerika sind Fabrik-Kantinen ebenso gut eingerichtet, und ich hatte keine Lust, mich den zweifelnden Blicken der Russen auszusetzen beim Versuch, sie davon zu überzeugen.

Wir waren in Kiew am Tage der Mai-Feier und des Umzugs. Diese Festlichkeit war während vieler Tage vorbereitet worden, Dekorationen und Fahnen schmückten die Straßen, und überlebensgroße Bilder von Lenin und Mitgliedern des Obersten Sowjets waren an den Gebäuden angebracht. Es war ein aufdringlicher und nicht sehr erfreulicher Anblick. Diese Konterfeis, einige so groß wie Tennisplätze, schauten grimmig auf uns herunter. Von einem finsteren Gesicht, im Ausmaß von mehreren Quadratfuß, kann man nicht behaupten, es vermittle Frühlingslust. Stalins Porträt aber fiel durch beinahe vollständige Abwesenheit auf.

Man hatte uns eingeladen, den Umzug von einer besonderen Tribüne anzuschauen. Für die vorbeimarschierende Menge muß es wohl ermüdend gewesen sein, aber für uns war es noch viel mühsamer zu stehen, denn es gab keine Sitzplätze. Die Ausdauer des Kommentators, der, während eine Million Männer, Frauen und Kinder vorbeizogen, vier Stunden lang über den Lautsprecher redete, ist über jedes Lob erhaben; voll Begeisterung kündete er jede Gruppe von Schulkindern oder prächtigen Turnern an, jede Abteilung ruhmreicher Eisenbahner oder Landarbeiter, erzählte, wer sie waren, woher sie kamen, und schloß alle seine poetischen Beschreibungen jeweils mit einem mächtig-lauten Hurra-Ruf, den er mit ohrenbetäubender Stimme ins Mikrophon brüllte. Sein Hurra war der immer wiederkehrende Refrain nach jeder seiner Äußerungen, aber von den Zuschauern wurde keinerlei Beifall gespendet, da dies ja von ihrem Bevollmächtigten besorgt wurde. Von all den Vorbeimarschierenden sahen bloß die Kinder mit den Frühlingsblumen in der Hand so aus, als ob sie sich freuten.

Kiew, am Flusse Dnjepr gelegen, ist eine sehr schöne Stadt. Im Krieg wurde sie durch Bombardierungen arg zerstört, doch jetzt ist dort kaum noch eine Spur der Verwüstungen zu sehen. Als ich eine Bemerkung über den wunderbaren Aufbau machte, sagte die Dolmetscherin: »Ich kann mir denken, daß Londons Narben immer noch unangenehm wahrnehmbar sind.« Wir besichtigten mehrere alte Kirchen und fanden die zur St. Wladimir-Kirche führende Treppe von alten Frauen bevölkert, die bittend ihre Hände nach ein paar Kopeken ausstreckten. Meine unerschütterliche Dolmetscherin versicherte mir, sie bettelten für die Kirche. Ich konnte mich nicht enthalten, zu erwidern, daß sie gewiß die richtigen Kleider für diese Rolle anhätten.

Wenn auch wahrscheinlich ein größerer Teil der Bevölkerung als je zuvor Stiefel und Schuhe trug, konnte man doch sehr viel Armut sehen. Als Campoli und ich den Newski-Prospekt in Leningrad entlangspazierten (wir hatten allen Anlaß, uns für Schmuck, Geschirr, großärmelige ukrainische Blusen und allerhand Firlefanz zu interessieren, da unsere Rubel nicht umwechselbar waren), fanden wir vor den Juweliergeschäften lange Menschenschlangen stehen. Sobald die Türen geöffnet wurden, schoben sich die Leute hinein – ohne die Mittel für einen Einkauf zu besitzen –, bloß um herumzustehen und die Waren zu bestaunen. Als wir eintraten, machten sie uns höflich Platz, denn sie erkannten uns als Fremde, die wohl etwas kaufen würden.

Das waren dieselben Menschen, die unserer Musik mit aufmerksamer Ergriffenheit lauschten, die sich im Paradiese fühlten, wenn sie das Bolschoi-Ballett tanzen sahen und die – jeweils zu Tausenden – auf dem Roten Platz Schlange standen, um an Lenins Grab vorbeizuschreiten.

Alle Frauen auf der Straße trugen denselben gleichförmigen Hut, der eher wie ein zerdrückter Teewärmer aussah; das Modell existierte in drei Farben – grün, rot und schwarz –, die einzige Abwechslung dazu bot das Kopftuch, das allgemein von den meistens weiblichen Straßenkehrern und Maurern getragen wurde. Mit Ausnahme von einigen Schönheiten im Ballett sah man in den Straßen nie eine reizvolle Frau – möglicherweise versteckten sie sich, sobald sie mich kommen sahen. (Doch um ehrlich zu sein, *eine* klassisch schöne Juno erblickte ich, die mit ihrem flammenden Goldhaar großartig aussah, als sie, vollgespritzt mit Kalk, ihre Leiter hinaufstieg.) Die Männer trugen Mützen in düsterem Schwarz. Alle blickten ernst, um nicht zu sagen, grimmig drein.

Kleider machen zwar nicht unbedingt Leute, doch es liegt eine gewisse Genugtuung darin, wenn man ordentlich oder sogar tadellos gekleidet ist. Ich glaubte annehmen zu dürfen, daß sich in Rußland die Verhältnisse auf diesem Gebiete seit damals gebessert hätten, doch ein mir befreundetes Tänzerpaar, das mit dem Royal Ballet of London im Jahre 1961 in Moskau und Leningrad tanzte, erzählte mir, daß so ziemlich alles gleichgeblieben sei. So wenig hat sich dort geändert, daß unsere Tänzer bei ihrer Ankunft im Moskauer Flughafen von der russischen Dolmetscherin zu den schönen Reisekleidern beglückwünscht wurden, mit denen sie von der britischen Regierung ausgestattet wären, »um bei den Russen einen guten Eindruck zu machen«. Alle Proteste und Versicherungen, daß die Kleider zum persönlichen Eigentum der Ballettmitglieder gehörten, konnten sie nicht überzeugen.

Im wundervollen Foyer des Bolschoi-Theaters, das mit prächtigen Lüstern und herrlichen Tapisserien glänzend ausgestattet ist, wandelte das ehrfürchtige Volk fußtief in den ungeschützten, kostbaren Teppichen herum, die von keinem leinenen Übertuch vor dem hereingebrachten Straßenschmutz bewahrt werden. Das Theater gehört dem Volk, genausogut wie ihm die Moskauer Untergrundbahn gehört. Wenn Besucher aus der Provinz nach Moskau kommen, steigen sie zur Untergrundbahn hinunter, nur um sie anzusehen – wie ich es selbst auch tat. Da ich sie nie benützte, kann ich nicht sagen, ob sie gut und neuzeitlich funktioniert, aber der Bahnhof, den ich besichtigte, glich mit seinen Säulen, seinen Marmor-Fußböden und durch das Fehlen jeglicher Plakate an den Wänden einer unterirdischen Kathedrale.

Nichts, so schien es mir, ist für das Volk, für die Massen zu gut.

Doch was bedeutet dort ein Mensch? Ich wurde das Gefühl nicht los, er sei nur ein Zahnrad in einer sehr leistungsfähigen Maschine. Für einen erstklassigen Fachmann jeglichen Berufes wird in der UdSSR ausgezeichnet gesorgt, vorausgesetzt, er ist ein guter Parteimann. Die Regierung stellt ihm eine Wohnung in Moskau und ein kleines Haus auf dem Lande zur Verfügung, schenkt es ihm vielleicht sogar, und von ihr bekommt er auch einen Kraftwagen geliehen oder geschenkt. Ob er wirklich etwas sein eigen nennen darf, kann ich nicht beurteilen, denn trotz aller

Liebenswürdigkeit, die uns zuteil wurde – der Blumen und der Freundschaftsbeweise –, blieb die uns erwiesene Gastfreundschaft offiziell und spielte sich in den Hotels ab. Das Innere eines Privathauses habe ich nie zu Gesicht bekommen. Deshalb kann ich über die Wohnverhältnisse nur von meinen Erfahrungen in den Hotels sprechen, und dort fühlte ich mich behaglich. In Moskau zum Beispiel bewohnte ich eine Suite mit einem Flügel darin, bei dessen mittleren Oktaven zwar einige Saiten fehlten, was wie ein »Schluckauf« tönte, aber ich konnte nach Herzenslust üben. Die Fenster waren gegen die Kälte des zu Ende gehenden Winters mit Kitt verklebt, doch ich schnitt etwas davon weg, um sie öffnen und ein wenig Frühlingswärme hereinlassen zu können.

Überraschenderweise findet man in Rußland einen Hang zur Muße, der mich an Spanien erinnerte; es herrscht ein Geist von »auf morgen«. Wenn ich vor einen Konzert rasch einen Imbiß nehmen wollte, wie etwa eine Omelette und eine Tasse Kaffee, räumte ich hierfür zunächst eine halbe Stunde ein; diese Zeit genügte aber nicht. Niemals verbrachte ich weniger als anderthalb Stunden in einem Restaurant, so einfach meine Bestellung auch war. In Eile zu sein, lohnte sich gar nicht. Unter keinen Umständen nahm der Kellner ein Trinkgeld an.

Bei unserem Abschiedskonzert in Moskau waren die Herren Bulganin und Chruschtschow anwesend.

Im Gegensatz zu Staatsmännern hatten wir keine Unstimmigkeiten auszugleichen und im Gegensatz zu Sportsleuten brauchten wir für ein *fair play* keinen Schiedsrichter. Uns alle – Russen und Engländer – verband die Liebe zur Musik. Durch die Konzerte, das Radio und das Fernsehen kamen wir mit einer riesigen Anzahl der Bevölkerung in Kontakt und hatten Gelegenheit, uns entweder englisch oder deutsch mit vielen jungen Menschen in so freundschaftlicher Weise zu unterhalten, daß wir das Gefühl haben, unsere Rußlandreise sei sehr erfolgreich gewesen.

Ich komme mir sehr unreif vor, wenn ich Männer mittleren Alters sagen höre, daß sie nach den Weihnachtsfeiertagen ungeheuer erleichtert das normale Leben wieder aufnehmen würden. Die Tatsache, daß Weihnachten ein religiöses Fest ist, bleibt mir immer bewußt, aber ich vergesse dabei nicht, daß Weihnachten auch Ferien bedeuten, und für Ferien schwärme ich. Wäre ich ein erfolgreicher Tenor oder Bariton, dann müßte ich diese Zeit – namentlich in England – damit verbringen, von einem Ende des Landes zum andern zu reisen und so viele Engagements in Oratorien als nur möglich annehmen; sobald ein »Messias« am Nachmittag zu Ende wäre, würde ich zum Bahnhof rasen, um den Zug zum nächsten »Messias« am Abend zu erreichen.

Der Instrumentalist hingegen – außer er ist Mitglied eines Orchesters – kann sorgenfrei seine Geige oder Flöte im Kasten lassen oder sein Klavier zumachen, da er sicher weiß, daß seine Dienste zur Zeit nicht benötigt werden.

In meiner Jugend hatte ich im Sommer das herrlichste Leben, denn wenn ich auch üben mußte und gelegentliche Aufnahmen machte, wußte ich doch, daß im Juli und August keine Konzerte stattfinden würden. Ich konnte den ganzen Tag Golf und die ganze Nacht Bridge spielen. Vielleicht lag aber der Grund für diesen wonnigen Freiheitszustand darin, daß nur wenige Leute erkannten, was für ein Juwel ich war. Oder war es möglich, daß Sommer-Festspiele, wie wir sie heute kennen, noch keine Bedeutung hatten? In England allein sind in den letzten dreißig Jahren Festspiele wie Pilze aus dem Boden gewachsen, so daß sie einander auf dem Fuß folgen und sich überschneiden. Wenn man eingeladen wird, an mehreren dieser Veranstaltungen mitzuwirken, und dazu noch bei einigen der kontinentalen Festspiele engagiert ist, wobei überall auf ein gewähltes Programm, das viel Vorbereitung verlangt, Wert gelegt wird, dann ist der ganze Sommer voll ausgefüllt – keine tote Saison mehr.

Aber beklage ich mich? Möchte ich es anders haben? Ganz gewiß nicht. Außerdem habe ich entdeckt, daß mir Gelegenheit zuteil wird – wenn ich meine Programme frühzeitig vorbereite –, in der meistens sehr reizvollen Umgebung der Festspielorte Opern und Symphonie-Konzerte, die ich während des Winters entbehren mußte, anzuhören.

Über mein eigenes Spiel falle ich, wie schon gesagt, nicht vor Begeisterung in Ohnmacht, aber sollte ich es noch nicht genügend klargemacht haben, muß ich jetzt hinzufügen – ich liebe Musik leidenschaftlich. So unnachsichtig ich auch meinem eigenen Spiel gegenüber bin, an den andern übe ich viel weniger Kritik und bin ein begeisterter und aufgeschlossener Zuhörer. Es ist schon oft vorgekommen, daß ich einen glückseligen Abend damit verbrachte, eine Mozart-Symphonie oder eine Verdi-Oper in mich aufzunehmen, und am andern Morgen in der Zeitung las, wie sehr ich unrecht hatte und daß die Aufführung für die Zuhörer eine Qual gewesen sei. Vielleicht hatte auch ich erkannt, daß die Leistungen unter dem Durchschnitt waren, aber dies konnte mir die Freude an der Musik nicht völlig rauben.

Jedenfalls kann man sich auch gelegentlich herrlich amüsieren. In Venedig wollte ich ebenfalls Geschäfte mit Vergnügen verbinden und schaute mir eine hervorragende Aufführung von Verdis Othello im Hofe des herzoglichen Palastes an. Als ich lässig in den Seiten des Programmheftes blätterte, fand ich eine so köstliche ins Englische übersetzte Zusammenfassung der Handlung von Boîtos Libretto, daß Shakespeare sich im Grabe umgedreht hätte. Der Inhalt des dritten Aktes, zum Beispiel, war folgendermaßen erklärt: »Othello denkt nur daran, Desdemona zu töten. Dank seinem Irrsinn fällt er ohnmächtig zu Boden. Jago freut sich seines Triumphes.«

Dies ist zwar nur eine rohe Skizze, doch sie gibt einigen Aufschluß. Wenn ich aber vom unschuldigen »meeting« zwischen Cassio und Desdemona lese, daß – dank einem Einfall des Setzers – »Jago sehr aufmerksam das ›mating‹ beobachtete«, dann vermittelt dies allerdings ein ganz falsches Bild.

Dem armen Setzer wird ja oft Ungenauigkeit vorgeworfen, ich würde ihm aber eher eine blühende Phantasie zuschreiben. Sicher war es diese, die ihn veranlaßte, auf einem englischen Festspielprogramm das Liebeslied von Brahms anstatt ›O liebliche Wangen‹ – ›O liebliche Wanzen‹ zu betiteln.

Das Leben der Sommer-Festspiele wird nun auf der ganzen Welt genossen, da auch Amerika und Kanada vom Festspielgeist erfaßt sind, und ich habe viele Anfragen von jenseits des Atlantik erhalten. Leider mußte ich diese ablehnen, denn von Mai bis September sind die europäischen Länder meine fröhlichen Jagdgründe. Abwechselnd begebe ich mich nach Bath, Cheltenham und York; zu Casals eigenen Festspielen nach Prades; nach der Schweiz, nach Frankreich und Holland; aber den Festspielen an vier Orten sehe ich Jahr für Jahr mit besonderer Freude entgegen. Diese vier hebe ich hervor, weil ich an ihnen mit einer Regelmäßigkeit, die alles andere als monoton ist, teilnehme; ich nenne sie in kalendarischer Reihenfolge: Granada, King's Lynn, Salzburg und Edinburgh. Auf diese vier bin ich zur Zeit abonniert.

Bei der Fiesta España spiele ich einzig und allein für Victoria de los Angeles. Auf eigenes Verlangen und zu meinem größten Bedauern versäume ich in diesem Jahr diese Veranstaltung, damit ich mich uneingeschränkt der Fertigstellung des vorliegenden Beitrags zur Literatur widmen kann.

Bloß die Reise nach Granada ist mühsam, und nicht weniger beschwerlich ist die Rückreise nach London. Von London nach Madrid zu fliegen, ist ganz einfach, aber dann muß man in Madrid übernachten, denn die spanische Fluggesellschaft läßt die Maschine nach Granada einige Minuten vor der Ankunft des Flugzeugs aus London abfliegen. Alles ist sehr schlau erdacht. Dieselbe Synkopierung ereignet sich auf dem Rückflug.

Aber einmal dort angelangt, findet man Granada mit seinen blumenreichen Gärten und den Brunnen des Generalife bezaubernd. Hier wird unter freiem Himmel das Ballett veranstaltet. In der Alhambra gibt es drei Freilichthöfe für Konzerte – den großen Palacio de Carlos V. für Orchester, den kleinen intimen Patio de los Leones, der ideal ist für Streichquartette oder ein Konzert von Segovia, und den Patio de los Arrayanes.

Victoria de los Angeles singt im Patio de los Arrayanes, und bei ihrem Nachmittagskonzert vergolden die Strahlen der untergehenden Sonne den anmutigen viereckigen Platz, der erfüllt ist vom Gold ihrer Stimme. Die Spanier werden durch den Gesang sowie durch die Bescheidenheit und Grazie der Sängerin zu fanatischer Begeisterung hingerissen. Sie ist ihre geliebte Katalanin.

In Sommernächten kann die Luft in dem mit Menschen angefüllten Hof zum Ersticken sein. Dann müssen sogar die Diplomaten, die in den vordersten Reihen sitzen und rücksichtslos rauchen, ersucht werden, ihre Zigaretten auszulöschen. Eine leichte sommerliche Brise ist dann sehr willkommen, falls sie nicht gerade, während ich spiele, meine Notenblätter anbläst; aber auch in diesem Falle hatte ich immer das Glück, daß Gonzalo Soriano, der Klaviervirtuose, so liebenswürdig war, mir umzublättern. Seine Hände und Finger kriechen krabbenartig auf dem zitternden Blatt auf und ab, ohne die Noten zu verdecken, die ich gerade lesen muß – eine Kunst der leichten Hand, die nur einem Manne mit Technik zu eigen ist.

Einzig die Schwalben können hier ein wenig stören. Bis zum Sonnenuntergang schießen, kreisen und flattern sie in einer faszinierenden Weise herum. Sie ziehen damit die Blicke des Publikums an, besonders wenn sie sich mit eng zusammengelegten Flügeln in die winzigen Zwischenräume der maurischen Architektur, wo sie nisten, hineinzwängen.

Wir wohnen immer im Alhambra Palace Hotel, oben auf dem Hügel, mit einem zauberhaften Blick auf die goldene, sonnendurchflutete Ebene, die Kette der Sierra Nevada auf der einen Seite, und Granada zu unseren Füßen ausgebreitet. Da man hier jedes aus der Stadt heraufdringende Geräusch hört, haben wir herausgefunden, daß der Nachmittag die beste Zeit zum Schlafen ist. Nachts ist es unmöglich, denn während der Festspiele findet ein Jahrmarkt statt, der zwar eine Meile entfernt ist, doch der Betrieb, das Geplärre der Karussells – natürlich durch Lautsprecher verstärkt – dringt während der ganzen Nacht durch das offene Schlafzimmerfenster herein, so gut vernehmbar, als ob im Nebenzimmer eine Schallplatte bei voller Lautstärke abgespielt würde. Dieser Lärm endet nicht vor vier Uhr dreißig oder fünf Uhr morgens, und sein Ende ist für die Hähne das Signal, zu krähen anzufangen.

Die Spanier haben eine für uns merkwürdige Tageseinteilung. Im Sommer ißt man um drei Uhr zu Mittag und um elf Uhr zu Nacht. In Santander beginnen die Abendkonzerte kurz vor Mitternacht – ein Konzert Yehudi Menuhin's, zum Beispiel, war um ein Uhr morgens noch nicht zur Hälfte vorüber. Diana Menuhin beklagte sich bitter bei unserer Managerin, Felicitas Keller, über diese unmöglichen Stunden. »Das Konzert wird mindestens noch eine Stunde dauern«, sagte sie, »wir werden nicht vor Morgengrauen ins Bett kommen.« Fräulein Keller versuchte Diana damit zu beruhigen, daß sie am Morgen ausschlafen könnten, die Spanier gingen spät zu Bett und stünden entsprechend später auf.

»Nicht in meinem Hotel«, sagte Diana, »sie unterhalten sich im Nebenzimmer schon um sieben Uhr früh mit lauter Stimme.«

»So? Das sind wahrscheinlich Engländer.«

»Sie sprechen aber fließend Spanisch.«

Hier war das Gespräch zu Ende – ohne daß die Frage geklärt wurde.

Ich muß gestehen, die späten nächtlichen Aufführungen machen die Tage sehr lang. Anderswo pflege ich an einem Konzerttag den ganzen Vormittag hindurch zu arbeiten, nach dem Mittagessen eine Stunde lang spazierenzugehen, mich dann während einer Stunde auszuruhen, wieder zu üben, und dann bin ich nach einer leichten Mahlzeit – einem Ei und einer Tasse Tee – bereit, mich für das Konzert umzukleiden. Diese Einteilung kann ich aber nicht treffen, wenn das Konzert anstatt um zwanzig Uhr um dreiundzwanzig Uhr dreißig (was in Spanien Mitternacht oder noch später bedeutet) beginnt. Mit diesen drei oder vier Zwischenstunden weiß man nichts Rechtes anzufangen.

Glücklicherweise hat Victoria de los Angeles von ihren vielen Engagements in anderen Ländern her die Gewohnheit angenommen, ihre Konzerte auch in Spanien zu vernünftigen Stunden zu beginnen, und sie besteht darauf, ihre Sommerkonzerte hier als Matineen abzuhalten; diese beginnen um zwanzig Uhr dreißig oder, wie man richtiger hinschreiben sollte, »zwanzig Uhr dreißig, das heißt, einundzwanzig Uhr.«

Die spanische Küche ist gar nicht so reizlos, wie viele Touristen annehmen. Mit Öl kann man köstliche Dinge zubereiten, wie mir schon mein alter Freund Antoni Sala in seinen Chelsea-Tagen zu zeigen pflegte, vor allem aber schmecken die Fischspeisen herrlich, besonders wenn man sich in der Nähe der Mittelmeer- oder Atlantikküste befindet. In Barcelona oder im Norden, in San Sebastian, Santander, La Coruña, Bilbao stehen alle Arten von Fischgerichten auf der Speisekarte, die sehr schmackhaft zubereitet sind. Tintenfisch, in einer tintenblauen Sauce angerichtet, war allerdings eine Spezialität, die ich zwar verzehrte, aber ohne daß es mich freute oder mir schmeckte. Enrique Magriña begann mit der Zeit dieses Gericht zu hassen, während Victoria und Enid – auf ausdrücklichen Wunsch ihrer Ehegatten – den Tintenfisch, falls er noch lebte, überhaupt freiließen, auf daß er verständnisvollere Kunden mit seiner lästigen Flüssigkeit anspritze.

da der Spiritus rector dieser Veranstaltung selbst der größte

Von allen Festspielen in Großbritannien gehören die in King's Lynn zu den bekanntesten und gemütlichsten. (Ich übersehe gewiß nicht die Festspiele Benjamin Britten's in Aldeburgh, aber da der Spiritus rector dieser Veranstaltung selbst der größte Begleiter der Welt ist, werden meine Dienste dort nicht gebraucht.) In der malerischen Stadt in Norfolk, an der Mündung der Ouse, wird die mittelalterliche Guildhall of St. George für Solokonzerte, Kammermusik und Theateraufführungen benützt. Orchesterkonzerte finden in einigen der altsächsischen oder normannischen Kirchen statt.

Die Veranstalterin der Festspiele von King's Lynn ist Ruth Fermoy, eine ebenso schöne wie liebenswürdige und energische Frau. Ich habe hier manchen ausgezeichneten Künstler begleitet, aber die größte Freude bereitete mir das Musizieren mit Ruth Fermoy selbst. Irgend jemand – ich weiß nicht, wer es war, bin aber ihm oder ihr sehr dankbar – schlug vor, daß Ruth und ich uns, zum Genuß der Bevölkerung von Lynn, zu einem Klavier-Duo vereinen sollten.

Wir sind nun beide erfahrene Musiker; Ruth war bis zu ihrer Verheiratung als Berufspianistin tätig gewesen, und ich (soll ich sagen: mit einem halben Jahrhundert auf dem Rücken?) durfte wohl behaupten, über das Stadium eines Anfängers hinausgekommen zu sein; doch wir fanden beide, daß Vierhändigspielen die schwierigste Form des Ensemblespiels sei, in der wir uns je versucht hatten. Für den Begleiter bedeutet es kein Problem, mit einem Sänger übereinzustimmen, denn dieser zeigt mit dem Konsonanten an, wann der Vokal, mit dem der Begleiter synchronisiert, gesungen wird, und er kann auch, wenn nötig, die Lippen des Sängers beobachten. Bei einem Streicher merkt der Pianist, wenn er seitlich blickt, wann der Bogen eine Note oder einen Akkord beginnt, oder falls es dem Begleiter unmöglich ist, es zu sehen, kann er doch den Augenblick, in dem das Roßhaar die Saite anstreicht, genau erfühlen. Bei einem Schlaginstrument wie dem Klavier aber ist das gleichzeitige Anschlagen eines Akkords oder Tones mit dem Partner nicht ganz einfach, denn hier kommt kein warnendes Zeichen, wann, in welchem Sekundenbruchteil, der Hammer an die Saiten schlagen wird. Wir fanden es zwar nicht ganz unmöglich, den Rhythmus mit metronomischer Genauigkeit einzuhalten, aber als zwei menschliche Wesen wollten wir doch nicht wie ein Pianola wirken. Hier liegt beim Vierhändigspielen die Gefahr. Vielleicht gleicht diese Art des Musizierens dem Singen von Madrigalen, weil es dabei ebenfalls vorkommen kann, daß die Musik von den Ausführenden mehr genossen wird als von den Zuhörern. Ruth und ich hatten nicht die Absicht, ein ständiges Team zu bilden, aber wir probten sehr gewissenhaft und baten hie und da einen Dritten – und zwar unsern lieben, aber gefürchteten Lionel Tertis –, zuzuhören und zu kritisieren.

Wenn Ruth die Oberstimme spielte, waren alle Augen auf sie gerichtet, sie sah dabei reizvoll aus. Sobald aber ich oben spielte, verbarg ich meine schöne Partnerin den Blicken des Publikums, wodurch das Duo entschieden benachteiligt wurde. Gelegentlich versicherte ich dem Publikum, daß Ruth Fermoy zwar nicht zu sehen, aber bestimmt zu hören sein werde.

Noch aus einem andern Grund zog ich es vor, den Sekundo- und nicht den Primo-Part zu spielen. Der untere Spieler, der im Süden des äquatorialen eingestrichenen C Sitzende, bedient auch die Pedale. Ohne diesen Rettungsanker, das rechte Pedal, fühlte ich mich verloren. Es schien mir unnatürlich, während des Spiels beide Füße plump auf den Boden zu setzen und dabei irgendwie in der Oberstimme herumzuklimpern. Mein Fuß würde instinktiv nach dem Pedal tappen, es aber bereits besetzt finden.

Doch beim Proben hatten wir oft sehr viel Spaß miteinander. Einmal erlaubte ich mir zu sagen: »Hier kann ich deine linke Hand nicht hören.«

»Es ist wohl für mich schwierig, die Töne zum Klingen zu bringen, wenn du die Tasten schon selbst hinunterdrückst!«

Oft wurde ich – nicht unberechtigterweise – beschuldigt, zuviel Klaviatur-Gelände in Anspruch zu nehmen. Es gab wirklich viele Stellen, wo ich mit meinen Händen rasch aus dem Wege mußte, um den Verkehr nicht zu behindern; deshalb schrieb ich Stichworte in meine Noten, die ich mit meinem beschränkten Verstand sofort begreifen und befolgen konnte, zum Beispiel: »ducken« – »einziehn« – und in ›Marche Ecossaise‹ von Debussy schrieb ich: »fort mit dir!«.

Im Jahre 1961 feierten wir den elften Geburtstag dieser reizenden und freundschaftlichen Gemeinschaft in Norfolk. Hier hatte man von Zeit zu Zeit den wunderbaren Gesang von Kathleen Ferrier, Mattiwilda Dobbs und Elisabeth Sœderstrœm gehört, ebenso die Schauspielkunst von Edith Evans, Flora Robson und Peggy Ashcroft bewundert. Wir haben mit Peter Ustinow gelacht und waren begeistert von Beryl Grey. Bezeichnend für die ungezwungene Atmosphäre hier ist, daß wir John Barbirolli nicht nur das Hallé-Orchester dirigieren sehen, sondern ihn auch im Kammermusik-Ensemble sein Cello spielen hören.

Die Königin-Mutter, Königin Elizabeth, besucht viele dieser Konzerte, und ihre Anwesenheit inspiriert ebenso die Zuhörer wie die Künstler. Und immer ist auch Lady Fermoy selbst zugegen; natürlich und liebenswürdig, erweckt sie den Eindruck, das Veranstalten von Festspielen sei bloß ein Kinderspiel.

Nur bei einem einzigen King's Lynn Festival habe ich gefehlt – beim ersten. Ich kann mir allerdings nicht vorstellen, wie man ohne mich auskam. Unser Vierhändig-Spiel haben wir nun für eine Weile zurückgestellt, nachdem es mehrere Jahre hintereinander dem Publikum aufgedrängt worden war. Wir werden aber darauf zurückkommen – vielleicht im Jahre 1970 zum zwanzigsten Geburtstag dieses vielseitigen Unternehmens, und ich werde darauf bestehen, daß meine Partnerin den Primo-Part spielt.

Die weite, erfrischende, Holland ähnliche Landschaft der Norfolk *Fens* ist in der Tat ganz anders als die bewaldeten Hügel, die Berge und Seen des Salzkammerguts. Es gibt keine Stadt in Europa, die bezaubernder wäre als Salzburg. Man sagt, in der Saison, vollgestopft mit Fremden, nehme sie sich unvorteilhaft aus, aber ich war nie zu einer anderen Zeit dort. Enid und ich wohnen immer fern der aufregenden Volksmenge im hübschen Vorort Parsch, von wo uns ein Spaziergang längs der Salzach unter den Lindenbäumen – sehr oft im Regen – in zwanzig Minuten zum Festspielhaus oder zum Mozarteum führt.

In Salzburg gehen wir meistens zu Fuß herum; dorthin können wir nicht mit unserem Auto reisen, weil sofort nach meinen Engagements in King's Lynn meine ersten Proben in Salzburg beginnen. Doch hier tut uns etwas mehr Bewegung gerade gut, um die Wirkung der Kartoffeln (für die es so vielseitige Verwendung gibt, aber die sogar als einfache Salzkartoffeln nirgends so gut schmecken wie in Österreich) ebenso wie die des »Kaiserschmarrens« und der »Salzburger Nockerln« aufzuheben – alles Gerichte, die für die »Linie« verhängnisvoll sind. Doch nachdem meine Figur ohnehin unwiederbringlich verloren ist, habe ich es aufgegeben, mich – sehr – darum zu kümmern.

Aber der Regen hier! Nicht einmal Herbert von Karajan kann ihm Einhalt gebieten. Die Salzburger lassen sich jedoch ebensowenig vom Wetter einschüchtern wie die Engländer, und jedes Jahr wird optimistisch geplant, Hofmannsthals ›Jedermann‹ auf dem Domplatz aufzuführen, Konzerte und Opern im Hofe der Residenz zu spielen – lauter Freiluft-Aufführungen. Hingegen muß ich die Klugheit der Festspielleitung anerkennen, die für den Fall, daß das Wetter zur Stunde der Aufführung schlecht werden sollte, vorsichtigerweise das Festspielhaus freihält.

Beinahe sah ich mich versucht, zu glauben, es gäbe überhaupt keinen Grund, weshalb es in Salzburg zu regnen aufhören sollte, doch sobald die Sonne scheint, vergißt man, daß es je geregnet hat. Dann ist diese kleine Stadt, mitten in Hügel gelagert, unvergleichlich schön. Wenn ich – immer zu Weihnachten – von der Festspiel-Direktion die Anfragen für Juli oder August bekomme, packt mich sogleich die Sehnsucht, die Stadt an der Salzach wiederzusehen.

Oft begegnete ich während dieser Festspiele Freunden, die am Morgen zur Orchesterprobe einer Symphonie, am Nachmittag in ein Kammermusik-Konzert und am Abend in die Oper gingen. So hielten sie es ungefähr täglich, und mit dunklen Ringen unter den Augen klagten sie, daß sie müde und übersättigt seien. Auf meine Frage, warum sie sich denn anstrengten, soviel zu hören, antworteten sie, dies sei der Zweck ihres Aufenthalts in Salzburg. Ich pflege nicht auf diese Art Musik zu genießen. Wir besorgen uns nur für jeden zweiten Abend Karten und dazwischen machen wir uns einen freien Tag, um auf den Gaisberg zu wandern. Aufmerksames konzentriertes Zuhören ermüdet und muß rationiert werden, sonst verliert man die Lust dazu.

Wir bleiben bei unserer Einteilung und kehren von diesen Festspielen erbaut nach Hause zurück. Von allen Veranstaltungen, die wir besuchten, schien uns immer die letzte die allerbeste gewesen zu sein. Die beiden Stars der Salzburger Festspiele 1961 waren Elisabeth Schwarzkopf und Dietrich Fischer-Dieskau. Dies sage ich nicht, weil gerade ich diese beiden Künstler bei ihren Lieder-Abenden begleitet habe. Denn tatsächlich, so schön auch der Hugo Wolf-Abend von Elisabeth Schwarzkopf war, ihre Marschallin im Rosenkavalier wurde zum Ereignis der Saison. Leute, die schon mehr als ich gesehen haben und sie in dieser Rolle im neuen Festspielhaus hörten, erklärten, es sei die beste Darstellung der Marschallin, die sie je erlebt hätten. Ich selbst war von der Aufführung so bewegt, daß ich Elisabeth nach der Vorstellung nicht aufsuchen konnte.

Fischer-Dieskau mit seinem Wolf-Mörike-Abend war der zweite Höhepunkt der Festspiele 1961. Dieser Künstler findet den einen Lieder-Abend ebenso anstrengend wie drei ganze Opernpartien. Es ist wahrhaftig eine vollkommene Umstellung nötig, um wie Fischer-Dieskau eine ganze Saison lang den Wolfram oder wie Elisabeth Schwarzkopf die Fiordiligi und die Marschallin zu singen und mittendrin einen einzelnen Hugo-Wolf-Abend zu geben. Wie wenn ein Maler, der wochenlang an einem riesigen Ölgemälde gearbeitet hat, sich unvermittelt mit einer Miniatur beschäftigen muß. Während einer Reihe von Konzert-Aufführungen oder einer ganzen Spielzeit von ausschließlich Opernpartien hat die Stimme jeweils Zeit, sich an eine bestimmte Art des Singens zu gewöhnen; doch der plötzliche Sprung von einem Genre zum andern ist gewagt und auch gefährlich. Nur so große Künstler wie Elisabeth Schwarzkopf und Dietrich Fischer-Dieskau können ihn ohne Schaden ausführen.

Vielleicht gibt es aus diesem Grunde nur vier oder fünf Lieder-Abende in einer Salzburger Saison – Inseln im Meer der Opern.

Wie herrlich ist es, jedes Jahr in diese köstliche Gegend zu kommen und noch dafür bezahlt zu werden!

Die Edinburgher Festspiele überschneiden sich terminmäßig mit denen von Salzburg. Tatsächlich flog Enid mehr als einmal zwei Tage vor mir von Salzburg nach Hause, um den Wagen nach Schottland zu fahren, während ich nach meinem letzten Konzert im Mozarteum sofort abflog und vom London Airport direkt zum Nachtzug nach dem Norden eilte. Oft erreichte ich King's Cross Station nur wenige Minuten vor Abfahrt des Zuges – beinahe ein totes Rennen, wenn es auch keine tote Saison gibt.

Auch in Edinburgh machen wir es wie in Salzburg und wählen sorgfältig, was wir uns anhören wollen. In den ersten Jahren der dortigen Festspiele wohnten wir auf dem Lande draußen, bei unserer Freundin Dorothy Beckwith, in ihrem schönen Haus auf den Pentland Hills. Ich konnte in die Stadt fahren und meine Proben bei Rosalind und Alex Maitland, inmitten ihrer herrlichen Bildersammlung, abhalten und dann zurück aufs Land fliehen. Aber die Beckwiths übersiedelten – ohne uns zu fragen – nach Sussex, und nun stellt uns Ruth D'Arcy Thompson ihre Wohnung in einer Seitenstraße der Princes Street zur Verfügung, wo ich üben und proben kann. Nichts stört mich dort außer der Kanonen-Salve, die täglich, Schlag eins, beim Schloß abgegeben wird. Jeden Tag, Punkt ein Uhr, fahre ich aus der Haut.

Das »schwarze Salzburg« wurde Edinburgh von Carl Ebert getauft, doch dieser Vergleich war nicht herabsetzend gemeint. Salzburg ist ein hübsches kleines Weihnachtskartenbild, und Edinburgh ist eine königliche Stadt. Aber außer der Tatsache, daß über beiden hoch oben auf einem Felsen ein Schloß steht, das nachts beleuchtet wird, haben diese beiden Städte wenig Gemeinsames; höchstens noch ihren Hang zum Regen und die tapferen Vorbereitungen der Freiluft-Veranstaltungen. Tapfer ist genau das richtige Wort für Edinburgh. Wenn man in Salzburg auf dem Domplatz oder im Hofe der Residenz sitzt, ein Auge auf die Bühne, das andere auf die sich zusammenziehenden Wolken gerichtet, weiß man, wie nahe sich das schützende Obdach befindet. In »Auld Reekie« begibt man sich – gut ausgerüstet für alle Zwischenfälle – mit Regenmänteln, Schirmen, Dekken und einer Thermosflasche zum *Military Tattoo* auf der Schloß-Esplanade. Hier gibt es kein Entrinnen. Doch wahrlich, nur kleine Geister könnten finden, es würde sich nicht lohnen; den Anblick der schwingenden Kilts und die militärischen Klänge der Dudelsackpfeifer vergißt man nie wieder. Sie erwärmen einem das Herz, und das ist sehr gut, so spürt man die Kälte weniger.

Und wie kalt es hier sein kann! Wenn man direkt aus dem Süden gekommen ist, läßt einem die zweifellos erfrischende, gesunde schottische Luft zunächst das Blut in den Adern gefrieren. Der arme Enrique Magriña geriet, als er anfangs September mit seiner Gattin Victoria de los Angeles aus dem Flugzeug stieg, sogar in einen Schneesturm. Er kam geradewegs aus der Hitze von Barcelona, trug einen Tropenanzug, keinen Hut und weiße geflochtene Schuhe. Es wirkte geradezu komisch. Nachdem er einen Augenblick gebraucht hatte, um seinen Schock zu überwinden, stimmte er aber in mein herzliches Lachen ein.

Verglichen mit einigen europäischen Festspielen, sind die von Edinburgh sehr jung, denn zum erstenmal wurden sie im Jahre 1947 veranstaltet; doch ihr Ruf ist inzwischen weltweit geworden. Jeder Künstler, sei er Musiker, Schauspieler oder Tänzer, hat den Ehrgeiz, in Edinburgh aufzutreten, jeder Komponist oder Bühnenautor den Wunsch, dort aufgeführt zu werden. Ich kann nicht leugnen, daß ich unermeßlich stolz bin, der einzige Künstler zu sein, der bei sämtlichen Edinburgher Festspielen bisher mitgewirkt hat; die Musiker, mit denen ich arbeitete, bilden einen wahren Völkerbund. In der langen Reihe stehen nicht nur meine besonderen Lieblinge, sondern auch blendende junge Künstler, welche die Herzen aller – auch meines – in den kommenden Jahren erfreuen werden. Ich nenne hier nur einige: Elisabeth Sœderstrœm, Kirsten Meyer, Mattiwilda Dobbs, Lois Marhall, Nicolai Gedda, Luigi Alva. Vielen dieser Künstler begegnete ich in Edinburgh zum erstenmal, und oft entstanden fortgesetzte Verbindungen und warme Freundschaften.

Dieses alljährliche internationale Treffen von Kunstliebhabern wurde mit großem Elan von Rudolf Bing, dem jetzigen Direktor der Metropolitan Opera Company in New York, ins Leben gerufen, und seine wertvolle Freundschaft ist mir erhalten geblieben. Jetzt hat Lord Harewood die Aufgabe Bings übernommen. Unter seiner kraftvollen und unerschrockenen Leitung werden die Edinburgher Festspiele weiterhin blühen und gedeihen – vielleicht verschafft er uns sogar mit der Zeit ein neues Opernhaus.

Ich denke gern an die Geschichte, wie ein Chinese gefragt wurde, woher es käme, daß seiner Frau und ihm ein so reicher, und wie es schien, stets noch wachsender Kindersegen beschert sei, und er geantwortet hat: »Wir kein Telly.«

Wenn ich früher auf das »Monstrum« Television anspielte, tat ich es nur als ausführender Künstler. Hingegen als Zuschauer freue ich mich am Fernsehen und gehöre nicht zu jenen Snobs, die sich rühmen, keinen Fernsehapparat im Hause zu haben. Aber ich bin nicht »süchtig«, sondern ich begebe mich nur ins Nebenzimmer zu einem Programm, von dem ich annehmen kann, es werde mir gefallen, und wenn es fertig ist, gehe ich wieder weg. Die Hauptsache ist, daß das Gerät in einem abgesonderten Raum steht – dies ist sehr wichtig. Wie unser chinesischer Freund schon andeutete, mit dem Fernsehen kann man furchtbar viel Zeit vergeuden.

Aber was für eine Macht hat es doch! Mittels der Television ist es möglich, in einem Augenblick in das Innere von Millionen Häusern zu gelangen. Weltruhm oder zumindest nationaler Ruhm wird damit über Nacht begründet. Man sehe nur mich an, den ehrlichen Schwerarbeiter, der ich bin. Während vierzig langer Jahre habe ich, bald hier, bald dort, unablässig in Tausenden von Konzerten die Tasten auf meinem Klavier hinuntergedrückt und mir dabei, könnte man glauben, eine Art von wackeligem Ruf erworben. Über den Rundfunk ertönte ich – wenn ich mich so richtig ausdrücke – viele hundert Male, spielend oder sprechend, aber ich hätte mich nie und nimmer – auch nicht in meinen eingebildetsten Momenten – als einen berühmten Mann bezeichnet. Wer hat je von mir gehört? Wieviel Leute kannten meinen Namen? Nehmen wir an, die Musikliebhaber wußten von mir, doch diese bilden nur einen Bruchteil der Bevölkerung Großbritanniens.

Aber dann riefen Enid und ich eines Morgens ein Taxi an und stiegen ein. Nachdem ich dem Chauffeur mein Fahrziel genannt hatte, sagte er: »Ich würde Sie gern etwas fragen, Mr. Moore, bevor Sie aussteigen.« – »Wieso kennt er dich?« flüsterte Enid. »Fernsehen«, antwortete ich mit Nachdruck. Am Abend vorher hatte ich meinen ersten Vortrag im Fernsehen gehalten.

Die Kamera war mir nicht fremd, denn ich hatte in kurzen

Konzerten bereits Guilhermina Suggia, Yehudi Menuhin und andere Instrumentalisten begleitet, Auftreten, die ich mehr oder weniger ohne besondere Anstrengung in meine Arbeit einbezog, aber es wurde nicht viel Notiz von mir genommen. Erst meine Vorträge brachten dies fertig; durch meine Plaudereien wurde ich in einem gewissen Ausmaß eine Fernseh-Persönlichkeit. Ich muß aber gleich betonen, daß es ganz etwas anderes ist, direkt in das Auge der Kamera zu schauen und sie anzusprechen, als sich hinzusetzen und Begleitungen zu spielen.

»Alles, woran Sie zu denken haben, ist, *natürlich* zu sein«, wurde mir immer wieder von wohlwollenden Leuten versichert, die selbst außerstande wären, auch nur drei zusammenhängende Worte öffentlich zu sprechen. Und tatsächlich, nach der Aussage einiger Kritiker war ich ein »Natürlicher«, doch man darf mir glauben, daß ich mich während der Sendung noch nie »natürlich« gefühlt habe.

Ich wurde für eine Reihe von Plaudereien verpflichtet, in der gleichen Art, wie ich sie in Australien gehalten hatte. Jeder Vortrag sollte mit etwas Klavierspiel durchflochten sein, und es war ziemlich anstrengend, diese Vorlesungen mitsamt den dazugehörenden musikalischen Auflockerungen, die gerade beim Fernsehen einen unerläßlichen Bestandteil des Vortrags bilden, auswendig zu lernen. Beim Rundfunk sitzt man allein mit seinen Aufzeichnungen vor dem Mikrophon, ohne daß die Konzentration durch irgend etwas gestört wird. Im Fernseh-Studio, wo man sich viel mehr sammeln muß, weil man auswendig spricht, leisten einem mindestens zwanzig Personen Gesellschaft. Da gibt es drei bis vier Kameraleute, deren Assistenten ununterbrochen ihre Apparate heben und senken oder sie einem knapp unter die Nase bringen; dazu kommen die Kulissenschieber, Beleuchter, Ton-Techniker aus der »Ton-Abteilung« und die Damen aus dem Schmink-Raum, die einen aufmerksam ansehen und sich überlegen, was sie mit Puder und Schminke erreichen könnten, damit man präsentabel erscheine. Da ist auch der Aufnahmeleiter, der mittels Kopfhörern in direkter Verbindung mit dem Regisseur steht (dieser ist in einem andern Raum verborgen) und dessen Rat oder Tadel übermittelt. Stundenlang vor der eigentlichen Übertragung probt man seine Sendung immer und immer wieder; ich entfernte mich zu weit von den Kreidezeichen auf dem Fußboden; ich sprach nicht in die richtige Kamera; ich erhob mich zu brüsk vom Stuhl und stieß mit dem Schädel schmerzhaft ans Mikrophon, das wie ein Fisch an der Angelrute drei bis vier Zentimeter oberhalb meines Kopfes baumelt. Es gibt so viele Arten, während der wiederholten Proben etwas falsch zu machen, daß es kein Wunder ist, wenn der Regisseur sich beklagt, man blicke so feierlich-ernst drein wie ein Leichenbestatter und man sei viel zu steif. Außerdem wird man noch durch die Geste einer Hand, die hinter einer Kamera eindringlich hervorwinkt, abgelenkt oder durch einen Bühnenarbeiter, der zum Szenarium eilt, um eine im Weg stehende Blumenvase fortzuräumen; oder aus einer entfernten Ecke her stören einen die Stimmen zweier diskutierender Personen. Wie ich schon sagte, bin ich darauf trainiert, in einem Konzertsaal ruhig für mich zu üben und zu arbeiten und dabei die quietschenden Geräusche, die das Aufstellen von Stühlen erzeugt, oder die sich im leeren Saal laut unterhaltenden Saaldiener sowie das Lied des Staubsaugers zu überhören. Doch bei Aufnahmen fürs Radio, für Schallplatten oder fürs Fernsehen wird mein empfindlicher Mechanismus durch die leiseste Handbewegung oder das Flattern eines Taschentuchs ganz aus dem Konzept gebracht. Das Fernseh-Studio ist mit nervenaufreibenden Geräuschen schwanger. Üben kann ich trotzdem, aber sprechen kann ich nicht durch diese Geräusche hindurch, denn meine Augen sind nicht auf die Klaviatur, sondern auf die Kamera geheftet, und dabei bemerke ich jede Bewegung. Absolute Ruhe erhält man erst im Moment, in dem die Sendung über den Äther gehen soll und der Aufnahmeleiter mit lauter Stimme ruft: »Ruhe im Studio. Alles ruhig. Noch eine Minute ... noch zehn Sekunden ... fünf Sekunden«, und eine Armbewegung in meiner Richtung, als würde eine Handgranate abgeworfen, mir das Zeichen gibt zu beginnen. Ich wünschte manchmal, der Aufnahmeleiter wäre bei den Proben so streng wie knapp vor der Aufführung; aber vielleicht fürchtet er, jemanden zu beleidigen, denn anstatt des warnenden und gebieterischen Befehls, »alles ruhig«, klingt seine Aufforderung vor den Proben viel weniger bestimmt; er gurrt nur schmeichelnd: »Kinder, könnten wir mal ein bißchen Ruhe haben?«

Ganz selbstverständlich bemüht man sich im schrecklichen Moment, in dem man im Bild ist, vollkommen ungezwungen zu wirken. Aber man kann auch das übertreiben. Einmal schrieb mir jemand: »Gestern abend bekannten Sie im Fernsehen, daß Sie eine tiefe Liebe für Schubert hegen, mir aber war es ganz klar, daß Ihre Liebe zu Gerald Moore noch viel tiefer ist.« Ich würde gern wissen, wie dieser Kritiker reagiert hätte, wenn er mein zitterndes, ängstliches Herz hinter der überlegenen Miene, die ich zur Schau trug, gesehen hätte. Wahrscheinlich hätte er sich selbst unbehaglich gefühlt und gemurmelt: »Der Kerl macht mich ganz zapplig, er wird es nicht schaffen.« Aber auch ein anonymer Brief wirkt aufmunternd; er gibt einem das Gefühl, einen Vorstoß gemacht oder zumindest ein Interesse erweckt zu haben.

Ein anderes Mal, und wieder um den Eindruck von Gelassenheit zu erwecken, rauchte ich während meiner ›Plauderei im Lehnstuhl‹ eine Zigarette. Dies veranlaßte wieder einen Fernsehteilnehmer, mir zu schreiben, ich gäbe mit meinem Rauchen den jungen Leuten ein sehr bedauerliches Beispiel. Es ist wirklich schwer, nicht irgend jemandes Mißfallen zu erregen.

Merkwürdigerweise fürchte ich mich vor Interviews viel weniger. Auf Fragen zu antworten, auch ohne vorher zu wissen, worauf sie sich beziehen werden, ist nicht so peinlich, sogar wenn man sie nicht beantworten kann. Erstens erscheint man mit einer zweiten Person im Bild und außerdem brauche ich nicht zwanzig Minuten oder noch länger zusammenhängend zu sprechen. Ich bin schon oft in einem »Team« gesessen, ohne mich übermäßig aufzuregen, aber ich muß zugeben, daß ich ein Kribbeln im Magen verspüre, sobald ich höre, daß man mich als den »Team-Experten« bezeichnet. Das passierte bei einem Quiz, in dem Antony Hopkins als Quiz-Master wirkte. Als einziger Musiker des Teams war ich, bitte schön, das »As«. Hopkins schlug einen Ton an – dies als Beispiel eines Rätsels, das ich zu lösen hatte –, und zwar das kleine D, und fragte mich, welches Konzert mit dieser einen Note beginne. Das Beethoven-Violinkonzert natürlich! Jeder Musiker hätte das gewußt. (Eine Freundin, die im eingeladenen Publikum saß, hörte hinter sich, als ich einen Moment lang, bevor ich antwortete, den Blick senkte, einen Mann sagen: »Er hat alle aufgeschriebenen Antworten unter dem Tisch.«)

Der Musiker spielt im Fernsehen, wie ich schon erwähnte, vor einem breiten Publikum, dessen größter Teil nicht viel von Musik versteht und – geben wir es zu – auch wenig Freude an ihr hat. Es ist ein neuartiges Publikum. Man muß die Unwissenden über einen sanften, glatten Pfad führen, wenn man sie gewinnen will. Dafür tragen hauptsächlich die Programmgestalter die Verantwortung, und oft hat man kein Verständnis für die Probleme, denen sie gegenüberstehen. Einmal hörte ich während eines Violinkonzerts irgendeinen Dummkopf seinen Nachbarn fragen: »Warum steht denn der eine Geiger?«

Während für jeden Menschen – sei er ungebildet oder intellektuell – ein gut aufgeführtes Drama von Shakespeare oder ein packendes Kriminalstück ein Genuß sein kann, muß man mit ernster Musik sehr vorsichtig umgehen, damit nicht der Großteil des Publikums abgeschreckt werde. Deshalb trugen die belehrenden Vorträge von Sir Marcolm Sargent, Antony Hopkins, Sydney Harrison und anderen (vielleicht sogar auch die meinen) zum »Enthärtungsprozeß« bei. Auch Amerika mußte seinen verlorenen Schafen eine ähnliche Behandlung angedeihen lassen, und man fand dort einen unvergleichlichen Hirten in dem brillanten Leonard Bernstein.

Schon seit etlichen Jahren hören wir nun im Fernsehen Instrumental-Konzerte. Die Klavierliteratur von Beethoven, Schumann oder Brahms geht wahrscheinlich über das Verständnis des durchschnittlichen Zuhörers, wenn er aber mit eigenen Augen sehen kann, wie Arrau, Curzon, Moiseiwitsch, Rubinstein, Solomon mit ihren Fingern wunderbare Kunststücke vollbringen, wird er gepackt und beeindruckt. Der Akt des Singens ist jedoch nicht so ein Schauspiel für das Auge, deshalb wurden Lieder von Schubert oder Fauré lange Zeit nicht in Betracht gezogen.

Daß die B.B.C. in ihrer Politik des langsamen Gewinnens Fortschritte gemacht hat, beweist ihr Entschluß, eine Reihe kurzer Konzerte unter dem Titel ›Große Sänger der Welt‹ zu senden. Man lud mich ein, diese Künstler dem Publikum vorzustellen und sie zu begleiten. Diese Konzertreihe begann im Jahre 1958 und wird seither in gewissen Abständen fortgesetzt.

Meine Aufgabe war es, eine kurze Übersetzung der Lieder zu geben, da viele unserer Gäste in einer fremden Sprache singen, denn Sibelius oder Manuel de Falla kann man nicht in englischer Sprache singen. Kaum hatte man das Projekt in der Presse angekündigt, als sich ein Kritiker darauf stürzte und in einem Artikel über die Notwendigkeit, ein Schubertlied zu »erklären«, jammerte; er gab der Befürchtung Ausdruck, daß diese sogenannten Konzerte die beim Fernsehen übliche Richtung einschlagen und in ein Interview-Geschwätz ausarten würden, mit der üblichen »und was sind Ihre nächsten Absichten«-Konversation. Dieser entrüstete Herr ist zwar ein kultivierter Musiker, mit den Schubert-Liedern wohlvertraut und spricht auch Deutsch, aber er konnte weder die Tatsache begreifen, daß fünfundneunzig Prozent unserer Zuhörerschaft nicht ein einziges Wort einer fremden Sprache verstünden, noch kam er auf die Idee, daß die

Bekanntschaft mit den Liedern von Schubert sich bei den meisten auf das ›Ständchen‹ und ›Ave Maria‹ beschränkte.

Während ich diese Zeilen schrieb, teilte mir die B.B.C. in einem Brief mit, daß man während des Winters 1961–1962 von Oktober bis März an jedem zweiten Sonnabend ein Liederkonzert zu senden wünsche. Am Samstagabend!

Da die »Fachgelehrten« diese Sendezeit als besonders wertvoll betrachten, muß sich die Zahl unserer Zuhörer enorm vergrößert haben, um diese Programmgestaltung zu rechtfertigen. (Die B.B.C. hat die Möglichkeit, mit unheimlicher Genauigkeit die Anzahl der unsichtbaren Hörer jedes Programms festzustellen.) Das alles ist sehr ermutigend.

Die Hörer werden nur sehr gute Musik vorgesetzt bekommen; sie werden die schönsten Stimmen der Welt hören: Leontyne Price, Hans Hotter, Teres Berganza, Gerard Souzay, Mattiwilda Dobbs, Nicolai Gedda, Elisabeth Schwarzkopf, Kim Borg, Joan Sutherland, Richard Lewis, Nan Merriman, Dietrich Fischer-Dieskau, Christa Ludwig, Theresa Stich-Randall.

Der Begleiter wird sein Bestes tun.

Schreiben zum Zeitvertreib

Ich begann dieses Buch zu schreiben am 17. Januar 1957. An jenem Tage setzte ich meine »schicksalschwere« Feder (um das Wort eines Malers, des größten Engländers unserer Zeit, eines gewissen Winston Churchill, zu gebrauchen) recht unsicher aufs Papier. Allein war ich vor Beginn einer Amerika-Tournee nach San Antonio gekommen, um in aller Ruhe nachzudenken. Diese Stadt in Texas wurde mir teuer, weil hier der Gedanke reifte, dieses Buch ›Am I too loud?‹ zu verfassen. Ich schrieb täglich, und zwar von morgens bis abends, ganze Stöße von Papierbogen voll – und täglich übergab ich drei Viertel des Geschriebenen dem Papierkorb, volkstümlich gesagt, dem Mülleimer. Nur an den Abenden holten mich meine Freunde Colonel Sam Morrow und seine Gattin Renée aus dem Haus zum Bridgespielen, oder Wanda und Phil Pattison nahmen mich auf eine kurze Fahrt von einigen hundert Meilen mit. Später, im Verlaufe der Tournee, lehnte ich sogar das mir herzlich angebotene Haus meines Bruders Trevor in Toronto ab und verbrachte ein langes Wochenende in der kleinen Stadt Pembroke in Ontario, um weiterzuschreiben. Nach diesem Plan verlief mein Leben während mehr als vier Jahren, wo immer ich mich aufhielt; vom Schreiben dieser Memoiren war ich während meiner Freizeit geradezu besessen. Nun nähern wir uns dem Ende des Jahres 1961. Wie man sieht, zog sich meine Arbeit in die Länge, und sie ging durchaus nicht immer mühelos voran.

Wenn ich auch nicht alles, was ich beabsichtigte, gesagt habe, glaube ich doch, das, was ich sagen sollte, niedergeschrieben zu haben. Obwohl es nur »leichte Ware« ist, hat mich dieses Buch mehr Anstrengung gekostet als meine beiden früheren Einbrüche in die Literatur. Entgegen dem Ausspruch von J. B. Priestley, der in bezug auf sein riesiges literarisches Gesamtwerk sagte, »ich hatte Zeit« – *verschaffte* ich mir die Zeit. (Der Leser mag sich daran erinnern, daß ich schon so verwegen war, meinen Namen mit dem Busonis zu verbinden, nun nenne ich ihn gar in einem Atem mit dem von Priestley – ich bitte um Verzeihung!)

»Nach dem vierten Absatz ging der Autor aus, um etwas zu trinken«, äußerte einmal Constant Lambert beim Lesen eines Artikels in einer Zeitschrift, bei dem ihm der Zusammenhang nicht klar war. Zwischen meinem vierten und fünften Absatz hatte ich Konzerte – mehrere Konzerte. Und es gab Zeitspannen von vielen Monaten, während welcher ich so viel zu spielen hatte, daß ich gar nicht daran denken durfte, etwas zu Papier zu bringen. Das Klavier mußte immer zuerst kommen.

Warum habe ich mir dann diese Bürde aufgeladen, wenn sie mir so sehr zur Last wurde? Ich glaube, weil ich das Schreiben zu meinem Zeitvertreib erkoren habe. Gar nicht wie der Knabe, von dem meine Mutter behauptete, er habe keine Hobbies – ich habe nun genug davon, mich vor Unfug zu bewahren: Lesen, Gärtnern, Bridge, Kricket, aber vor allem: Schreiben. Es ist merkwürdig, daß ich unter diesen Umständen nicht ein gewandterer Autor wurde, aber wie es manchmal in Schulzeugnissen heißt, »es zeigen sich Anzeichen von Besserung«. Als ich mit Ruth Fermoy vierhändig spielte, hatte ich den Verdacht, daß wir Ausführenden mehr Vergnügen dabei empfanden als die Zuhörer. Mit diesem Buch geht es mir genauso. Nicht einmal meine großmütigsten Freunde werden beim Lesen nur halb so viel Freude daran haben wie ich beim Schreiben.

Was meine Musik betrifft, bin ich mir sogar selbst immer noch ein Rätsel. Bei diesem unwilligen, plärrenden Kind, das von seiner Mutter zum Klavier gezerrt wurde, fand man heraus, es habe Talent. Wieso? Niemand in meiner Familie war nur im geringsten musikalisch, und ich selbst ging als Knabe dem Klavier kaum je in die Nähe, wenn ich nicht zum Instrument gestoßen wurde. Ich machte mir Musik nicht zu eigen, bevor ich Mitte Zwanzig war; damals erst wurde ich von John Coates dazu getrieben – eine verspätete Entwicklung. Aus diesem nicht vielversprechenden Anfang ging ein guter Musiker hervor – diese Qualifizierung darf ich mir einräumen. Musik ist mein A und O. Ich kann mir für mich keine andere Art von Leben als das meine vorstellen. Aber ich wünschte, ich hätte meinen Kampf um die Kunst schon früher begonnen.

Man möge sich aber nicht vorstellen, daß dieses Werk mein *Nunc Dimittis* sei. Ich fühle mich noch nicht so weit, zum alten Eisen geworfen zu werden. Nachdem ich mir dies alles von der Seele geschrieben habe, beabsichtige ich, mich mit noch größerem Eifer als bisher auf mein Klavier zu stürzen, und hoffe – so Gott will – noch eine Zeitlang weiterzuspielen. Ich glaube sogar, daß ich heute in mancher Beziehung besser spiele als je – aber halt! Habe ich nicht ältere Sänger, die sich schon aus der Öffentlichkeit zurückgezogen hatten, stolz behaupten hören: »Meine Stimme ist so gut wie eh und je«? Ich muß mich in acht nehmen.

Mitten aus der Arbeit heraus zu sterben, ist jedoch ganz und gar nicht mein Wunsch. Wenn die Zeit kommt, es allmählich ruhiger zu nehmen, möchte ich ein anmutiges *rallentando* machen und mir ein wenig Muße gönnen. Ich werde mich nicht langweilen. Allmählich wird meine Freude am pausenlosen Herumrasen, am Wettlauf mit der Zeit und am Anblick neuer Sehenswürdigkeiten ihren Reiz verlieren. Schon gefällt mir der Blick auf meinen von Kastanien-, Linden-, Birnen- und Kirschbäumen umgebenen Garten und auf eine prächtige Rotbuche besser als so manche Landschaft, zu der ich weit reisen mußte, um sie zu genießen. Hier mag sich die Fehde zwischen Enid und mir – über die relative Wichtigkeit ihrer Blumenbeete und meines Rasens – ungehindert ausbreiten. Hier kann ich üben und, wer weiß, vielleicht noch ein wenig schreiben. Hier kann ich sitzen und nachdenken. Wohl kann ich noch, wenn ich dazu eingeladen werde, einzelne Auslandsreisen unternehmen, ohne aber, wie verrückt, von einem Ende der Welt zum andern zu eilen, wozu einige achtzigjährige Außenminister gezwungen sind, ohne daß ihnen dazwischen Zeit zum Überlegen bleibt.

Es war gut, langsam den Berg hinaufzuschreiten, aber es wird Spaß bereiten, auf der andern Seite hinunterzusteigen. Doch nicht zu schnell, bitte, sonst ist alles zu bald vorüber. Ältere Dirigenten nehmen in Konzerten oft die Tempi zu rasch (weder Pianisten noch Geiger tun das, denn *sie* müssen alle Noten spielen), als wollten sie damit beweisen, daß sie noch die volle Lebenskraft junger Hengste besäßen. Im Gegensatz dazu will ich mein Tempo dann *commodo* nehmen, nicht unbedingt in der Musik, aber in meiner Lebensweise. Ich werde mehr Zeit haben zum Hören von Opern oder Kammermusik und endlich auch zum Unterrichten. Vor allem aber habe ich den Wunsch, diejenigen Menschen öfter zu sehen, die ich liebe; alte Freunde, für die ich keine Zeit hatte (keine Zeit!), und auch eine Schar junger Leute, an der Spitze meine Patenkinder, Wendy und Richard, und noch andere, die um mich herum leben. Man gönne mir auch ein wenig Freizeit für eine gelegentliche Bridge-Partie im Saville-Klub, zum Herumschlendern und zum Zuschauen bei den Krikket-Spielen bei Lord's (vorausgesetzt, die jungen Kerle da draußen kommen ein bißchen in Bewegung), und ich werde zufrieden sein.

Mein Leben war voll Spannung; kühner Erwartung folgte, Gott sei Dank, häufig erfreuliche Verwirklichung. Natürlich erlebte ich auch Unannehmlichkeiten und Sorgen, aber ich wollte die Geduld des Lesers mit Berichten darüber nicht mehr als nötig auf die Probe stellen. Habe ich auf den vorangegangenen Seiten meinen Klagen vielleicht unangemessenen Raum gestattet? Dann darf ich jedoch daran erinnern, daß unser durchschnittlicher britischer Soldat zwar immer etwas zu murren hat, aber ein wackerer Krieger ist. Ich kämpfte ganz tapfer und legte – zu Recht oder zu Unrecht – meinen Stolz darein, die unvermeidlichen Wunden und Schmerzen zu verbergen, die jeder zu ertragen hat, der sich in die Öffentlichkeit begibt.

Unter dem Banner der Musik habe ich bis jetzt getreulich gefochten. Ich rühme mich meines Heldenmutes nicht. Ich bin nur ein Soldat in der großen Armee der Musiker der Welt. Aber ich hielt meine Stellung und meinen Platz.

Nur in meinem eigenen Heim bin ich eine wichtige Persönlichkeit. Alles dreht sich hier um mich – oder allem wird jedenfalls dieser Stempel aufgedrückt von einem Menschen, der der vollkommenste aller Begleiter ist. Die Kraft und die Treue dieser Begleiterin halfen mir auf meinem Weg zu einer kleinen Höhe hinauf; ihr Glaube und ihre Heiterkeit hielten mich aufrecht, wenn ich strauchelte.

Erzählungen

Marie Luise Kaschnitz:
Lange Schatten
243

Wolfgang Pehnt (Hrsg.):
Der rastlose Fluß
Englische und französische Geschichten des Fin de Siècle
Mit Illustrationen
977

Karl May:
Der Große Traum
1034

Alan Sillitoe:
Die Lumpensammlerstochter
1050

Joachim Fernau:
Hauptmann Pax
1068

Gertraud Middelhauve (Hrsg.):
Dichter Europas erzählen Kindern
46 neue Geschichten aus 17 Ländern
1114

Klassische Romane und Erzählungen in Dünndruck-Ausgaben

dtv

Honoré de Balzac: Tolldrastische Geschichten
Vollständige Ausgabe
Mit 425 Illustrationen von Gustave Doré zur französischen Ausgabe von 1855
Nachwort von Walter Widmer
1104

Honoré de Balzac: Verlorene Illusionen
Roman
2006

Charles de Coster: Thyl Ulenspiegel
Mit 150 Holzschnitten von Frans Masereel
Nachwort von Romain Rolland
2010

Fjodor M. Dostojewski: Der Idiot
Vollständige Ausgabe
Nachwort von Werner Bergengruen
2011

Maxim Gorki: Autobiographische Romane
Nachwort von Helene Imendörffer
2007

Musik-Taschenbücher

Epochen der Musikgeschichte in Einzeldarstellungen

Mit einem Vorwort von Friedrich Blume. Zweite Auflage. 468 Seiten, 9 Abbildungen, Notenbeispiele.

Heinrich Besseler: Ars antiqua / Heinrich Besseler: Ars nova / Hans Albrecht: Humanismus / Friedrich Blume: Renaissance / Friedrich Blume Barock / Friedrich Blume: Klassik / Friedrich Blume: Romantik / William W. Austin: Neue Musik

Johann Sebastian Bach. Leben und Werk in Dokumenten

Als Taschenbuch zusammengestellt von Hans Joachim Schulze aus „Bach-Dokumente", herausgegeben vom Bach-Archiv Leipzig unter Leitung von Werner Neumann (Supplement zur Neuen Bach-Ausgabe). 206 Seiten, 1 Faksimile, 1 Notenbeispiel.

Die Kantaten von Johann Sebastian Bach

Erläutert von Alfred Dürr. Originalausgabe. Zwei Bände. Zweite Auflage. 756 Seiten, Notenbeispiele, mehrere Register.

Unter den „Fünfzig Büchern 1971 Bundesrepublik Deutschland"

Ulrich Dibelius: Mozart-Aspekte

Originalausgabe. Zweite Auflage. 156 Seiten, 23 Abbildungen, Werkverzeichnis nach der Systematik der Neuen Mozart-Ausgabe.

Béla Bartók. Weg und Werk, Schriften und Briefe

Herausgegeben von Bence Szabolcsi. Zweite, für die Taschenbuchausgabe überarbeitete und erweiterte Auflage. 381 Seiten, 16 Tafeln mit 33 Abbildungen.

Rudolf Kloiber: Handbuch der Oper

Zwei Bände. Achte, für die Taschenbuchausgabe überarbeitete und erweiterte Auflage. 876 Seiten, verschiedene Register.

Günther Rennert: Opernarbeit

Inszenierungen 1963–1973. Werkstattbericht, Interpretation, Bilddokumente. Originalausgabe. 264 Seiten, mit 216 schwarzweißen und 18 farbigen Fotos sowie einer Besetzungsliste der dargestellten Inszenierungen

Dietrich Fischer-Dieskau: Auf den Spuren der Schubert-Lieder

Zweite, für die Taschenbuchausgabe durchgesehene Auflage. 370 Seiten, 76 Abbildungen.

Diether de la Motte: Harmonielehre

Originalausgabe. 281 Seiten, Tabellen, Zeichnungen, über 500 Notenbeispiele.

Bärenreiter

dtv